LE RÉGIME JURIDIQUE DE L'ACTIVITÉ PÉTROLIÈRE OFFSHORE EN AFRIQUE SUBSAHARIENNE

Le cas de la Côte d'Ivoire

Tome I
Une activité indispensable encadrée en amont par le droit

Préface de Dr Victor Stéphane ESSAGA

Gogoué Achille DANHOUE

LE RÉGIME JURIDIQUE DE L'ACTIVITÉ PÉTROLIÈRE OFFSHORE EN AFRIQUE SUBSAHARIENNE

Le cas de la Côte d'Ivoire

Tome I
Une activité indispensable encadrée en amont par le droit

Préface de Dr Victor Stéphane ESSAGA

L'Harmattan
Côte d'Ivoire

5-7, rue de l'École-Polytechnique ; 75005 Paris

www.editions-harmattan.fr

ISBN : 978-2-336-47886-9
EAN : 9782336478869

DEDICACE

À ma famille :

- Mon épouse TOSSA Koumassi Edwige qui a été pour moi un soutien moral indéfectible,

- Mes enfants : Ariel Ange Mikaël, Axel Jonathan et Pierre-Marie qui sont la source de motivation de la rédaction de cet ouvrage,

- Ma mère SIDIBE Douo Catherine, à titre posthume, pour l'amour dont elle m'a abreuvé durant toute sa vie terrestre,

- Mon père DANHOUE Joseph, à titre posthume, qui a été pour moi le symbole de la rigueur dans le travail,

- Mes frères et sœurs,

- Et tous les autres membres de ma famille que je ne cite pas, mais que j'ai présents à l'esprit, afin de leur apporter la preuve que l'épanouissement advient sûrement par le travail et que la source du succès se trouve dans l'effort et la persévérance.

REMERCIEMENTS

Le travail de recherche scientifique est une œuvre passionnante et exaltante, mais parsemée d'embûches. Elle ne peut se réaliser qu'avec le concours de bonnes volontés. Aussi, qu'il me soit permis d'adresser mes sincères remerciements à toutes les personnes et institutions sans le soutien desquelles, cette œuvre serait restée au stade de rêve.

Je voudrais en premier lieu, remercier monsieur Gérard MONEDIAIRE, Professeur émérite des Universités, mon directeur de thèse, pour ses conseils avisés, son indéfectible et appréciable appui.

Mes remerciements vont également à l'endroit du Service de Coopération et de l'Action Culturelle (SCAC) de l'Ambassade de France en Côte d'Ivoire par le truchement duquel j'ai obtenu une bourse d'étude de l'État français qui m'a permis de séjourner à Limoges et d'accéder à la riche documentation livresque et numérique disponible.

J'adresse à l'équipe de l'Observatoire des Mutations Institutionnelles et Juridiques (OMIJ) et du Centre de Recherches Interdisciplinaires en Droit de l'Environnement, de l'Aménagement et de l'Urbanisme (CRIDEAU) de l'université de Limoges et à sa directrice, madame Jessica MAKOWIAK, Professeure des Universités, mes sincères remerciements et ma profonde gratitude pour m'avoir ouvert les portes du laboratoire de recherches durant mes séjours à Limoges. Je remercie au passage madame Carole LISSANDRE, responsable de la bibliothèque du CRIDEAU pour sa sollicitude.

J'exprime mon entière reconnaissance à Maître KONATÉ Aenza, Avocat au Barreau de Côte d'Ivoire et au Professeur Bernard DROBENKO qui m'ont abreuvé de leur bonne humeur et de leur solidarité, ainsi qu'au Docteur Stéphane ESSAGA, Directeur du Centre Africain de Recherche sur les Politiques Énergétiques, qui a apporté sa touche en assurant la préface de cet ouvrage.

Enfin, à ma famille qui a cru à l'achèvement de cette œuvre scientifique, à la communauté ivoirienne résidant à Limoges qui a rendu agréables mes séjours dans cette ville et à celles et ceux qui, par leur soutien moral et spirituel, ont rendu possible ce qui paraissait impossible.

Qu'ils en soient tous infiniment remerciés.

PREFACE

L'ouvrage soumis au public par le Docteur Gogoué Achille DANHOUE est le résultat d'une audace et d'un projet. S'agissant de son premier caractère, il se dévoile éloquemment par la première partie de son intitulé, « le régime juridique de l'activité pétrolière offshore en Afrique subsaharienne ». En effet, comme le disait le professeur Bernard Teyssié, « ne discute pas qui veut (…) du critère de juridicité, du rôle de la contrainte dans le droit, de la hiérarchie des normes … »[1]. Attaquer de front cette thématique périlleuse, sous les fourches caudines d'une thèse de doctorat dont nous bénéficions ici de la version livresque, fut l'exercice auquel s'est livré de façon particulièrement exigeante, le Docteur Gogoué Achille DANHOUE. Il structure alors sa réflexion sous l'angle d'un ordre juridique complet, du droit international au droit national en passant par les sources jurisprudentielles tant internationales que nationales, les sources contractuelles, légales et même réglementaires, non sans omettre les sources transnationales constituées ici principalement par les sentences arbitrales. Là nous semble alors émerger l'une des contributions scientifiques majeures de l'auteur : la justification scientifique du rôle de chacune de ces sources dans le kaléidoscope général des sources du droit des hydrocarbures en général, celles relatives au droit de l'environnement applicable aux activités pétrolières offshore en particulier.

Prenant systématiquement la précaution de rappeler les grands principes gouvernant l'articulation entre ces différentes sources d'une part, mais aussi ceux entourant les mécanismes de protection de l'environnement d'autre part, l'auteur soumet alors le résultat de ses recherches minutieuses : le rapport entre le droit international et le droit national n'oscille pas seulement entre inspiration ou aspiration[2] en Côte d'Ivoire, mais aussi entre révulsion et substitution. Et de là son projet, implicitement indiqué dans la deuxième partie de son intitulé : « Le cas de la Côte d'Ivoire ». Il s'agit pour l'auteur, grâce à

---

[1] Dans sa préface à GERRY-VERNIERES, Les petites sources du droit. A propos des sources étatiques non contraignantes, Éditions Economica, 2012, p. XII.

[2] Lire CAZALA (J.), « Le soft law international : entre inspiration et aspiration », in Les sources. De droit revisitées, (ouvr. Collectif), Presses universitaires Saint-Louis Bruxelles, 2012, vol.1, pp.17-51.

ce véritable travail de casuistique livré avec une grande générosité, de proposer une nouvelle approche épistémologique pour les travaux en matière de droit extractif en général, de droit des hydrocarbures en particulier. Magistrat de profession, cet esthète du droit confirme la nature particulière du régime de cette activité stratégique, qui impose, afin d'en avoir une idée définitive et pertinente, un maximum de supports normatifs concrets à travers tous les ordres juridiques qui s'interpénètrent, et une capacité d'analyse aiguisée en lien avec la matière que ces normes sont censées réguler : la ressource extractive.

Cet ouvrage de nature tant descriptive que prescriptive, tant photographique que critique, constitue à n'en point douter un solide tremplin dans la construction et la compréhension du droit extractif en Afrique, pour le grand bonheur et intérêt des professionnels, des universitaires, des chercheurs et des amoureux de la science juridique.

Dr Victor Stéphane ESSAGA

Directeur du Centre Africain de Recherche sur les Politiques Énergétiques,
Le Mans (France) 26 février 2024.

« Tout obstacle renforce la détermination. Celui qui s'est fixé un but n'en change pas. »

Léonard De VINCI

« Dieu pardonne toujours ; l'homme pardonne parfois ; mais la nature ne pardonne jamais quand on n'en prend pas soin. »

Le Pape François

« Nous n'avons pas hérité de la terre de nos ancêtres. Nous l'avons empruntée à nos enfants.»

Précepte d'une tribu indienne d'Amazonie

RESUME

Les États du golfe de Guinée en général et la Côte d'Ivoire en particulier ont une façade maritime sur l'Océan Atlantique Sud et possèdent un bassin sédimentaire riche en hydrocarbures. L'exploitation de cette ressource naturelle permet à ces États d'engranger des capitaux pour financer leur développement, mais elle est au cœur d'enjeux économiques, stratégiques, géopolitiques et environnementaux qui ont suscité la mise en place d'un cadre juridique qui mérite d'être connu.

Ce cadre juridique qui inclut les normes internationales et les normes nationales s'applique à l'amont de l'activité pétrolière offshore ainsi qu'aux conséquences qu'elle est susceptible d'engendrer sur l'environnement marin et côtier.

Ainsi, le régime juridique applicable à l'activité pétrolière offshore vise deux objectifs : l'encadrement des opérations pétrolières d'une part avec les rapports interpersonnels et interétatiques qu'elles induisent et l'encadrement des conséquences de cette activité en vue d'une protection efficace de l'environnement d'autre part.

Mots clés : golfe de Guinée ; Côte d'Ivoire ; activité pétrolière offshore ; normes internationales, normes nationales ; enjeux économiques, stratégiques, géopolitiques et environnementaux ; développement ; environnement marin et côtier ; protection de l'environnement.

Abstract

The States of the Gulf of Guinea in general and Ivory Coast in particular have a seafront on the South Atlantic Ocean and have a sedimentary basin rich in hydrocarbons. The exploitation of this natural resource allows these States to gather capital to finance their development, but it is at the heart of economic, strategic, geopolitical and environmental issues which have prompted the establishment of a legal framework that deserves to be known.

This legal framework, which includes international and national standards, applies to the upstream side of offshore petroleum activity as well as to the consequences that it is likely to have on the marine and coastal environment.

Thus, the legal regime applicable to offshore oil activity has two objectives: the supervision of oil operations with the interpersonal and the supervision of the consequences of this activity with a view to effective protection of the environment.

Key words: Gulf of Guinea; Ivory Coast; offshore oil activity; international and national standards; economic, strategic, geopolitical and environmental issues; development; marine and coastal environment; protection of the environment.

LISTE DES PRINCIPALES ABREVIATIONS

AFDI : Annuaire Français de Droit International

AGPAOC : Association pour la Gestion des Ports de l'Afrique de l'Ouest et du Centre

Bull. : Bulletin

BRAO : Bureau Régional Afrique de l'Ouest

CA : Cour d'Appel

CAA : Cour Administrative d'Appel

CCJA : Cour Commune de Justice et d'Arbitrage

CE : Conseil d'État

CEDEAO : Communauté Économique des États de l'Afrique de l'Ouest

CEEAC : Communauté Economique des États de l'Afrique Centrale

CEDRE : Centre de Documentation, de Recherche et d'Expérimentations sur les Pollutions Accidentelles des Eaux

CEE : Communauté Économique Européenne

CGG : Commission du Golfe de Guinée

CIJ : Cour Internationale de Justice

Cass. Civ. : Chambre civile de la Cour de Cassation

CEMAC : Communauté Économique et Monétaire de l'Afrique Centrale

CIPOMAR : Compagnie d'Intervention contre la Pollution en milieu Marin et Lagunaire

CNE : Commission Nationale de l'Environnement

COLREG : Collision Regulations

COP : Conférence des Parties

COREP : Comité Régional des Pêches du Golfe de Guinée

CRIDEAU : Centre de Recherches Interdisciplinaire en Droit de l'Environnement, de l'Aménagement et de l'Urbanisme

CRISTAL: Contract Regarding a Supplement to Tanker Liability for Oil Pollution

DTS : Droits de Tirages Spéciaux

ERSUMA : École Régionale Supérieure de la Magistrature

FEM : Fonds pour l'Environnement Mondial

FIPOL : Fonds international d'indemnisation pour les dommages dus à la pollution par les hydrocarbures

IFREMER : Institut Français de Recherche pour l'Exploitation de la Mer

ISPS Code: International Ship and Port Facility Security Code

JOCE : Journal Officiel des Communautés Européennes

JORCI : Journal Officiel de la République de Côte d'Ivoire

JORF : Journal Officiel de la République Française

LCE : Laboratoire Central de l'Environnement

MARPOL : Convention pour la Prévention de la pollution par les navires

MOU : Memorandum of Understanding d'Abuja

OCDE : Organisation pour le Commerce et le Développement Économique

OHADA : Organisation pour l'Harmonisation en Afrique du Droit des Affaires

OILPOL : Oil Pollution Act (Convention pour la Prévention de la pollution de la mer par les hydrocarbures)

OIT : Organisation Internationale du Travail

OMC : Organisation Mondiale du Commerce

OMCI : Organisation Maritime Consultative Internationale

OMI : Organisation Maritime Internationale

ONG : Organisation Non Gouvernementale

ONU : Organisation des Nations Unies

ONUDI : Organisation des Nations Unies pour le Développement Industriel

OPEP : Organisation des Pays Producteurs de Pétrole

PAM : Plan d'Action pour la Méditerranée

PAZ : Plan d'Aménagement de Zone

PBMC : Projet de gestion de la Biodiversité Marine et Côtière

PGES : Plan de Gestion Environnementale et Sociale

PIB : Produit Intérieur Brut

PLD : Plan de Liquidation des Déversements

PNLDAH : Plan National de Lutte contre les Déversements Accidentels des Hydrocarbures

PNUD : Programme des Nations Unies pour le Développement

PNUE : Programme des Nations Unies pour l'Environnement

POI : Plan d'Opération Interne

POLMAR : Pollution Maritime

POLLUMAR : Plan d'Intervention d'Urgence contre les Pollutions Accidentelles en Mer, en Lagune ou dans les Zones Côtières

PRCM : Programme Régional de Conservation des zones Marines et côtières en Afrique de l'Ouest

REDE : Revue Européenne de Droit de l'Environnement

RJE : Revue Juridique de l'Environnement

SOLAS : Safety Of Life At Sea (Sécurité de la vie humaine en mer)

TIDM : Tribunal International du Droit de la Mer

TOVALOP: Tanker Owners Voluntary Agreement concerning Liability for Oil Pollution

UCR : Unité de Coordination Régionale

UEMOA : Union Économique et Monétaire Ouest Africaine

UICN : Union Internationale pour la Conservation de la Nature

UNESCO : Organisation des Nations Unies pour la Science, l'Éducation et la Culture

WACAF : West And Central Africa (Afrique de l'Ouest et du Centre)

WWF : World Widlife Fund (Fond Mondial pour la nature)

ZAC : Zone d'Aménagement Concertée

ZEE : Zone Économique Exclusive

INTRODUCTION GÉNÉRALE

La surface de la planète est couverte à 71 % par les eaux : les océans et les mers occupent 97% de cette superficie[3]. Ces espaces recouverts d'eau mettent en évidence des enjeux économiques et stratégiques majeurs et apparaissent comme l'objet d'une conquête ou d'une reconquête incessante[4].

En effet, ne serait-ce que du point de vue économique, les océans et les mers constituent la principale route du commerce international et regorgent de gigantesques réservoirs de ressources naturelles qui ne sont pas toujours renouvelables[5], mais dont l'exploitation génère des revenus pour les États qui en disposent et crée une multitude d'emplois[6].

L'exploitation de ces ressources[7] est un droit qui découle du principe de la souveraineté permanente des États sur les ressources nationales[8]. Pour une part, ce principe répond à la problématique de

---

[3] Jacqueline MORAND-DEVILLER, "Le droit des pollutions et des nuisances", in Le droit de l'environnement, Paris, Presses universitaires de France, 11e éd, 2015, "Que sais-je ?", n° 41.

[4] Les océans et les mers sont le théâtre de multiples activités licites ou illicites (transport maritime, guerres navales, piraterie maritime, pêche, pose de pipelines, plates-formes etc.)

[5] Jean-Marc LAVIEILLE, Conventions de protection de l'environnement. Secrétariats, conférences des parties, comités d'experts, Pulim, 1999, p. 97.

[6] Dans les phases de reconnaissance, de recherche et d'exploitation, l'activité pétrolière fait appel à plusieurs compétences : géologues, géophysiciens, ingénieurs forage, ingénieurs réservoir, topographes, cartographes, ingénieurs installations pétrolières, etc.

[7] Il s'agit de toutes les ressources naturelles (ressources en eau, ressources minières, ressources en hydrocarbures : pétrole et gaz, les organismes vivants appartenant à des espèces sédentaires, etc.) dont l'exploitation constitue une source de revenus pour l'État.

[8] En ce qui concerne le sujet de la souveraineté permanente sur les ressources naturelles, l'Assemblée générale a adopté au cours des années précédentes, dans ses sessions ordinaires, les Résolutions 523 (VI) du 12 janvier 1952, 626 (VII) du 21 décembre 1952, 1314 (XIII) du 12 décembre 1958, 1515 (XI) du 15 décembre1960, 1803 (XVII) du 14 décembre 1962, 2158 (XXI) du 25 novembre 1966, 2386 (XXIII) du 19 novembre 1968; 2692 (XXV) du 11 décembre 1970 et 3016 (XXVII) du 18 décembre 1972; le Conseil de sécurité a adopté pour la même question, la résolution 330 du 21 mars 1973 et le Conseil économique et social, les résolutions 1673 (LII) du 2 juin 1972 et 1737 (LIV) du 4 mai 1973 ; voir George ELIAN, « Le principe de

développement économique et social des pays du Sud[9] dont la plupart, anciennement sous le joug colonial, étaient confrontés à la question de la gestion des ressources nationales[10]. La première Résolution de l'Assemblée générale des Nations Unies reconnaissant le principe de la souveraineté des États sur leurs ressources naturelles est celle adoptée le 12 février 1952 suivant laquelle « les pays insuffisamment développés ont le droit de disposer librement de leurs richesses naturelles... qu'ils doivent utiliser... de manière à se mettre dans une position plus favorable pour faire progresser davantage l'exécution de leurs plans de développement économique conformément à leurs intérêts nationaux, et pour encourager le développement de l'économie mondiale »[11]. La Résolution suivante adoptée le 21 décembre 1952 par l'Assemblée générale proclame que « la souveraineté des peuples sur leurs richesses et ressources naturelles implique le droit d'exploiter librement lesdites richesses et ressources et qu'aucun acte, direct ou indirect, ne doit porter atteinte à l'exercice par un État de sa souveraineté sur ses ressources naturelles »[12]. Les deux projets de pactes internationaux relatifs au droit de l'Homme comprenaient déjà, chacun, dans l'article premier, la disposition ainsi conçue : « Le droit des peuples à disposer d'eux-mêmes comprend en outre un droit de souveraineté permanente sur leurs richesses et leurs ressources naturelles. Les droits que d'autres États peuvent revendiquer ne pourront en aucun cas justifier qu'un peuple soit privé de ses propres moyens de subsistance ». Le droit des États sur leurs ressources naturelles est un corollaire du droit des peuples à disposer d'eux-mêmes.

---

la souveraineté permanente sur les ressources nationales dans les travaux de l'Organisation des Nations Unies », Recueil des Cours de l'Académie de Droit international de La Haye, volume1, 1976, p. 63.

[9] Principalement les pays d'Afrique subsaharienne.

[10] Pendant la période coloniale, les pays colonisateurs disposaient à leur gré des ressources naturelles des territoires soumis et au lendemain des indépendances, par diverses arguties juridiques, telles les concessions pétrolières ou minières, ces pays ont gardé une certaine main mise sur ces ressources.

[11] Georges FISCHER, « La souveraineté sur les ressources naturelles », Annuaire français de Droit international, volume 8, 1962, p. 516.

[12] Résolution 626 (VII) du 21 décembre 1952.

Perçue comme une proclamation de principe et non comme un texte à caractère juridique[13], la souveraineté permanente sur les ressources naturelles est entière et absolue et confère aux États, le pouvoir de l'imperium et du dominum qui leur permet de disposer librement de ces ressources qu'ils doivent cependant exploiter dans l'intérêt des peuples[14].

Partant de ce principe, tout État souverain peut exercer lui-même l'activité pétrolière dans les limites internationales de son territoire terrestre ou maritime[15]. Il peut l'interdire, la limiter, l'autoriser ou édicter des règles et conditions relatives à la prospection, à l'exploitation et à l'écoulement des ressources nationales. Ce principe sous-entend deux variantes : d'une part, il reconnaît aux États le droit d'exploiter leurs propres ressources naturelles et d'autre part, il impose aux États le devoir de faire en sorte que les activités exercées dans les limites de leur juridiction ou sous leur contrôle ne causent pas de dommages à l'environnement tant à l'intérieur de leur territoire que dans d'autres États ou dans des zones ne relevant d'aucune juridiction nationale.

L'activité pétrolière qui est l'une des modalités d'exercice de la souveraineté permanente des États sur les ressources naturelles est particulièrement perceptible à l'échelle mondiale[16]. Elle constitue l'un

---

[13] Les Résolutions de l'Assemblée générale ne lient pas les États. Elle peut en revanche influencer la doctrine et la jurisprudence ; voir Georges FISCHER, « La souveraineté sur les ressources naturelles », article préc., p. 517.

[14] Le principe 21 de la Déclaration de Stockholm sur l'environnement (5-16 juin 1972) et le principe 2 de la Déclaration de Rio sur l'environnement et le développement (Rio de Janeiro, 3-14 juin 1992) proclament que « Conformément à la Charte des Nations Unies et aux principes du droit international, les États ont le droit souverain d'exploiter leurs propres ressources selon leur politique d'environnement et de développement, et ils ont le devoir de faire en sorte que les activités exercées dans les limites de leur juridiction ou sous leur contrôle ne causent pas de dommages à l'environnement dans d'autres États ou dans des zones ne relevant d'aucune juridiction nationale. »

[15] La détermination des limites géographiques d'un État est réglée par le droit international, voir Max SORENSEN, « Souveraineté territoriale de l'État », Recueil des Cours de l'Académie de Droit international de La Haye, volume 101, 1960, pp. 145-163.

[16] Les mers et les océans sont le réceptacle d'une multitude de plates-formes. Le nombre de plates-formes pétrolières est estimé à plus de 15.000 à travers le monde. On les trouve en mer du Nord, dans le golfe du Mexique, dans le golfe de Guinée, dans le golfe Persique, en mer Méditerranée (principalement au large des côtes d'Afrique du Nord), etc.

des secteurs d'activité où convergent plusieurs intérêts politiques, économiques, géostratégiques et où les techniques d'exploration et d'exploitation sont en constante évolution[17].

Une étude qui porte sur l'activité pétrolière peut, en première analyse, être perçue comme un exercice scientifique à vocation géologique, géographique, technique, économique ou politique[18]. Une telle analyse peut certes paraître présente à l'esprit, mais la question pétrolière ne doit pas seulement être perçue sous cet angle réducteur puisqu'elle peut soulever des questions juridiques de première importance[19]. C'est la raison pour laquelle la consécration d'une réflexion portant sur le régime juridique de l'activité pétrolière apparaît comme un complément nécessaire à sa compréhension.

Dès lors, il importe d'apporter des éclaircissements sur les substrats du sujet (I), de définir son champ géographique (II) et d'en préciser l'intérêt ainsi que la problématique (III).

I- Les substrats du sujet

Deux éléments fondamentaux qui constituent la clé de voûte de cette étude se dégagent de la structure du sujet. Il s'agit de la notion de l'activité pétrolière offshore et de celle de régime juridique qu'il convient de préciser.

A/ L'activité pétrolière offshore

L'activité pétrolière est une notion qui renferme plusieurs opérations pétrolières, à savoir la prospection ou la reconnaissance[20],

---

[17] Pierre-Armand THOMAS, « Les Plates-formes offshore », Technip/ Arts et Métiers, 21 mai 2007.

[18] En soulignant la forte proportion de l'influence du politique dans le domaine pétrolier, monsieur Henri SIMONET, Commissaire européen à l'énergie, faisait cette déclaration en 1973 : « Le pétrole, c'est la politique à 90%. »

[19] La détermination des zones du territoire terrestre ou maritime où l'État peut exercer sa souveraineté qui peut entrainer des conflits de délimitation, la responsabilité née des atteintes à l'environnement du fait de l'activité pétrolière sont autant de questions réglées par le droit.

[20]Elle désigne l'ensemble des activités préliminaires de détection d'indices d'existence d'hydrocarbures, notamment par l'utilisation de méthodes géologiques,

la recherche ou l'exploration[21], l'exploitation ou la production[22], le transport d'hydrocarbures[23] et l'abandon[24] à l'exclusion des opérations de raffinage et de distribution des produits pétroliers[25]. Ces activités se développent en mer[26] par opposition à celles qui sont exercées sur terre dites activités pétrolières onshore[27].

L'activité pétrolière est essentiellement axée sur des opérations scientifiques[28] et techniques[29], mais trouve une assise juridique dans les contrats pétroliers et l'octroi de permis ou autorisation de recherche et d'autorisation d'exploitation délivrés par l'État hôte.

---

géochimiques ou géophysiques, à l'exclusion des forages dépassant une profondeur de 300 mètres, sauf dispositions contraires de l'autorisation de reconnaissance.

21 La recherche ou l'exploration est constituée par des activités de prospection détaillée au moyen des méthodes de levés géologiques (sondages sismiques) qui constituent généralement le point de départ de l'exploration pétrolière. Si la recherche par ondes sismiques aboutit à des résultats prometteurs, elle sera suivie de forage de puits d'exploration pour s'assurer de la découverte d'hydrocarbures qu'il faudra alors évaluer pour en apprécier la quantité et sa viabilité commerciale. La recherche est enfermée généralement dans un délai de trois ans renouvelable deux fois pour des délais de deux ans. Mais en cas de recherche dans des zones marines profondes, la durée de l'exploration peut atteindre neuf ans (article 22 du code pétrolier de Côte d'Ivoire, article 28 du code pétrolier du Cameroun).

22 L'exploitation ou la production pétrolière est la phase la plus longue en général. Au cours de cette période dont la durée varie d'une législation à une autre (au Benin, au Cameroun et en Côte d'Ivoire, la durée initiale de l'autorisation d'exploitation d'hydrocarbures est de 25 ans renouvelable une fois pour une durée de 10 ans. Au Congo la durée initiale de l'autorisation d'exploitation est de 25 ans renouvelable une fois pour une durée de 05 ans).

23 Le transport permet d'assurer sur le territoire de l'État hôte, le déplacement du pétrole du lieu d'extraction aux points de chargement, de raffinage ou de grande consommation.

24 Après la période de production, il est nécessaire de démanteler l'ensemble des structures en acier et en métal, de boucher les puits de forage et de remettre l'environnement dans son état initial. L'alternative la plus courante est que l'entreprise cède ses avoirs à l'État afin qu'il puisse ensuite poursuivre l'activité et y mettre fin lui-même à une date ultérieure. Ces procédés sont communément appelés «la mise hors service » ou «la fermeture ».

25 Article 1er- f) de la Loi n° 96-669 du 29 août 1996 portant code pétrolier de la Côte d'Ivoire, JORCI n° 04 du 3 janvier 1997, p. 63..

26 C'est ce qui vaut leur appellation d'activités offshore.

27 La recherche pétrolière en Côte d'Ivoire a débuté par des explorations onshore pendant la période coloniale (à partir de 1895) dans le sud-est du pays.

28 Par exemple, pour trouver des indices de pétrole, il est recouru aux opérations de sondage par l'utilisation de la géophysique, de la sismique pétrolière.

29 L'exploration et l'exploitation se font à l'aide de plates-formes de forage.

Qu'il s'agisse de la reconnaissance, de la recherche, de la production ou du transport, l'activité qui intéresse la présente étude porte sur une substance naturelle de couleur noirâtre, ce qui lui vaut l'appellation d'« or noir ».

Du latin médiéval[30] petroleum (huile de pierre), le pétrole désigne une huile minérale naturelle qui s'est constituée au cours de plusieurs millions d'années (entre vingt et trois cent cinquante millions d'années) dans des bassins sédimentaires.

La formation du pétrole résulte d'un processus naturel[31], long[32], lent et complexe dont l'étude relève de la géologie sédimentaire[33].

En terme géologique, le sédiment est le dépôt formé après décomposition de la matière organique[34] (animale et/ou végétale). La formation du pétrole commence donc à partir du dépôt de la matière organique, d'où l'appellation d'énergie fossile, c'est-à-dire celle

---

[30] L'emploi du terme pétrole apparaît en effet au Moyen Âge (entre le Ve et la fin du XVe siècle). Mais l'usage du pétrole remonte à une période très lointaine. Déjà les fluides pétroliers lourds sont très tôt utilisés dans la maçonnerie et dans la construction de navires. Ainsi, le livre de la Genèse, VI, 14, à propos du déluge, explicite l'usage très précoce du pétrole pour le calfatage de l'Arche puisque NOÉ l'utilise pour rendre étanche son arche : « Tu l'enduiras de bitumes à l'intérieur » ; le premier Livre du Pentateuque relate également l'utilisation du bitume en tant que mortier dans la construction de la tour de Babel : « Les briques leur servirent de pierre et le bitume leur servit de mortier » (Genèse XI, 3).

[31] La genèse du pétrole est un phénomène naturel qui se produit sans intervention de l'activité humaine.

[32] Les gisements de pétrole abondants ont, au moins, plusieurs dizaines de millions d'années et plus généralement une centaine. Les processus d'accumulation sédimentaire sont toujours lents. L'on estime moins de cinq mètres de sédiments empilés par million d'années à plus d'une centaine.

[33] Bernard BIJU-DUVAL, Géologie sédimentaire : bassins, environnements de dépôts, formation du pétrole, Paris, Technip, 1999, pp. 79 et suivantes.

[34] Des théories exposées sur l'origine du pétrole, c'est la théorie organique qui prend généralement le pas sur la théorie abiotique. La théorie organique explique l'origine du pétrole à partir de l'enfouissement progressif de roches sédimentaires contenant des débris organiques d'origine surtout marine ou lacustre (planctons, algues ...). La théorie abiotique, quant à elle, se base sur l'existence d'hydrocarbures dans le manteau de la planète terre et postule que lors de leur remontée vers la croûte terrestre, avec les conditions variables de la pression P et de la température T, ils se seraient transformés en gaz naturel et en pétrole. (Lire l'article de Xavier CHAVANNE, « les théories sur l'origine du pétrole », Laboratoire Environnement et Développement, Université D. DIDEROT, Paris).

naturellement constituée et qui prend son origine du processus de fossilisation des matières organiques[35].

Le pétrole naît de la décomposition et de la transformation de ces matières organiques dans des zones sédimentaires en cours de formation. Ainsi, « l'essentiel des gisements dérive, directement ou non, de la substance des êtres vivants incorporés dans les sédiments lors de leur dépôt. »[36]

La nature animale ou végétale de la matière ou du résidu minéral et organique détermine la nature de l'hydrocarbure. Il n'est pas exclu qu'une matière organique uniquement animale produise plus d'hydrocarbures liquides, alors qu'une matière organique riche en matière végétale donnera principalement du gaz naturel. C'est donc cet ensemble composite pétrole/gaz naturel qui forme les hydrocarbures[37].

Dans le processus de formation du pétrole, trois étapes essentielles permettent de le comprendre : le dépôt de la matière organique, la transformation de la matière organique en hydrocarbures et le piège à pétrole.

La genèse du pétrole procède avant tout, de la sédimentation de la matière organique (animale ou végétale), c'est-à-dire de l'enfouissement de la matière dans les profondeurs de la terre ou des eaux après sa transformation[38].

Il faut préciser que ces matières ou déchets organiques sont composés de carbone, d'hydrogène, d'azote et d'oxygène dont la plupart sont issus de la mort des êtres vivants animaux ou végétaux.

Alors que sur les continents l'essentiel de la matière organique est décomposé, les micro-organismes sous-marins morts coulent rapidement au fond des océans[39], des mers fermées, des lagunes, des

---

[35] Le fossile est le reste de matières organiques (animales et végétales) après leur décomposition et enfoui dans les profondeurs de la terre ou des mers.

[36] Bernard TISSOT, « Le pétrole brut », Encyclopédie Universalis, cité par Stéphane DUBOIS dans son ouvrage, les hydrocarbures dans le monde, éditions Ellipses, 2007, p 10.

[37] Les hydrocarbures sont constitués de molécules contenant des atomes de carbone et d'hydrogène, mais aussi de résine et d'asphaltènes résultant toutes de la transformation des matières organiques sédimentées.

[38] Bernard BIJU-DUVAL, ouvrage précité, pp. 633 & s.

[39] Céline DELUZARCHE, « Comment se forme le pétrole ? »

lacs, des deltas ou d'autres milieux aquatiques pauvres en oxygène. Ils sont ainsi protégés de l'action destructrice des bactéries.

Cette matière organique non encore transformée en hydrocarbures est désignée sous le terme de kérogène.

Les déchets organiques animaux ou végétaux ainsi déposés au fond des eaux se mélangent à des sédiments (sable, argile, sel) et s'accumulent par couches successives pendant des millions d'années, sous l'effet de fortes pressions et de températures élevées.

Les couches les plus anciennes se trouvent alors enfouies sous les plus récentes, et par leur propre masse, ces couches sédimentaires s'enfoncent naturellement.

Le phénomène de tectonique des plaques[40] en agitant le manteau[41] de la terre les casse et les entraîne plus profondément dans l'écorce terrestre.

Plus les couches sédimentaires s'enfoncent, plus la température et la pression augmentent[42]. Des réactions chimiques éliminent alors les atomes d'azote et les restes d'oxygène contenus dans les matières organiques pour ne laisser que des molécules formées d'hydrogène et de carbone qui constituent les hydrocarbures liquides et gazeux. Ces derniers se retrouvent au sein d'une roche d'où ils sont générés, appelée roche-mère ou roche source.

Les hydrocarbures formés dans la roche-mère (la perméabilité ou l'imperméabilité de celle-ci va être déterminante) vont se déplacer sous terre, car plus légers, les hydrocarbures ont tendance à remonter vers la surface de la terre : c'est le phénomène de la migration[43] des

---

[40] La théorie de la tectonique des plaques, apparue au début des années soixante, permet de comprendre le volcanisme et la sismicité de la planète terre.

[41] En géologie, le manteau est une couche intermédiaire entre le noyau d'une planète et la partie superficielle et solide du matériau dont est faite la terre (la croûte terrestre dans le cas de notre planète). Sur la notion, consulter Bernard BIJU-DUVAL, ouvrage précité, pp 79 & s.

[42] On estime que dans le sous-sol, la température augmente de 3°C quand on descend de 100 mètres. Vers 3000 mètres de profondeur, on atteint donc déjà les 100°C.

[43] Voir Bernard BIJU-DUVAL, ouvrage précité, pp 667 & s ; René COSSE, Le gisement, éditions TECHNIP, 1988, pp 19 & s. Il existe classiquement trois phases de migration : la migration primaire qui désigne l'expulsion du pétrole et du gaz de la roche-mère vers un drain poreux, perméable ; la migration secondaire qui indique le déplacement des hydrocarbures dans un ou plusieurs drains vers une zone

hydrocarbures. Si rien ne les arrête dans leur déplacement en direction de la surface de la terre ou de l'eau, les hydrocarbures s'échappent et suintent[44] à la surface ou se solidifient en bitume en perdant leurs constituants volatiles.

Mais si au contraire, au cours de leur migration, les hydrocarbures rencontrent une couche imperméable qu'on nomme la roche-couverture, ils sont piégés en dessous de cette couche dans les interstices microscopiques et les fissures d'une roche dite roche-réservoir ou roche-magasin[45] où s'accumulent les hydrocarbures pour former le gisement.

Dans cette roche-réservoir la partie gazeuse des hydrocarbures remonte lentement au-dessus du pétrole en repoussant vers le bas la nappe d'eau.

Le pétrole brut ou pétrole liquide (crude oil) est un mélange d'hydrocarbures formés de molécules d'hydrogène et de carbone. Il comporte des produits variés. On distingue ainsi les huiles légères pour désigner celles composées largement (jusqu'à 99% en général) d'hydrocarbures et les huiles lourdes pour désigner celles à forte viscosité due à une forte proportion en résines et asphaltènes[46].

Ce bref digest de l'origine et de la formation du pétrole dans le cadre de cette étude[47] permet d'avoir une compréhension a minima des différentes étapes de sa genèse.

---

d'accumulation appelée roche-réservoir ou roche-magasin où ils vont se concentrer s'il y a un piège (trap) pour former le gisement (pool) d'hydrocarbures ; et la migration tertiaire ou dysmigration qui est le phénomène par lequel les hydrocarbures initialement piégés vont pouvoir se déplacer vers la surface ou vers un autre piège, la roche-couverture qui constitue une enveloppe imperméable au toit de la roche-réservoir empêchant la poursuite de la migration vers la surface.

[44] Le suintement à la surface de la terre ou au fond de la mer peut constituer un indice de surface (seapage) de l'analyse des bassins pétroliers dans le processus d'exploration. On rencontre ce phénomène dans une source et un ruisseau bitumeux à Puy de la Poix dans la commune de Clermont-Ferrand en France ; aussi au Mene Grande dans le bassin de Maracaibo au Venezuela.

[45] La roche-réservoir se comporte comme une éponge absorbant les hydrocarbures.

[46] Bernard BIJU-DUVAL, op. cit, pp. 633 & s ; lire aussi l'article « l'origine du pétrole » publié sur le site www.totalfinaelf.com, consulté le 30 avril 2014.

[47] Cela peut paraître rébarbatif ou même superflu, mais ce détour a le mérite de faire comprendre au juriste, qui n'est certes pas un géologue averti, le processus de la genèse du pétrole, un produit, qui dans ses phases de prospection, d'exploration, d'exploitation et de transport, va laisser déployer la règle de droit. Il importait pour

L'activité pétrolière doit être analysée principalement sous deux angles : d'une part, elle participe au développement de l'économie nationale puisque les revenus pétroliers alimentent pour une part importante le budget des États[48] et génère directement ou indirectement une multitude d'emplois. Sa justification économique et sociale se trouve ainsi scellée. Sous cet angle, l'apport qualitatif de l'activité pétrolière ne peut souffrir de contestation, sauf à relever que la mauvaise gestion des revenus générés par cette activité[49] peut favoriser l'avènement des phénomènes tels que la piraterie maritime, les vols à main armée, les destructions des installations pétrolières, les conflits armés dont les pays du golfe de Guinée en constituent un des habitacles[50].

Sous le second angle, l'activité pétrolière constitue une source indéniable de pollution pour l'environnement marin et côtier : la destruction de la flore, de la faune et des habitats marins, la dégradation de la qualité de vie humaine par la contamination des eaux de mer à la suite de fuites d'hydrocarbures provenant des opérations d'exploitation ou des accidents de navires pétroliers[51] en sont souvent les principales manifestations.

L'on comprend alors que l'activité pétrolière soit une activité indispensable au progrès économique et social des États en ce qu'elle

---

nous d'en dire un mot plutôt que de ne rien en dire. Pour une explication détaillée du processus de formation du pétrole, voir Stéphane DUBOIS, les hydrocarbures dans le monde. État des lieux et perspectives, Transversale, Ellipses, 2007, pp.10-17.

[48] Tel est le cas de la plupart des Etats du golfe de Guinée producteurs du pétrole (Nigéria, Angola, Guinée-Equatoriale, Gabon, Congo, ôte d'Ivoire, Ghana, etc.).

[49] Xavier HAREL, Afrique. Pillage à huis clos. Comment une poignée d'initiés siphonne le pétrole africain, Paris, Fayard, 2006 ; Olivier CHARNOZ, « Introduction thématique. Le pétrole africain: des clefs pour comprendre », Afrique contemporaine, n° 216, avril 2005/4, pp. 19-27 ; Jean-Marie CHEVALIER, « L'Afrique et le pétrole: entre malédiction des importations et des exportations », Afrique contemporaine, n° 216, 2005/4, pp. 57-64.

[50] Charles UKEJE et Wullson MVOMO ELA, « Approche africaine de la sécurité maritime: cas du golfe de Guinée ». ; Benjamin AUGE, « Pillage et vandalisme dans le Delta du Niger », Hérodote, n° 134 (18 août 2009), pp. 151-75 ; Michel LUNTUMBUE, « Piraterie et insécurité dans le golfe de Guinée: défis et enjeux d'une gouvernance maritime régionale ».

[51] Les populations riveraines qui consomment les produits de mer contaminés par les hydrocarbures peuvent être intoxiquées. Le cas du déversement de 5075 m^3 de pétrole par la société Canadian Natural Resources International au cours de l'exploitation du champ pétrolier « ESPOIR » au large des côtes de Jacqueville dans la nuit du 27 au 28 mars 2006 en est une illustration topique.

apporte des revenus pour financer les projets de développement, mais aussi une source certaine de pollution de l'environnement. Quel que soit l'angle sous lequel elle est abordée, l'activité pétrolière reste soumise au droit. Autant dire qu'elle obéit à un régime juridique dont le sens mérite d'être précisé.

B/ Le régime juridique

Monsieur KOBO Pierre Claver[52] disait que « le droit ne se trouve pas dans le firmament, mais il a vocation à s'appliquer aux réalités d'ici-bas. » C'est dire que tout fait, acte ou activité de l'homme peut être appréhendé par le droit pour en régenter le contenu et les implications.

Le régime est un système qui établit et réglemente le fonctionnement de quelque chose. L'épithète juridique renvoie quant à lui au droit[53]. Une fois ces termes clarifiés, nous pouvons comprendre ce que renferme la notion de régime juridique. Il s'agit de l'ensemble des règles[54] auxquelles sont soumis les actes et les activités des sujets de droit.

Le régime juridique de l'activité pétrolière s'entend ainsi de l'ensemble des règles en vigueur qui régissent cette activité depuis la reconnaissance des gisements d'hydrocarbures jusqu'à l'abandon des installations pétrolières, mais aussi les rapports entre les acteurs qui interviennent dans le cadre de l'activité pétrolière. Ces règles aussi diverses que variées ont trait d'une façon synthétique à l'amont et à l'aval de l'activité pétrolière, c'est-à-dire aussi bien aux opérations pétrolières proprement dites[55] qu'aux conséquences qui peuvent en

---

[52] Professeur titulaire émérite de droit public des universités, ancien Président de la Chambre administrative de la Cour Suprême de Côte d'Ivoire devenue Conseil d'État (loi n° 2018-978 du 27 décembre 2018 déterminant les attributions, la composition, l'organisation et le fonctionnement du Conseil d'État, JORCI n° 2 NS du 6 mars 2019, p. 33).

[53] Ici, il est essentiellement question du droit objectif (la règle de droit) par opposition au droit subjectif, c'est-à-dire l'ensemble des règles qui régissent un acte ou une activité donnés.

[54]Nous incluons dans ce domaine les conventions internationales, la coutume, les lois et règlements applicables à l'activité pétrolière.

[55] L'activité pétrolière est une notion large qui met en jeu des rapports juridiques et regroupe plusieurs opérations techniques telles que les installations et engins

découler pour l'environnement marin et côtier. Une fois les notions d'activité pétrolière offshore et de régime juridique explicitées, il importe de présenter l'espace géographique de la présente étude.

II- Le champ géographique de l'étude

Le champ géographique d'une étude renvoie à la sphère géographique, c'est-à-dire à la limite spatiale à l'intérieur de laquelle elle est menée. Le champ de la présente étude s'étend au vaste ensemble géographique qu'est le golfe de Guinée, mais reste essentiellement réduit à la Côte d'Ivoire.

A/ Un champ d'études étendu au golfe de Guinée

La sphère géographique de notre étude a principalement trait à l'espace maritime ivoirien situé dans un vaste environnement marin appelé golfe de Guinée. La définition de cet espace géographique qu'est le golfe de Guinée a fait apparaître deux tendances : la tendance dite restrictive qui réduit le golfe de Guinée à sa conception politique telle que consacrée par le Traité portant création de la Commission du golfe de Guinée signé le 19 novembre 1999 à Libreville au Gabon et comprenant huit États[56] et la tendance lato sensu qui privilégie une certaine conception d'intégration régionale entre États d'Afrique de l'Ouest et ceux du Centre.

La tendance qui nous parait conforme aux réalités géographiques et qui cadre avec la notion même de golfe57 permet de rassembler dans cet espace dix-sept États, dont la Côte d'Ivoire58.

---

pétroliers. Ces rapports mettent en relation l'État hôte, les compagnies pétrolières, la société pétrolière nationale, les sociétés sous-traitantes, les travailleurs, etc.

[56] Angola, Cameroun, Congo, République Démocratique du Congo, Gabon, Guinée Equatoriale, Nigeria, et São Tomé et Principe. Il est même dit que la conception restrictive réunit sept États côtiers (la Côte d'Ivoire, le Ghana, le Togo, le Bénin, le Nigéria, le Cameroun et le Gabon), un État insulo-continental (la Guinée-Equatoriale) et un État insulaire (Sao-Tomé et Principe).

[57] Selon le Grand Robert, le golfe est un vaste bassin en cul-de-sac plus ou moins largement ouvert, que forme la mer dans son avancée à l'intérieur des terres.

[58] La conception large du golfe de Guinée met en évidence 17 États qui sont dans l'ordre de classement nord-sud : le Sénégal, la Guinée Bissau, la Guinée, la Sierra Leone, le Libéria, la Côte d'Ivoire, le Ghana, le Togo, le Bénin, le Nigéria, le

Le golfe de Guinée est avant tout, une notion géographique qui désigne un espace physique caractérisé par son aspect maritime où les questions de la mer trouvent toutes leurs illustrations, notamment aux plans juridique, économique, géopolitique59, géostratégique et environnemental. Les États composant le golfe de Guinée ont une façade maritime de 7314 km60 tournée sur l'océan Atlantique sud.

Les ressources en hydrocarbures de cette partie du continent africain sont abondantes61 et attirent la convoitise et la préférence des pays importateurs pour diverses raisons, notamment la qualité du pétrole liée à sa faible teneur en soufre62 et la réduction du coût du transport en comparaison avec les pays du golfe arabo-persique63.

Tous les États du golfe de Guinée disposent de ressources pétrolières, mais les disponibilités en hydrocarbures sont inégales par pays et l'activité pétrolière y connaît différents niveaux de production. Il existe des pays dont la production décline64, ceux qui sont au stade de la maturité65 et les pays qui connaissent une certaine ascendance

---

Cameroun, la Guinée-Equatoriale, Sao Tomé et Principe, le Gabon, le Congo, la République Démocratique du Congo et l'Angola. C'est la conception large du golfe de Guinée qui est privilégiée au niveau international notamment par le Conseil de l'Union européenne qui souligne dans les conclusions de son Rapport sur le plan d'action 2015-2020 pour le golfe de Guinée que « ce plan vise à soutenir les efforts déployés par la Communauté Économique des États de l'Afrique de l'Ouest (CEDEAO), la Communauté Économique des États de l'Afrique Centrale (CEEAC) et la Commission du golfe de Guinée (CGG). »

[59] Abdelhak BASSOU, « Le Golfe de Guinée, zone de contrastes: Richesses et vulnérabilités », OCP POLICY CENTER, septembre 2016, p. 7.

[60] Le littoral le plus long de cette partie du continent africain est celui de l'Angola distant de 1600 km alors que le littoral de la République Démocratique du Congo mesure à peine 40 km.

[61] Le golfe de Guinée représente 50 % de la production pétrolière du continent africain, soit 10 % de la production mondiale. Les statistiques estiment les réserves prouvées à plus de 24 milliards de barils de pétrole. Certains auteurs avancent le chiffre de 55 milliards de barils, soit environ 4,8% des réserves mondiales, voir Philippe COPINSCHI et Pierre NOËL, « L'Afrique dans la géopolitique mondiale du pétrole », Afrique contemporaine, n° 216, 2005/4, p. 29.

[62] Le pétrole produit dans cette zone est léger, ce qui facilite son raffinage, voir Géraud MAGRIN, « Compétition pétrolière et développement en Afrique: quels enjeux pour l'Europe et les États-Unis? », Groupe des Belles Feuilles, juin 2006, p.15.

[63] Il faut deux semaines pour transporter le pétrole ouest-africain vers les États-Unis contre six pour celui en provenance du Moyen-Orient.

[64] On trouve dans cette catégorie le Cameroun, le Gabon et le Congo Brazzaville.

[65] Dans ce groupe, il y a le Nigéria, l'Angola et la Guinée-Equatoriale.

dans la production66. Le régime juridique de l'activité pétrolière de chaque État ou groupe d'États producteurs appartenant à ce vaste espace géographique peut faire l'objet d'une étude, mais nous choisissons de réduire son champ à la Côte d'Ivoire.

B/ Un champ d'étude réduit à la Côte d'Ivoire

La Côte d'Ivoire qui se trouve au centre de cette étude est un pays de l'Afrique de l'Ouest situé entre les latitudes 5°N et 10°N et les longitudes 3°W et 8°W. Elle est située dans l'hémisphère nord entre le tropique du cancer et l'équateur. D'une superficie de 322 462 km^2 et d'une population estimée à 25.823.071 habitants, elle fait frontière au nord avec le Burkina Faso et le Mali, à l'est avec le Ghana, à l'ouest avec le Libéria et la Guinée-Conakry et est bordée au sud par l'océan Atlantique. Sa capitale politique est Yamoussoukro[67] et Abidjan[68] en est la capitale économique.

Elle bénéficie d'un climat globalement propice à l'agriculture qui a constitué le principal moteur de la croissance économique ivoirienne pendant les années de prospérité soutenue, à savoir depuis l'indépendance jusqu'au début des années 1980, avec le développement spectaculaire des cultures de rente impulsé par l'État (cacao, café, coton, banane, ananas, palmier à huile, hévéa, etc.)[69].

La Côte d'Ivoire dispose d'un littoral maritime qui couvre une superficie de 23.253 km^2, soit 7% de son territoire pour 566 km de long. Le littoral ivoirien s'étire du Cap de Palmes (Libéria) dans l'ouest au Cap des Trois Pointes (Ghana) à l'est[70].

La géologie générale de la Côte d'Ivoire comporte deux types de roches : les roches dites cristallines ou ignées couvrent la quasi-totalité du territoire national[71] et les roches sédimentaires ayant un intérêt

---

[66] La Côte d'Ivoire et le Ghana peuvent être classés dans cette catégorie.

[67] Yamoussoukro est située au centre du pays. Elle est devenue la capitale ivoirienne par l'effet de la loi n° 83-242 du 22 mars 1983 portant transfert de la capitale d'Abidjan à Yamoussoukro, JORCI n° 14 du 7 avril 1983, p. 174.

[68] Abidjan qui est la principale ville du pays est située au sud.

[69] FAO, « l'irrigation en Afrique en chiffres- enquête », AQUASTAT, 2005, p. 2.

[70] Le Livre Blanc du littoral ivoirien, 2004.

[71] La superficie totale de la Côte d'Ivoire est de 322.462 km^2 et les roches cristallines occupent 97.5 % du territoire national. Les roches sédimentaires possédant des potentialités de génération et d'accumulation d'hydrocarbures ne

pétrolier ne couvrent qu'une infime partie du territoire et sont localisées essentiellement dans le sud du pays. Le bassin sédimentaire lui-même se divise en deux socles : le socle ou bassin sédimentaire terrestre (onshore)[72] sur la bordure côtière allant de Sassandra à la frontière ivoiro-ghanéenne, long d'environ 360 km ; elle a une forme de croissant incurvé vers l'océan, couvrant une superficie de 8000 km^2, sa largeur augmente d'ouest en est et atteint 35 km et le bassin sédimentaire en mer (offshore)[73] d'une superficie estimée à 22.000 km^2. Il est très vaste et sa largeur varie entre 80 et 150 km et la profondeur des eaux y dépasse 3000 mètres.

L'activité pétrolière en Côte d'Ivoire a connu différentes étapes qui peuvent être regroupées en trois périodes : la période coloniale de 1895 jusqu'au début de l'indépendance (1963), la période d'activités intenses (1970-1989) et la période contemporaine.

En 1895, l'autorité coloniale découvrit de manière fortuite que les populations du Sud-est utilisaient du pétrole pour l'éclairage et le calfeutrage. En 1904, la Société française des Pétroles trouva des indices d'hydrocarbures à Eboinda et en 1928, l'African and Eastern Trade Company fit la découverte d'indices de pétrole et de gaz. Entre 1941 et 1943, le début des recherches pétrolières va être marqué par le forage de plus de 300 puits de 20 m de profondeur en zone onshore. Entre 1952 et 1963, la Société africaine des Pétroles (SAP) basée à Dakar va entreprendre des activités de recherche de pétrole et fore dix (10) puits, mais n'aboutit à aucune découverte commerciale, ce qui a fait dire que la Côte d'Ivoire était atteinte d'une infertilité en matière

---

couvrent que 2.5% du territoire ivoirien. Voir Yao Blaise KOFFI, Kouassi Ernest AHOUSSI, Amani Michel KOUASSI et Jean BIEMI, « Ressources minières, pétrolières et gazières de la Côte d'Ivoire et problématique de la pollution des ressources en eau et des inondations », Geo-Eco-Trop 38, 1, n.s., 2014, p.119 ; Macoura KONE, Mémoire: « Maturation thermique et potentiel pétroligène des déblais du puits pétrolier IVCO-10 du bloc CI-02 du bassin sédimentaire de Côte d'Ivoire », Université du Québec à Chicoutimi, mars 1998, Bibliothèque nationale du Canada, p.15.

[72] L'aventure pétrolière de la Côte d'Ivoire a commencé avec des forages en onshore par la Société française de Pétroles qui a découvert des sables bitumineux en 1904 à Eboinda dans le département d'Adiaké. Aujourd'hui, la production pétrolière onshore est très minime. On dénombre sur une cinquantaine de blocs pétroliers, 07 en onshore et une quarantaine en offshore, voir la carte des différents blocs délimités par la PETROCI en janvier 2014.

[73] Le bassin sédimentaire offshore s'étend aussi entre les frontières libérienne et ghanéenne.

pétrolière. Mais les autorités politiques d'alors vont impulser une nouvelle dynamique en autorisant la Direction des Mines à contacter l'Institut français du Pétrole (IFP) pour étudier les chances de reprise des activités d'exploration pétrolière en Côte d'Ivoire. Un code pétrolier va être adopté[74] et les recherches d'hydrocarbures vont être menées plus en offshore.

La seconde période est marquée par une forte ruée vers la recherche pétrolière avec l'attribution de plusieurs permis de recherche dont le premier a été signé le 20 novembre 1970 au profit du groupe ESSO-SHELL-ERAP et la création de la société PETROCI par décret n° 75-744 du 21 octobre 1975[75]. Sous son impulsion, deux autres sociétés sont créées : la Société Multinationale de Bitumes (SMB) en 1976 et la société de Gestion des Stocks pétroliers de Côte d'Ivoire (GESTOCI) en 1983[76].

La troisième ère pétrolière ivoirienne est caractérisée par un nouveau découpage des blocs, l'arrivée de nouveaux partenaires et l'option faite en faveur d'un nouveau type de contrat, à savoir le contrat de partage de production, ce qui a favorisé la conclusion de dix-neuf (19) nouveaux contrats entre décembre 2011 et septembre 2014 (ministère du Pétrole et de l'Énergie, 2015). La Côte d'Ivoire a en outre annoncé 3,3 milliards de dollars d'investissements dans le secteur pétrolier entre 2015 et 2020 (ministère du Pétrole et de l'Énergie, 2016).

Le choix de la Côte d'Ivoire peut paraître en première analyse, chauvin, mais une étude consacrée au régime juridique de l'activité pétrolière de ce pays répond avant tout à un besoin de connaissance des règles qui régissent la matière. La Côte d'Ivoire n'est certes pas un producteur de pétrole de premier rang dans la région du golfe de

---

[74] Loi n° 70-489 du 3 août 1970 portant code pétrolier de la Côte d'Ivoire, JORCI n° 39 du 12 août 1970, p. 1275 et le décret n° 70-528 du 2 septembre 1970 portant application du code pétrolier, JORCI n° 46 du 17 août 1970, p. 1524.

[75] Décret n° 75-744 du 21 octobre 1975 portant création d'une société d'Etat dénommée Société nationale d'Opérations pétrolières de la Côte d'Ivoire et approuvant les statuts de cette société PETROCI, JORCI n° 58 du 20 novembre 1975, p. 2101.

[76] Décret n° 83-1009 du 14 septembre 1983 portant création de la société d'économie mixte de type particulier dénommée Société de Gestion des Stocks pétroliers de Côte d'Ivoire (GESTOCI), JORCI n° 38 du 29 septembre 1983, p. 497.

Guinée[77], mais sa propension à la diversification de ses sources de revenus qui intègrent forcément l'activité pétrolière[78], son adhésion récente à l'Initiative pour la Transparence des Industries extractives[79], la modification de son code pétrolier pour tenir compte des impératifs

[77] Le Rapport ITIE 2007 à 2011 révèle que pendant ce triennat, la production pétrolière de la Côte d'Ivoire a vacillé entre 40.000 et 50.000 barils/jour. Voir Yao Blaise KOFFI, Kouassi Ernest AHOUSSI, Amani Michel KOUASSI et Jean BIEMI, article préc., p.127. Le Nigéria produit au moins 2.000.000 de barils/jour, voir Géraud MAGRIN, « Compétition pétrolière et développement en Afrique: quels enjeux pour l'Europe et les États-Unis? », article préc., p. 16. Les réserves d'hydrocarbures ivoiriennes prouvées sont estimées à cent millions (100.000.000) de barils pétrole et un milliard (1.000.000.000) de pieds cubes de gaz, voir ANADARKO CÔTE D'IVOIRE, « Étude d'impact environnemental et social du programme de forage de puits d'exploration dans le bloc CI-528 au large de Jacqueville et d'Abidjan, Côte d'Ivoire », Étude d'Impact environnemental et social (Côte d'Ivoire, juillet 2015), p.119.

[78] Depuis la chute des matières premières agricoles dans les années 1980 et 1990, l'industrie extractive est devenue le second pilier de l'économie ivoirienne. La part des revenus provenant de l'activité pétrolière affectés au budget de l'État est conséquente. Le Rapport ITIE 2015 révèle que les revenus du secteur des hydrocarbures en Côte d'Ivoire ont progressé de 15,4%, passant à 252,3 milliards FCFA en 2015 contre 218,7 milliards FCFA en 2014 et 339,5 milliards FCFA en 2013. Les revenus alloués au budget national sont de 221,172 milliards FCFA en 2013, 108,481 milliards FCFA en 2014 et 151,402 milliards FCFA en 2015. Voir Rapport ITIE Côte d'Ivoire 2015, p. 8.

[79] L'Initiative pour la Transparence dans les Industries extractives (ITIE) est une initiative volontaire qui a été lancée en 2003 par l'ancien Premier ministre britannique Tony Blair et qui vise à renforcer la bonne gouvernance et la transparence des revenus publics issus de l'extraction des ressources pétrolières, gazières et minières dans les pays riches de ces ressources. L'ITIE est un dialogue entre les parties prenantes que sont : le gouvernement, les sociétés extractives et la société civile. La Côte d'Ivoire a adhéré à l'ITIE et est devenue en 2008 « Pays Candidat » à la mise en œuvre de cette initiative. Elle a intégré cette norme internationale dans sa législation interne, voir la loi n° 2014-138 du 24 mars 2014 portant code minier, JORCI n° 03 NS du 2 avril 2014, p. 48 (l'article 169-e de cette loi a été modifié par l'ordonnance n° 2018-144 du 14 février 2018, JORCI n° 30 du 12 avril 2018, p. 361). Les articles 117, 118 et 119 du code minier imposent aux titulaires des titres miniers et à l'État une obligation de déclarations des revenus aux instances nationales de l'ITIE. Un Conseil National ITIE a été créé : voir décret n° 2008-25 du 21 février 2008 portant création, organisation et fonctionnement du conseil national pour la mise en œuvre des principes de l'initiative pour la transparence des industries extractives, JORCI n° 10 du 6 mars 2008, p. 146. La Côte d'Ivoire a été déclarée « pays conforme » en mai 2013. La prochaine validation de la Côte d'Ivoire a commencé depuis le 1er avril 2017.

liés à la sauvegarde de l'environnement marin et côtier[80], le règlement du conflit frontalier maritime avec le Ghana qui a éclaté à la suite de la découverte du gisement pétrolier « Jubilé »[81] par la compagnie pétrolière irlandaise Tullow Oil alliée de l'américaine Vanco Energy, la demande d'extension de son plateau continental devant la Commission des limites du plateau continental sont autant de raisons qui président au choix de cet État et qui justifient que l'on lui consacre une étude qui passe en revue l'ensemble des textes régissant l'activité pétrolière.

Toutefois, le caractère transversal de l'activité pétrolière en particulier et du droit de l'environnement en général[82] et sa forte inclination internationale incluant à la fois des normes juridiques internes et internationales commande qu'une telle étude soit menée suivant une approche comparative pour saisir non seulement les rapports d'interpénétration qui existent entre ces normes, mais aussi les rapports entre la Côte d'Ivoire et les autres États de la région du golfe de Guinée et ceux du reste du monde en matière d'hydrocarbures. Le champ d'étude ayant été délimité, l'intérêt et la problématique qu'elle suscite méritent d'être définis.

III- L'intérêt et la problématique du sujet

Toute étude scientifique doit déclencher un attrait qui éveille et captive l'esprit du lecteur. Elle doit en outre se justifier au regard de l'importance des questions qu'elle aborde, de son actualité et de son utilité sur divers plans.

---

[80] L'article 82 nouveau de l'ordonnance 2012-369 du 18 avril 2012 modifiant la loi n° 96-669 du 29 août 1996 portant code pétrolier, JORCI n° 27 du 5 juillet 2012, p. 626 dispose à cet effet que « l'exploitation et la gestion des ressources pétrolières doivent se faire dans la transparence et prendre en compte la protection de l'environnement, ainsi que la préservation des intérêts des générations présentes et futures. »

[81] C'est le premier conflit frontalier maritime entre les deux pays voisins. Le Tribunal international du droit de la mer a vidé sa saisine en rendant en faveur du Ghana, l'arrêt n° 23 du 23 septembre 2017.

[82] Pour le professeur Gérard MONEDIAIRE, l'environnement constitue un domaine matériel et transversal. Voir son article intitulé, « Les droits à l'information et à la participation du public auprès de l'Union européenne (première partie) », Revue européenne de Droit de l'Environnement, nº 2, 1999, p. 129.

A/ L'intérêt du sujet

Le pétrole ou « or noir » qui s'est formé depuis des centaines de millions d'années suivant un processus totalement naturel est au cœur des mutations économique, politique et sociale du monde moderne et sa découverte dans les siècles passés s'inscrit dans une histoire à la fois fascinante et tumultueuse dont les répercussions géopolitiques et géostratégiques ne passent guère inaperçues.

L'on se souvient en effet du premier choc pétrolier (1973-1974) qui a été un événement très remarqué ayant considérablement secoué de nombreux marchés. Le choc a débuté lorsque les membres arabes de l'Organisation des Pays exportateurs de Pétrole (OPEP)[83] ont annoncé, durant la guerre du Kippour[84] qu'ils ne livreraient plus de pétrole aux pays ayant soutenu Israël dans le conflit l'opposant à la Syrie et à l'Égypte, à savoir aux États-Unis et à ses alliés d'Europe occidentale. Les effets de l'embargo se sont immédiatement fait ressentir. L'OPEP a contraint les sociétés pétrolières à augmenter leurs paiements de manière vertigineuse. En 1974, le prix de l'or noir avait presque quadruplé.

La crise énergétique de 1990 ou troisième choc pétrolier, a été moins prononcée et plus brève que les deux précédentes (1973 et 1979). L'invasion du Koweït par l'Irak en 1990 a effectivement privé le marché de 9% de la production mondiale de pétrole et plongé le marché de l'or noir dans une incertitude considérable. Le baril de pétrole est passé de 17 USD à 25 USD au cours de la crise[85].

---

[83] L'Organisation des Pays exportateurs de Pétrole (OPEP) a été créée le 10 septembre 1960, à Bagdad en Irak et regroupe 14 pays membres : Algérie, Angola, Gabon, Libye, Nigéria, Guinée Equatoriale, République Démocratique du Congo, Équateur, Venezuela, Arabie Saoudite, Emirats Arabes Unis, Irak, Iran et Koweït. Sur l'OPEP, voir Georges FISCHER, « L'Organisation des pays producteurs de pétrole », in Annuaire français de droit international, volume 7, 1961, pp. 163-172.

[84] La guerre du Kippour, aussi appelée guerre du Ramadan ou encore guerre d'octobre ou guerre israélo-arabe de 1973, a opposé, du 6 au 26 octobre 1973, Israël et une coalition de nations arabes menée par l'Égypte et la Syrie. La guerre s'est ouverte le jour du Yom Kippour sur l'attaque-surprise conjointe de l'Égypte et de la Syrie, qui ont envahi respectivement le Sinaï et le plateau du Golan qui avaient été annexés par Israël en 1967 lors de la guerre des Six Jours. Sur la chronologie et le bilan de cette guerre, voir Daniel DURAND, La politique pétrolière internationale, PUF, 4e édition, Paris, 1978, pp.117-122.

[85] Bien qu'instauré en avril 1995, le programme pétrole contre nourriture n'a commencé à être mis en œuvre qu'en décembre 1996 après la signature du

Un second repli des cours, mineur cette fois, s'est produit début 1996 lorsque l'Irak a commencé à exporter du pétrole en vertu du programme pétrole contre nourriture.

L'importance du pétrole dans l'économie mondiale est indéniable[86]. Le pétrole représente encore aujourd'hui la première source d'énergie primaire dans le monde, avec une part de marché de 36%. S'il a certes perdu du terrain dans un certain nombre d'activités industrielles depuis 30 ans à cause de la découverte de nouvelles sources d'énergie[87], il demeure incontournable dans le secteur des transports qui en dépend à plus de 95%[88].

Pour les États qui en disposent, le pétrole représente une source de richesse nationale, mais se trouve au confluent d'intérêts géopolitiques et géostratégiques de plus en plus perceptibles qui ne peuvent échapper aux pouvoirs publics. De ce fait, l'État qui, conformément au droit international, exerce la souveraineté permanente sur ses ressources naturelles, ne saurait être mis à l'écart des activités liées à l'exploration et à l'exploitation pétrolière dès lors qu'il est avéré que cette ressource naturelle peut être extraite dans des espaces relevant de sa juridiction nationale. Tel est le cas des États d'Afrique subsaharienne.

Plusieurs États d'Afrique subsaharienne abritent d'importants gisements de pétrole[89].

Mémorandum d'accord entre les Nations Unies et le Gouvernement irakien le 20 mai 1996.

[86] Le pétrole est la source d'énergie de la quasi-totalité des transports routiers, aériens et maritimes. Grâce à lui, les villes se sont étendues, le commerce international se fait à prix modique et voyager n'a jamais été si facile.

[87] Les sources d'énergie dites renouvelables jugées moins polluantes (l'énergie solaire, l'énergie éolienne, la biomasse notamment) concurrencent fortement l'utilisation du pétrole dans certains secteurs d'activité. En France par exemple, le pétrole est utilisé à hauteur de 29 % surtout dans le secteur du transport et elle importe près de 99 % de cette ressource.

[88] Caterine HAGEGE et Nicolas CARNOT, « Le marché pétrolier », Économie & prévision 5, n° 166, 2004, p.128. ; Stéphane DUBOIS, Les hydrocarbures dans le monde. État des lieux et perspectives, op. cit., p.9.

[89] La production pétrolière représente à elle seule plus de 90% des revenus d'exportation de certains pays comme le Nigéria ou l'Angola. Il y a eu la découverte de nouveaux gisements ces dernières années (c'est le cas de l'Angola dans le bassin du Kwanza- que l'on compare aux réserves offshore brésiliennes- de la Côte d'Ivoire, du Ghana, de la Sierra Leone, du Libéria, du Gabon, etc.)

Cette partie du monde, en raison de son attractivité énergétique, fait l'objet de convoitise de la part des grandes compagnies pétrolières internationales. C'est le cas de l'Américaine Exxon Mobil (issue de la fusion entre Exxon et Mobil), de la Britannique BP (née de la fusion entre British Petroleum, héritière de l'Anglo Iranian Oil Company et Amoco), de l'Anglo-Néerlandaise Royal Dutch (née de la fusion entre Shell et Royal Dutch), de l'italienne ENI ou de la Française Total (provenant de la fusion entre Total, Fina et Elf).

Certes, les conditions d'exploration et d'exploitation du pétrole envisagées par ces sociétés, grâce aux progrès techniques et technologiques de plus en plus performants, se sont améliorées au cours de ces dernières décennies. Mais pour autant, l'activité pétrolière n'est pas sans conséquence néfaste sur l'environnement et la santé humaine : que ce soit dans les pays riches ou les pays pauvres, l'extraction du pétrole est très polluante pour l'environnement et la santé des travailleurs ou des populations riveraines.

Il suffit, pour s'en convaincre, de se référer aux pollutions opérationnelles ou accidentelles de l'histoire et de leurs impacts négatifs sur l'environnement, notamment sur la faune et la flore ainsi que sur le quotidien des populations riveraines.

S'agissant particulièrement des atteintes à l'environnement liées à l'activité pétrolière, les exemples sont nombreux : des accidents très graves, tels que celui du Torrey Canyon en 1967 ou ceux de la plate-forme de forage Ixtoc-I dans le golfe du Mexique et de l'Amoco Cadiz en 1978 au large des côtes bretonnes[90], de l'accident de l'Exxon Valdez : le 24 mars 1989, le pétrolier américain transportant 180.000 tonnes de pétrole brut échoue à 12 nœuds du récif Blight, provoquant le déversement de 38.500 tonnes de brut. Plus de 7000 km^2 de nappes polluent 800 km de côtes. Plus près de nous, au Nigéria, en décembre 2011, une fuite de 40.000 barils de pétrole en provenance du gisement de Bonga exploité par la société SHELL entraîne la pollution de

[90] Laurent LUCCHINI, « À propos de l'Amoco-Cadiz- la lutte contre la pollution des mers: Évolution ou révolution du Droit international », in Annuaire français de Droit international, volume 24, 1978, pp. 721-754 ; Claudine TIERCELIN, Michel MARCHAND, et Christophe ROUSSEAU, « Accident de l'Erika, Golfe de Gascogne (Sud-Bretagne), 12 décembre 1999 », Bulletin d'information du Cedre, n° 13 (1er et 2e semestre 1999, 1er semestre 2000, pp. 10-19 ; Christophe ROUSSEAU, « Accident du Prestige, 13 novembre 2002, Cap Finistère (Galice). Les premières leçons », Bulletin d'information du Cedre, n° 18 (semestre 2003), pp. 15-20.

l'océan Atlantique ; le naufrage de l'Erika : le 12 décembre 1999, un pétrolier battant pavillon maltais, affrété par la société TotalFinaElf et transportant 30.000 tonnes de fioul lourd, se brise au large de la côte sud-ouest de la Bretagne.

Les conséquences écologiques de ces atteintes sont désastreuses : dégradation de l'écosystème par asphyxie du milieu naturel, destruction des fonds marins et de l'habitat de nombreux animaux, empoisonnement de la faune et de la flore des zones côtières terrestres et, par voie de conséquence, atteinte possible à la santé humaine en cas de consommation de cette faune et/ou de cette flore.

Le sujet met en lumière les enjeux juridiques, politiques, géostratégiques, économiques et environnementaux de l'activité pétrolière. Le lien intrinsèque et indissociable entre ces enjeux est certes perceptible, mais pour le juriste, l'aspect juridique reste et demeure l'enjeu de premier plan. En effet, le droit joue un rôle indéniable dans la protection de l'environnement dans son ensemble.

Dans un tel contexte, il apparaît nécessaire de mener une réflexion sur les règles juridiques qui régissent l'activité pétrolière pour en connaître le contenu et les implications. D'où l'intérêt de la présente étude consacrée au régime juridique de l'activité pétrolière offshore dans un espace géographique qui concerne l'Afrique subsaharienne, mais dont la Côte d'Ivoire reste l'épicentre.

B/ La problématique du sujet

La problématique d'un sujet a trait à la construction conceptuelle thématique mettant en relation un certain nombre de problèmes et de questions qui dépendent les uns des autres. Traiter ainsi du régime juridique de l'activité pétrolière offshore revient d'une part à poser les différentes questions qu'une telle activité soulève, à savoir entre autres, la relation entre États hôtes et les compagnies pétrolières, la coexistence des normes internationales avec les normes nationales dans la réglementation de cette activité, la protection de l'environnement marin et côtier qui peut être affecté par les opérations pétrolières, les rapports entre États voisins lorsque ceux-ci partagent les mêmes bassins sédimentaires, les conflits de tout genre susceptibles de naître à l'occasion de l'activité pétrolière, et d'autre part à les analyser sous l'angle du droit en recherchant et expliquant l'ensemble du système juridique qui leur est applicable.

Pour répondre aux exigences de résolution de cet exercice scientifique, nous sacrifierons à la méthode classique consistant à présenter cet ouvrage en deux tomes qui traitent les deux parties de notre étude. Dans le premier tome (il comprend deux titres), nous nous attellerons à relever toutes les questions qui concernent l'amont de l'activité pétrolière afin de préciser le régime juridique applicable. En effet, justifiée économiquement, l'activité pétrolière repose sur des bases juridiques élaborées par les opérateurs du secteur pétrolier ou par les États qui permettent de mieux l'encadrer. La première branche de notre étude s'évertuera à démontrer que cette activité indispensable est encadrée en amont par le droit.

Le second tome qui comprend aussi deux titres, aura vocation à définir le régime juridique applicable à l'aval de l'activité pétrolière. Il s'agira précisément de rechercher les règles juridiques tant internationales qu'internes qui sont prévues en cas d'atteinte à l'environnement marin et côtier. Autrement dit, les opérations pétrolières pouvant constituer une source potentielle de pollution, il est important de comprendre le système juridique qui encadre leurs conséquences dommageables sur l'environnement marin et côtier.

La plupart des États du golfe de Guinée dont la Côte d'Ivoire[91] ont une tradition pétrolière assez récente. L'abondance des réserves d'or noir dans cet espace régional n'a pas qu'attisé la convoitise des grandes puissances animées par la volonté de diversifier les sources d'approvisionnement en hydrocarbures, mais constitue un facteur de développement de ces États qui tirent de l'activité pétrolière, pour certains, plus de la moitié de leurs recettes budgétaires. Dans ce contexte, l'activité pétrolière apparaît comme une activité indispensable aux économies nationales et dont le droit se saisit en amont pour la réglementer.

La reconnaissance, la recherche, l'exploitation et le transport du pétrole se trouvent donc au cœur du développement des États producteurs et suscitent, à l'échelle mondiale, une intense activité normative tendant à encadrer les opérations qui y sont rattachées et aussi à assurer la protection des personnes qui assurent leur exécution.

---

[91] Après une période de disette, le premier permis de recherche fut octroyé le 20 novembre 1970 au groupe ESSO-SHELL-ERAP.

Autrement dit, il s'agit de connaître les règles qui s'appliquent à l'activité pétrolière dans tous ses aspects et plus spécifiquement à ceux qui se situent en amont.

Les normes juridiques qui régissent les opérations pétrolières sont d'ordre international et national. Ainsi, règles internationales et règles nationales constituent le socle juridique de cette activité. Mais ces deux ordres juridiques sont appelés à la coexistence (Titre 1) parce qu'ils sont complémentaires.

Toutefois, étant donné que les hydrocarbures qui s'accumulent dans le sol et le sous-sol sont la propriété exclusive de l'État[92] et que les opérations pétrolières sont accomplies sur le territoire de cet État, il s'ensuit qu'une grande part de la réglementation de cette activité ressortit de la législation interne[93] (Titre 2).

---

[92] Cette conception est consacrée par les législations pétrolières des États du golfe de Guinée (par exemple l'article 2 de la loi n° 96-669 du 29 août 1996 portant code pétrolier de la Côte d'Ivoire, JORCI n° 04 du 3 janvier 1997, p. 63; article 3-1 de la loi n° 99-013 du 22 décembre 1999 portant code pétrolier du Cameroun).

[93] Les codes pétroliers organisent les aspects contractuels, financiers, fiscaux, etc. de cette activité.

TITRE1 :

LA NECESSAIRE COEXISTENCE DU DROIT INTERNATIONAL ET DU DROIT NATIONAL DANS LA REGLEMENTATION DE L'ACTIVITE PETROLIERE

Le régime juridique de l'activité pétrolière résulte de la conjonction du droit international qui en constitue le principal ressort[94] et du droit national des États producteurs[95]. Le droit international qui doit s'entendre ici au sens large que lui donne l'article 38-1 du Statut de la Cour Internationale de Justice[96] et le droit national[97] sont donc deux sources de droit indissociables, voire complémentaires, appelées à coexister dans la réglementation de l'activité pétrolière.

Il importe cependant d'observer que dans cette relation de coexistence inévitable, le droit international se place en position d'influence sur le droit national en ce sens qu'il fournit les principales règles qui encadrent cette activité, mais celui-ci y est parfois insensible. Sous ce rapport, c'est la question du régime juridique du droit international en droit interne qui est directement visée (Chapitre 1).

Cette influence n'est pas une simple affirmation de principe qui s'expliquerait par un critère organique en ce que le droit international serait le droit qui régit les rapports entre États, mais se justifie au regard d'un critère matériel puisque l'activité pétrolière implique la prise en compte par le droit international de ses aspects importants. L'influence ainsi comprise du droit international sur le droit national

---

[94] L'activité pétrolière est régie par plusieurs conventions internationales que l'on pourrait considérer comme faisant partie d'un bloc de règles applicables à l'industrie pétrolière internationale. Ces conventions internationales se retrouvent en amont et en aval de cette activité : qu'il s'agisse des opérations pétrolières, du transport du pétrole brut, de la gestion des risques environnementaux, de la sécurité et du travail sur les plates-formes, de la sauvegarde de l'environnement, etc.

[95] Le droit national est perçu comme le relai du droit international ; il réglemente certains aspects de l'activité pétrolière en tenant compte de la pratique internationale et du contexte interne.

[96] L'article 38-1 du Statut de la CIJ : « La Cour, dont la mission est de régler conformément au droit international les différends qui lui sont soumis, applique :

a) les conventions internationales, soit générales, soit spéciales, établissant des règles expressément reconnues par les États en litige ;

b) la coutume internationale comme preuve d'une pratique générale, acceptée comme étant le droit;

c) les principes généraux de droit reconnus par les nations civilisées ;

d) sous réserve de la disposition de l'article 59, les décisions judiciaires et la doctrine des publicistes les plus qualifiés des différentes nations, comme moyen auxiliaire de détermination des règles de droit. »

[97] L'on a en vue la constitution, les lois et les règlements en vigueur dans l'ordre juridique interne.

dans le cadre de la réglementation de l'activité pétrolière se trouve alors justifiée (Chapitre 2).

Chapitre 1 : LE REGIME DU DROIT INTERNATIONAL DANS L'ORDRE JURIDIQUE INTERNE : LE DROIT NATIONAL INSENSIBLE A L'INFLUENCE DU DROIT INTERNATIONAL

La réglementation de l'activité pétrolière reste marquée par la juxtaposition de deux ordres juridiques complémentaires[98], mais hiérarchisés. Dans les domaines régis par les deux normes, le droit international devrait s'appliquer en éclipsant le droit national. Le droit international est en effet l'expression des États à se voir engagés à respecter les obligations librement acceptées alors que le droit national ne peut se concevoir et s'affirmer que dans la sphère territoriale de chaque État.

Mais sur le terrain de l'appréciation de cette hiérarchie, il n'est pas illogique de s'apercevoir que l'influence qui caractériserait le droit international dans ses rapports avec le droit national est mise à mal.

Il avait même été soutenu que la validité internationale d'un traité devait être subordonnée à l'observation des règles constitutionnelles des États contractants[99] . Une telle influence des règles constitutionnelles issues de l'ordre juridique national ne devrait pas garantir la stabilité des relations internationales, car il aurait suffi pour un État d'invoquer la violation de ses règles internes pour se soustraire à ses obligations conventionnelles librement consenties. C'est la raison pour laquelle la théorie internationaliste qui promeut l'influence du droit international sur le droit national a été largement admise dans le cadre de l'élaboration de la Convention sur le droit des Traités.

Quoi qu'il en soit, l'influence ainsi consacrée n'est pas systématique dans la plupart des cas, le droit international devant au préalable faire l'objet d'une transposition dans l'ordre juridique interne (section 1). D'autre part, l'effectivité du droit international ne

---

[98] L'ordre juridique international et l'ordre juridique interne.

[99] Il s'agit des défenseurs de la théorie constitutionnaliste par opposition à la théorie internationaliste, voir Jean HOSTERT, « Droit international et droit interne dans la Convention de Vienne sur le droit des traités du 23 mai 1969 », in Annuaire français de droit international, volume 15, 1969, pp.101-107.

peut se réaliser qu'autant que le droit interne lui prête main-forte (section 2).

Section 1 - La transposition du droit international dans l'ordre juridique interne : une œuvre souvent négligée

Les relations interétatiques, qu'elles soient de caractère bilatéral ou multilatéral, se traduisent le plus souvent dans un document écrit connu traditionnellement sous le vocable de traité[100]. La notion de traité telle qu'envisagée par la Convention de Vienne du 23 mai 1969 sur le droit des traités doit être entendue au sens large, c'est-à-dire aussi bien le traité en forme solennelle ou forme dite normale[101] que les accords en forme simplifiée[102].

Dans le cadre de l'activité pétrolière, les engagements internationaux des États en général et ceux de la Côte d'Ivoire en particulier sont pour la plupart des traités proprement dits ou des conventions qui fixent des règles d'ordre général[103]. Il revient alors

---

[100] L'article 2 a) de la Convention de Vienne du 23 mai 1969 sur le droit des traités définit le traité comme un accord international conclu par écrit entre États et régi par le droit international, qu'il soit consigné dans un document unique ou dans deux ou plusieurs instruments connexes et, quelle que soit sa dénomination.

[101] Le traité en forme solennelle désigne un engagement international, négocié et signé par les représentants de l'État munis de pleins pouvoirs émanant du Président de la République, et soumis ensuite à la ratification de celui-ci (voir Michel LESAGE, « Les procédures de conclusion des accords internationaux de la France sous la Ve République », in Annuaire français de droit international, volume 8, 1962, pp. 56-57). La ratification peut être précédée selon les cas d'une loi d'autorisation de l'Assemblée nationale.

[102] Pour ce type d'engagement international, la pratique internationale préfère le terme d'accord plutôt que celui de traité ou de convention. L'accord en forme simplifiée est un engagement international de l'État, le plus souvent de nature bilatérale et revêtant diverses formes, qui entre en vigueur dès sa signature par l'autorité compétente sans aucune clause de ratification. Mais pour les accords en forme simplifiée dont l'objet entre dans les domaines de la loi, l'Assemblée nationale doit être saisie pour l'approbation de l'accord envisagé. Pour plus de détails sur ce type d'engagement international, voir Claude CHAYET, « Les accords en forme simplifiée », in Annuaire français de droit international, volume 3, 1957, pp. 3-13 ; Michel LESAGE, op., cit, pp. 877-878.

[103] C'est le cas par exemple de la Convention des Nations Unies sur le droit de la mer du 10 décembre 1982, de la Convention d'Abidjan du 23 mars 1981 relative à la coopération en matière de protection et de mise en valeur du milieu marin et des zones côtières de la région de l'Afrique de l'Ouest et du Centre ou de la Convention

aux États contractants de les intégrer dans leur ordre juridique interne au moyen de mécanismes mis en place par les Constitutions nationales.

L'intégration de ces instruments internationaux dans l'ordre juridique interne suppose leur adoption conformément au droit international (paragraphe 1) et cette intégration ne manque pas de soulever certaines questions dont celle fondamentale de l'applicabilité du droit international dans la sphère juridique interne (paragraphe 2).

Paragraphe 1- L'adoption des instruments internationaux

À la différence des lois internes qui régissent les rapports des personnes vivant sur le territoire de l'État entre elles ou avec cet État, les traités internationaux encadrent les rapports entre États[104] en tant que sujets traditionnels du droit international. Leur élaboration obéit à des règles définies par le droit international dont il convient de présenter un aperçu (A) avant d'envisager une lecture critique de l'état d'internalisation en Côte d'Ivoire des conventions internationales adoptées en matière pétrolière (B).

A - Les mécanismes d'adoption des traités au regard du droit international

Tout État jouit de la pleine et entière capacité de conclure des traités[105]. Cette capacité constitue un attribut essentiel de l'État[106] qui reste libre de conclure des engagements internationaux.

---

pour la prévention de la pollution par les navires du 2 novembre 1973 et son protocole de 1978 dite Convention MARPOL 73/78.

[104] Des traités internationaux peuvent régir les rapports entre Etats et d'autres sujets du droit international ou entre ces autres sujets du droit international. C'est ce qui ressort de l'article 3 de la Convention de Vienne.

[105] Article 6 de la Convention de Vienne. La capacité internationale de l'État s'entend de l'aptitude qu'a l'État, en tant que sujet de droit international, d'être titulaire de droits et d'assumer des obligations au plan international. Cette capacité est acquise de droit dès lors que sont réunis les trois éléments humain (la population), matériel (le territoire) et politique (la souveraineté) qui caractérisent l'existence de l'État.

L'État qui s'engage sur le terrain international, en tant qu'entité juridique, exprime sa capacité par l'intermédiaire d'organes constitués de personnes physiques légalement habilitées à le représenter. Et c'est la Constitution qui désigne l'autorité investie du pouvoir de représenter l'État sur la scène internationale.

Dans les systèmes juridiques des États francophones du golfe de Guinée anciennement marqués par le monocéphalisme de l'exécutif[107] qui a fait place au bicéphalisme de l'exécutif[108], le pouvoir de négocier les traités ou accords internationaux est constitutionnellement dévolu au Président de la République[109]. Ce pouvoir de représentation de l'État dans ses relations internationales est universellement reconnu au Chef de l'État[110].

---

106 Jean HOSTERT, « Droit international et droit interne dans la Convention de Vienne sur le droit des traités du 23 mai 1969 », in Annuaire français de droit international, volume 15, 1969, pp.93-94.

107 Avant la réforme constitutionnelle du 6 novembre 1990 qui institue le bicéphalisme de l'exécutif en Côte d'Ivoire (l'article 12 nouveau de la Loi n° 90-1529 du 6 novembre 1990 portant modification des articles 11, 12 et 24 de la Constitution de la République de Côte d'Ivoire, JORCI n° 43 du 7 novembre 1990, p. 369., dispose que le Président de la République nomme le Premier ministre, Chef du Gouvernement), le Président de la République cumulait à la fois les fonctions de Premier ministre et de Chef de l'État (voir à cet effet l'article 10 de la Loi n° 59-1 du 26 mars 1959 portant Constitution de la République de Côte d'Ivoire, JORCI n° 1959-21 du 28 mars 1959, p. 369. et l'article 12 de la Loi n° 60-356 du 3 novembre 1960 portant Constitution de la République de Côte d'Ivoire, JORCI n° 58 du 4 novembre 1960, p. 1271.. Voir aussi, Paul-François GONIDEC, « Note sur le droit des conventions internationales en Afrique », in Annuaire français de droit international, volume 11, 1965, p. 868.

108 Les Constitutions des États francophones du golfe de Guinée prévoient un poste de Premier ministre tenu par une autre personnalité de l'État nommée par le Président de la République (par exemple articles 41 de la Constitution ivoirienne du 1er août 2000 et 81 de la Constitution du 8 novembre 2016, article 78 de la Constitution de la République Démocratique du Congo du 18 février 2006, article 10 (1) de la Constitution camerounaise du 18 janvier 1996, etc.)

109 En Côte d'Ivoire, voir l'article 53 de la Constitution du 3 novembre 1960, l'article 84 de la Constitution du 1er août 2000 et l'article 119 de la Constitution du 8 novembre 2016. En France, l'article 52 de la Constitution du 3 juin 1958 va dans le même sens.

110 Article 7-2-a) de la Convention de Vienne sur le droit des traités ; Affaire de la frontière terrestre et maritime entre le Cameroun et le Nigéria, 2002 Recueil, 303 (Cour Internationale de Justice 2002).

Mais la pratique internationale permet d'observer que le Chef de l'État donne les « pleins pouvoirs »[111] au ministre des Affaires étrangères en sa qualité de représentant traditionnel de l'État dans les relations internationales[112]. Il le fait en apposant sa signature au bas de la lettre de pleins pouvoirs qui lui est présentée. Les négociations menées par le Chef de la diplomatie sont portées à la connaissance du Président de la République qui peut adresser des directives aux négociateurs.

La nouvelle Constitution ivoirienne du 8 novembre 2016[113], contrairement aux précédentes, introduit une formule déjà connue dans la Constitution française du 4 octobre 1958 en énonçant que « le Président de la République est informé de toute négociation tendant à la conclusion d'un accord international non soumis à ratification. »[114] C'est une disposition qui marque certes le départ entre les traités proprement dits et les accords en forme simplifiée, mais qui n'apporte fondamentalement aucune avancée notable dans la conduite du processus d'adoption des engagements internationaux. En effet, qu'il s'agisse du traité en forme solennelle ou de l'accord en forme simplifiée, il est fréquent que des consultations aient lieu entre le Président de la République et le ministre des Affaires étrangères[115] mandaté par le Chef de l'État. Ainsi, la signature d'un traité est souvent l'aboutissement des instructions ou des orientations prescrites par le Président de la République.

---

[111] Selon l'article 2-1 c) de la Convention de Vienne l'expression désigne « un document émanant de l'autorité compétente d'un État et désignant une ou plusieurs personnes pour représenter l'État pour la négociation, l'adoption ou l'authentification, pour exprimer le consentement de l'État à être lié par un traité ou pour accomplir tout autre acte à l'égard du traité. »

[112] Mais il n'est pas exclu que les pleins pouvoirs soient donnés à un autre ministre ou à un collège de ministres lorsque l'objet du traité porte sur des questions techniques relevant des attributions de ces derniers. La déclaration ou la signature du plénipotentiaire engage l'État même s'il outrepasse ses pouvoirs constitutionnels. Pour une illustration de cette solution, voir Affaire du Statut juridique du Groenland oriental (Norvège c/ Danemark), 53, Série A/B 21 (Cour Permanente de Justice internationale, 1933).

[113] Cette Constitution consacre la IIIe République.

[114] Pareille disposition se trouve à l'article 113 alinéa 2 de la Constitution gabonaise et à l'article 179 alinéa 2 de la Constitution congolaise du 20 janvier 2002.

[115] Michel LESAGE, op. cit., p. 877.

Les modalités d'expression des États à être liés par un traité international sont en principe laissées à leur libre choix[116]. Pour les accords en forme simplifiée, la seule signature du représentant de l'État suffit à le lier au plan international tandis que pour les traités en forme solennelle, l'engagement de l'État se fait généralement en deux étapes consistant à signer puis à ratifier l'instrument international[117]. La Convention de Vienne sur le droit des traités prévoit à cet effet que « le consentement d'un Etat à être lié par un traité peut être exprimé par la signature, l'échange d'instruments constituant un traité, la ratification, l'acceptation, l'approbation ou l'adhésion, ou par tout autre moyen convenu. »[118] En la matière, le mode d'expression du consentement est tributaire de la volonté des parties contractantes qui peuvent convenir d'en choisir tel ou tel autre[119].

D'une façon générale, les mécanismes de l'engagement de l'État au plan international régis par le droit international lui-même ne posent guère de difficultés particulières. Il en va parfois autrement lorsque l'État engagé conventionnellement est amené à intégrer l'instrument international dans son ordre juridique interne.

B - Une lecture critique de l'état d'internalisation en Côte d'Ivoire des conventions internationales en matière pétrolière

La tendance générale que l'on observe dans la pratique des États à l'égard du droit international se résume à deux attitudes : soit l'État Partie à la convention internationale affiche une réelle volonté de l'intégrer dans son ordre juridique interne en adoptant les mesures nécessaires à la réception de l'instrument juridique[120] , soit il est

---

[116] Dans l'affaire de la délimitation de la frontière maritime et terrestre entre le Cameroun et le Nigéria, la Cour Internationale de Justice souligne que « le droit international coutumier aussi bien que la Convention de Vienne sur le droit des traités laissent les États entièrement libres d'adopter la procédure de leur choix » ; Affaire de la frontière terrestre et maritime entre le Cameroun et le Nigéria, CIJ, Recueil 2002, p. 430, § 264.

[117] Tel est le cas par exemple de la Convention de Genève du 29 avril 1958 sur le plateau continental, la Convention des Nations Unies sur le droit de la mer du 10 décembre 1982.

[118] Article 11 de la Convention de Vienne.

[119] Voir par exemple l'article 13 de la Convention MARPOL du 2 novembre 1973 ou l'article IX de la Convention SOLAS du 1er novembre 1974.

[120] Il peut d'agir d'une transposition pure et simple ou d'une adaptation de la règle de droit international.

réticent à l'égard de la norme internationale[121]. Cette tendance générale caractérisée par une intégration tardive ou partielle du droit international[122] n'est certes pas érigée en une pratique de principe, mais elle s'observe plus lorsque la norme internationale n'est pas d'applicabilité immédiate. L'application de la norme internationale se trouvant alors subordonnée à l'adoption de certaines mesures au niveau interne, les États négligent souvent d'assurer l'effectivité de la norme internationale en la reléguant.

Les conventions internationales adoptées dans le domaine de l'environnement et concernant tout aussi l'activité pétrolière sont des normes qui fixent des règles générales ou définissent des infractions[123] tout en réservant aux États Parties l'initiative de les intégrer dans leur ordre juridique interne[124].

Il n'est pas chauvin de relever qu'en ce qui concerne la Côte d'Ivoire, des efforts de ratification ont été faits dans ce domaine, en témoigne la multitude de textes législatifs et réglementaires adoptés par les pouvoirs politiques pour intégrer dans le corpus juridique interne d'importantes conventions internationales régissant la matière pétrolière[125]. L'abondance des mesures d'internalisation traduit en

[121] C'est le cas d'une façon générale lorsqu'un traité porte sur un domaine politique sensible pour la souveraineté nationale (défense, sécurité, justice pénale), il peut heurter les traditions et principes internes.

[122] Bérangère TAXIL, « Méthodes d'intégration du droit international en droits internes » (Internalisation du droit, Internalisation de la justice, Cour Suprême du Canada Ottawa : Ahjucaf, 2010), 111., www.ah jucaf.o r g.

[123] Par exemple, la Convention sur le droit de la mer définit les éléments constitutifs de la piraterie maritime, mais ne fixe pas de sanction applicable ni la procédure pénale devant être suivie pour réprimer les auteurs de l'infraction.

[124] Ces conventions internationales qui ont tendance à modifier les lois internes de l'Etat ne doivent être ratifiées qu'en vertu d'une loi d'autorisation du parlement (en Côte d'Ivoire la loi constitutionnelle n° 2016-886 du 8 novembre 2016 institue un parlement bicaméral : Assemblée nationale et Sénat, JORCI n° 2016-16 NS du 9 novembre 2016, p. 129).

[125] Pour illustrer nos propos, nous citons avec intérêt : la loi n° 72-841 du 21 décembre 1972 portant approbation de la Convention internationale sur la responsabilité civile pour les dommages dus à la pollution par les hydrocarbures, adoptée à Bruxelles le 29 novembre 1969, JORCI n° 04 du 18 janvier 1973, p. 103 et le décret n° 72-842 du 21 décembre 1972 portant ratification de ladite Convention, JORCI n° 04 du 18 janvier 1973, p. 113 ; la loi n° 73-361 du 26 juillet 1973 portant approbation de la Convention internationale sur l'intervention en haute mer en cas d'accident entrainant ou pouvant entrainer une pollution par les

première analyse, une certaine réactivité des autorités ivoiriennes dans la prise en compte de ces instruments juridiques internationaux[126].

Mais cette promptitude ne doit pas cacher la tendance générale des États francophones du golfe de Guinée qui se résume à la réticence à l'égard du droit international surtout lorsque des dispositions conventionnelles viennent à bouleverser l'ordre juridique interne. Ainsi que le souligne madame la professeure Bérangère TAXIL, « plus un traité international intervient dans un domaine politiquement sensible, plus les modifications de l'ordre juridique interne seront effectuées à minima. »

---

hydrocarbures , adoptée à Bruxelles le 29 novembre 1969, JORCI n° 40 du 6 septembre 1973, p. 1259 et le décret n° 73-373 du 26 juillet 1973 portant ratification de ladite Convention, JORCI n° 40 du 6 septembre 1973, p. 1263; la loi n° 81-1048 du 8 décembre 1981 autorisant le Président de la République à ratifier la Convention relative à la coopération en matière de protection et de mise en valeur du milieu marin et des zones côtières de la région de l'Afrique de l'Ouest et du centre et le Protocole relatif à la coopération en matière de lutte contre la pollution en cas de situation critique, adoptés à Abidjan le 23 mars 1981, JORCI n° 02 du 7 janvier 1982, p. 58 et le décret n° 82-14 du 8 janvier 1982 portant ratification de ladite Convention, JORCI n° 11 du 4 mars 1982, p. 178; la loi n° 83-1429 du 30 décembre 1983 portant approbation de la Convention des Nations Unies sur le droit de la mer, JORCI n° 1984-05 du 26 janvier 1984, p. 45 et le décret n° 84-94 du 15 février 1984 portant ratification de ladite Convention, JORCI n° 1984-04 du 23 février 1984, p. 80; la loi n° 87-767 du 28 juillet 1987 autorisant le Président de la République à ratifier la Convention internationale pour la sauvegarde de la vie humaine en mer, adoptée à Londres le 1er novembre 1974 (SOLAS 74) et son Protocole du 17 février 1978, JORCI n° 32 du 20 août 1987, p. 306 et le décret n° 87-768 du 28 juillet 1987 portant ratification de ladite Convention, JORCI n° 32 du 20 août 1987, p. 310 (la Convention SOLAS et son Protocole ont été modifiés par le Code international pour la sûreté des navires et des installations portuaires dit Code ISPS, adopté à Londres le 12 décembre 2002) ; la loi n° 87-776 du 28 juillet 1987 autorisant le Président de la République à ratifier la Convention internationale pour la prévention de la pollution par les navires, adoptée à Londres le 2 novembre 1973, ensemble son Protocole du 11 février 1978 (MARPOL 1973/1978), JORCI n° 35 du 10 septembre 1987, p. 333 et le décret n° 87-777 du 28 juillet 1987 portant ratification de ladite Convention, JORCI n° 35 du 10 septembre 1987, p. 340; la loi n° 87-779 du 28 juillet 1987 autorisant le Président de la République à ratifier la Convention créant un Fonds International d'indemnisation pour les dommages dus à la pollution par les hydrocarbures, adoptée à Bruxelles le 18 décembre 1971, JORCI n° 36 du 17 septembre 1987, p. 345 et le décret n° 87-780 du 28 juillet 1987 portant ratification de ladite Convention, JORCI n° 36 du 17 septembre 1987, p. 357.

[126] À titre d'exemple, le cas de la Convention de Montego Bay sur le droit de la mer qui a été adoptée le 10 décembre 1982 et ratifiée par la Côte d'Ivoire le 15 février 1984.

L'adoption de mesures législatives ou réglementaires en vue de conférer au droit international une application effective reste parfois problématique, ce qui fait que certaines conventions, bien que ratifiées, restent inappliquées totalement ou partiellement[127]. La ratification tardive de certaines conventions internationales[128], la lenteur souvent observée dans le cadre de l'adoption des mesures internes d'intégration de la norme internationale ou la transposition partielle de la convention internationale constituent autant de facteurs qui n'assurent pas au droit international une application effective dans l'ordre juridique interne.

Paragraphe 2- L'applicabilité du droit international : un postulat souvent ignoré ou relégué

L'applicabilité du droit international dans l'ordre juridique interne soulève au moins les questions relatives au processus d'insertion de la norme internationale dans la sphère juridique nationale et à son application effective au plan interne. La nature de convention-cadre (A) de la plupart des conventions internationales adoptées dans le domaine pétrolier et la réticence des États du golfe de Guinée observée à l'égard de la norme internationale (B) rendent difficile son application.

A- La nature de convention-cadre

Les conventions internationales qui interviennent dans le domaine de l'activité pétrolière[129] nécessitent pour la plupart des mesures

---

[127] La répression de la piraterie telle que définie par le droit international (article 101 de la Convention de Montego Bay) semble juridiquement impossible au niveau interne, faute d'avoir été prise en compte par les droits nationaux des États francophones du golfe de Guinée.

[128] Tel est le cas de la Convention MARPOL 73/78 qui, adoptée le 2 novembre 1973, n'a été ratifiée par la Côte d'Ivoire que le 28 juillet 1987, alors que cette convention internationale est d'une importance indéniable eu égard aux nouvelles normes de sécurité qu'elle institue en matière de conception et d'exploitation des navires transportant des substances dangereuses.

[129] Généralement, ces conventions imposent des règles de sécurité de la navigation, de protection de l'environnement, de répression d'infractions contre la navigation ou portant atteinte à l'environnement. Ces normes internationales qui modifient les lois

internes pour leur application[130]. Le caractère self-executing ou d'applicabilité directe ou immédiate[131] n'est pas attaché à ces conventions en raison de leur nature de conventions-cadre qui fixent des règles d'ordre général.

En principe, le traité international n'est pas d'applicabilité directe[132], sauf si celui-ci, au regard d'un double critère cumulatif, a pour objet de conférer des droits aux particuliers[133] conformément à l'intention des parties contractantes[134]. Dans ces conditions, une fois

---

internes de l'État ne peuvent être ratifiées qu'à la suite d'une loi d'autorisation (article 120 alinéa 1er de la Constitution du 8 novembre 2016).

[130] Les États Parties doivent souvent adopter des textes législatifs ou réglementaires pour assurer l'application effective de ces conventions en droit interne. Tel est le cas par exemple de la piraterie maritime qui, jusqu'à présent, n'a pas été intégrée dans le corpus pénal ivoirien et d'autres États du golfe de Guinée.

[131] Une convention est dite self-executing ou d'applicabilité directe lorsqu'elle a vocation « à conférer par elle-même aux particuliers, sans requérir aucune mesure interne d'exécution, des droits dont ils puissent se prévaloir devant les autorités (juridictionnelles) de l'État où cette règle est en vigueur. » Voir à cet effet, Joe VERHOEVEN, « La notion d'"applicabilité directe" du droit international », Revue belge de droit international, n° 2, 1980, p.243. ;
Jean PRADEL et André VARINARD, les grands arrêts du droit criminel: les sources du droit pénal, l'infraction, 3e éd., vol. 1 Paris, Sirey, 1992, p. 50.

[132] Certains traités peuvent cependant être d'application directe dans l'ordre juridique interne des États contractants. C'est le cas du traité relatif à l'harmonisation du droit des affaires en Afrique signé à Port-Louis le 17 octobre 1993 (Traité OHADA). L'article 10 dudit traité dispose que « les Actes uniformes sont directement applicables et obligatoires dans les États Parties nonobstant toute disposition contraire de droit interne, antérieure ou postérieure. »

[133] Tel est le cas pour des conventions relatives aux droits de l'Homme (par exemple les Pactes internationaux relatifs aux Droits civils et politiques, aux Droits économiques, sociaux et culturels du 16 décembre 1966 ratifiés par la Côte d'Ivoire par décret n° 91-884 du 27 décembre 1991 portant adhésion de la République de Côte d'Ivoire aux Pactes internationaux relatifs aux droits de l'Homme: pacte international relatif aux droits civils et politiques, pacte international aux droits économiques, sociaux et culturels du 16 décembre 1966, JORCI n° 19 du 7 mai 1992, p. 393. et son Protocole facultatif ; la Convention pour l'élimination de toutes les formes de discrimination à l'égard des Femmes adoptée par l'Assemblée générale des Nations Unies le 18 décembre 1978 à New York et ratifiée par la Côte d'Ivoire par Décret n° 95-672 du 6 septembre 1995 portant ratification de la Convention pour l'élimination de toutes les formes de discrimination à l'égard des femmes, adoptée par l'Assemblée Générale des Nations Unies le 18 décembre 1979 à New York, JORCI n° 21 du 27 mai 1999, p. 449. et son Protocole facultatif.)

[134] Sur les critères de l'applicabilité directe, voir Denis ALLAND, Manuel de droit international public, 3e édition, Droit fondamental, Paris, PUF, 2016, p. 211. ; Bérangère TAXIL, « Les critères de l'applicabilité directe des traités internationaux

que les actes de réception (la ratification ou l'approbation[135] et la publication[136]) sont adoptés par les autorités politiques locales, la convention peut être directement invoquée par les particuliers.

S'agissant des conventions qui ne bénéficient pas du caractère self-executing, outre les instruments juridiques de réception, il est nécessaire qu'au niveau interne des mesures de mise en œuvre soient adoptées pour que ces conventions puissent sortir leurs effets.

B- La réticence observée à l'égard du droit international

La plupart des États francophones du golfe de Guinée dont la Côte d'Ivoire, suivant en cela la tradition constitutionnelle française, posent le principe de la supériorité ou de la primauté des traités ou accords régulièrement ratifiés et publiés par rapport aux lois internes, sous réserve pour chaque traité ou accord, de son application par l'autre

---

aux États-Unis et en France », in Revue internationale de Droit comparé. Vol. 59, n° 1, 2007, pp.157-176. Les critères de l'objet et de l'intention des parties furent posés pour la première fois par la CPJI dans l'affaire de la compétence des tribunaux de Dantzig : « On ne saurait contester que l'objet même d'un accord international, dans l'intention des Parties contractantes, puisse être l'adoption, par les Parties, de règles déterminées, créant des droits et obligations pour des individus, et susceptibles d'être appliquées par les tribunaux nationaux. » (Affaire de la Compétence des tribunaux de Dantzig, Série B, n° 15, Recueil des avis consultatifs 4 (Cour Permanente de Justice internationale 1928).

[135]Il s'agit de la loi autorisant le Président de la République à ratifier une Convention internationale ou la loi d'approbation votée par l'Assemblée nationale et le décret présidentiel portant ratification de ladite Convention.

[136] La publication n'est pas un acte de réception de l'instrument international. Elle assure son opposabilité erga omnes et constitue une condition de son applicabilité interne. En ce sens, voir Paul-François GONIDEC, « Note sur le droit des conventions internationales en Afrique », précité, p. 875 ; Amsatou Sow SIDIBE, « Communication introductive générale » (les actes du colloque de Ouagadougou 24-26 juin 2003, Ouagadougou: Les Cahiers de l'Association ouest-africaine des Hautes juridictions francophones, 2003, p. 54). Une convention ratifiée et non publiée lie certes l'État Partie au plan international (il doit assumer ses obligations découlant de ladite convention), mais elle ne peut entrer en vigueur au niveau interne. La Chambre administrative de la Cour Suprême de la Côte d'Ivoire s'était prononcée dans ce sens dans l'arrêt dame Mailland du 16 mars 1966, à propos de l'accord de coopération en matière économique, financière et monétaire entre la France et la Côte d'Ivoire : « un tel accord, s'il a pu être passé, n'a pas pu, en tout état de cause, entrer en vigueur, faute de publication », Francis WODIE et Martin BLEOU, La Chambre administrative de la Cour Suprême et sa jurisprudence, Paris, Economica, 1981, pp. 45-47.

partie.[137] Ces États optent ainsi pour le système moniste par opposition au système dualiste[138]. Cependant, on peut observer que la conception moniste dans les États francophones du golfe de Guinée serait, semble-t-il, un monisme mouvant dans la mesure où certaines conventions internationales ne peuvent déployer leurs effets en droit interne qu'après avoir été reprises par une loi interne[139].

L'effectivité de la primauté suppose que la norme internationale ait été régulièrement intégrée dans l'ordre juridique interne d'une part et que les tribunaux nationaux en font une application prioritaire par rapport au droit national d'autre part[140]. Sur ce terrain, le contraste entre l'effort d'internalisation des conventions internationales par les autorités politiques[141] et l'application de ces conventions par les juridictions nationales est souvent saisissant. L'exemple pertinent qui

---

[137] Article 55 de la Constitution française du 4 octobre 1958 ; article 123 de la Constitution ivoirienne du 8 novembre 2016 ; article 45 de la Constitution camerounaise du 18 janvier 1996 ; article 184 de la Constitution congolaise du 20 janvier 2002.

[138] La théorie du monisme développée par le juriste autrichien Hans Kelsen considère qu'il y a un seul ordre juridique qui se présente sous une forme pyramidale. Dans cet ordre juridique (pour la seconde variante défendue par Kelsen), le droit international a la primauté sur le droit interne dès lors que l'État en tant que sujet traditionnel du droit international consent à être lié par un traité international. Selon la théorie du dualisme dont les principaux tenants furent Anzilotti et Triepel, il existe deux ordres juridiques distincts constitués par le droit international et le droit national. Pour ces auteurs, les deux ordres entretiennent certes des contacts, mais il n'existe pas entre eux un rapport de suprématie de l'un sur l'autre. Mieux, ils se juxtaposent, mais ne se superposent jamais. Sur ces questions, voir notamment Denis ALLAND, Manuel de droit international public préc., pp. 203-207.Emmanuel DECAUX, « Le régime du droit international en droit interne », in Revue internationale de Droit comparé, volume 62, n° 2, 2010, p. 469.

[139] Bérangère TAXIL, acte de colloque précité, p. 106.

[140] En France, on est parti d'une réticence des tribunaux à appliquer la suprématie du droit international sur le droit interne à une révolution tranquille qui atteste que les juridictions françaises consacrent aujourd'hui cette primauté, voir en ce sens Jean-François LACHAUME, « Jurisprudence française relative au droit international », in Annuaire français de droit international 1, 1977, pp. 963-965. Pour une application de la suprématie du droit communautaire, voir l'affaire Société « Les Fils d'Henri Ramel », Cass. Crim, 22 octobre 1970, in Jean PRADEL et André VARINARD, les grands arrêts du droit criminel : les sources du droit pénal, l'infraction, précité, pp. 46-48.

[141] Nous avons indiqué plus haut qu'en matière pétrolière, plusieurs conventions importantes ont été ratifiées par la Côte d'Ivoire, mais souvent les mesures internes de leur mise en œuvre ne sont pas adoptées subséquemment.

illustre nos propos est fourni par l'Affaire dite du « PROBO KOALA » ou la catastrophe du déversement des déchets toxiques en Côte d'Ivoire[142]. L'aspect judiciaire de cette affaire qui peut être mis en lumière dans ce paragraphe dénote la volonté affichée d'écarter les conventions internationales qui s'appliquaient en la matière[143] au profit des seules lois pénales internes[144]. Bien que la Convention de Bâle du 22 mars 1989 sur le contrôle des mouvements transfrontières de déchets dangereux et de leur élimination et la Convention de Bamako du 30 janvier 1991 sur l'interdiction d'importer en Afrique des déchets dangereux et sur le contrôle des mouvements transfrontières et la gestion des déchets dangereux produits en Afrique trouvaient à s'appliquer pleinement dans la cause[145], les autorités politiques ivoiriennes ont plutôt opté pour un règlement amiable acté par la signature du protocole d'accord du 13 février 2007 qui prévoyait le paiement par les Parties TRAFIGURA de la somme totale

---

[142] Le déversement de substances hautement toxiques pour la santé a eu lieu nuitamment du 19 au 20 août 2006 à Abidjan et dans des localités environnantes, voir le rapport d'avril 2011 des trois Organisations non gouvernementales (FIDH, LIDHO et MIDH). Le « PROBO KOALA » est un navire grec d'équipage russe battant pavillon panaméen, affrété par la société TRAFIGURA, dont l'adresse fiscale se situe à Amsterdam, le siège social à Lucerne (Suisse) et le centre opérationnel à Londres. Le navire a reçu l'autorisation d'appareiller dans le Port autonome d'Abidjan. La compagnie locale TOMMY, qui venait tout juste d'être créée le 12 juillet 2006, a été mandatée par la société PUMA Energy, une filiale de TRAFIGURA en Côte d'Ivoire, spécialisée dans le stockage pétrolier qui avait été conseillée par la société WAIBS de rentrer dans ce partenariat afin de décharger et traiter les 528 m^3 de déchets, hautement toxiques, des cuves du navire.

[143] La Convention de Bâle du 22 mars 1989 sur le contrôle des mouvements transfrontières de déchets dangereux et de leur élimination ratifiée par la Côte d'Ivoire suivant le décret n° 94-327 du 9 juin 1994 (JORCI n° 34 du 18 août 1994, p. 624) et la Convention de Bamako du 30 janvier 1991 sur l'interdiction d'importer en Afrique des déchets dangereux et sur le contrôle des mouvements transfrontières et la gestion des déchets dangereux produits en Afrique également ratifiée suivant décret n° 94-330 du 9 juin 1994 (JORCI n° 35 du 25 août 1994, p. 644).

[144] Les accusés étaient poursuivis sur le fondement des articles 342-4°, 343 et 348 du code pénal ivoirien ; articles 97, 99 et 101 du code de l'environnement ivoirien et des articles 1 à 7 de la loi n° 88-651 du 7 juillet 1988 portant protection de la santé publique et de l'environnement contre les effets des déchets industriels toxiques et nucléaires et des substances nocives, JORCI n° 27 du 7 juillet 1988, p. 258 (voir p. 5 de l'arrêt n° 14 du 22 octobre 2008 de la Cour d'Assises de Côte d'Ivoire siégeant à Abidjan).

[145] Aucune référence n'a été faite à ces conventions dans le règlement judiciaire de l'Affaire du « PROBO KOALA ».

de 100 milliards de FCFA[146]. Loin d'être une Affaire qui emporte satisfaction sur le plan judiciaire, l'épisode du « PROBO KOALA » constitue un revers pour le droit international et une symphonie juridique inachevée pour l'État ivoirien.

Il convient d'indiquer par ailleurs que la Constitution, expression de la volonté du peuple détenteur de la souveraineté nationale, se situe au-dessus de la convention internationale[147]. C'est la raison pour laquelle, un traité international contraire à la Constitution ne peut être ratifié qu'autant que la Constitution aura été révisée[148].

---

[146] Article 2 du protocole d'accord du 13 février 2007. La répartition de cette somme devait se faire de la façon suivante : 73 milliards pour l'indemnisation des victimes et la réparation des préjudices subis par l'État, 22 milliards pour le remboursement des frais engagés par l'État au titre de la dépollution et 5 milliards pour la réalisation d'un Centre de Traitement des ordures ménagères (voir arrêté n° 56 MDPMEF.CAB du 22 février 2007 portant modalités de gestion des fonds destinés à la réparation des préjudices subis par l'État et les victimes des déchets toxiques , JORCI n° 2007-14 du 5 avril 2007, p. 720.

[147] Mais cette thèse est réfutée par certains auteurs tels que Hans KELSEN, Michel VIRALLY, Dominique CARREAU ou Louis FAVOREU (si l'on prend en compte la conception moniste et non la conception dualiste) qui estiment que le droit international est supérieur à l'ensemble du droit interne, qu'il s'agisse des normes constitutionnelles, législatives, réglementaires ou des décisions judiciaires. Pour une brève présentation de cette thèse, voir Kemal GÖZLER, « La question de la supériorité des normes de droit international sur la constitution », Revue de la Faculté de droit de l'Université d'Ankara 45, n° 1-4, 1996, pp.195-211.

[148] Article 122 de la Constitution ivoirienne du 8 novembre 2016 ; article 54 de la Constitution française du 4 octobre 1958. En Côte d'Ivoire, par une Décision n° 002/CC/SG en date du 17 décembre 2003, le Conseil Constitutionnel, sur saisine du Président de la République, avait indiqué que le Statut de Rome de la Cour Pénale Internationale n'était pas conforme à la Constitution du 1er août 2000, notamment en ses dispositions qui prévoient soit des immunités de poursuites, soit des privilèges de juridiction, soit des procédures spéciales en relation avec la qualité de la personne concernée. Il a fallu une révision de la Constitution par l'insertion au titre VI d'un article 85 bis ainsi qu'il suit : « la République peut reconnaître la juridiction de la Cour Pénale Internationale dans les conditions prévues par le traité du 17 juillet 1998 » (Loi n° 2012-1134 du 13 décembre 2012, JORCI n° 10. sp du 18 décembre 2012, p. 199). C'est à la suite de cette révision constitutionnelle que le Président de la République a été autorisé par l'Assemblée nationale (loi n° 2012-1181 du 27 décembre 2012, JORCI n° 01.ec du 7 janvier 2013, p. 3) à ratifier le Statut de Rome de la Cour pénale Internationale, adopté le 17 juillet 1998 (décret n° 2012-1183 du 27 décembre 2012, JORCI n° 01.ec du 07/01/2013, p. 4). Il en fut ainsi en France pour le traité de Maastricht instituant l'Union européenne (7 février 1992) qui a fait l'objet de trois saisines : une saisine présidentielle préalable qui avait donné lieu à la décision du 9 avril 1992 qui a entrainé une révision constitutionnelle, une saisine

Mais si la question de la suprématie du droit international sur le droit interne reste disputée[149] en doctrine entre les défendeurs de la thèse constitutionnaliste et ceux de la thèse internationaliste[150], il faut souligner que la pratique judiciaire et arbitrale n'hésite guère à affirmer de façon constante le principe de la supériorité des normes de droit international sur les lois constitutionnelles[151]. Toutefois, elle s'abstient d'annuler une loi interne contraire à la norme internationale en déclarant celle-là inopposable et invalide en droit international.

Dans ce rapport où la Constitution tient la place de norme supérieure, l'insertion des dispositions conventionnelles dans l'ordre juridique est souvent précédée d'un contrôle de conformité à la Constitution[152].

L'affirmation de la supériorité du droit international a pour corollaire la modification ou l'abrogation automatique des lois

---

sénatoriale visant la conformité du traité à la Constitution révisée qui a fait l'objet d'une décision en date du 2 septembre 1992 et enfin une saisine par des députés sur la régularité de la loi référendaire autorisant la ratification ayant abouti à la décision du 23 septembre 1992 (voir Emmanuel DECAUX, « Le régime du droit international en droit interne », in Revue internationale de droit comparé, volume 62, n° 2, 2010, p. 479.)

[149] Il faut toutefois convenir que la thèse qui admet la valeur supralégislative de la convention internationale est unanimement acceptée à l'exception de celle qui attribue une valeur supraconstitutionnelle au traité.

[150] Jean HOSTERT, « Droit international et droit interne dans la Convention de Vienne sur le droit des traités du 23 mai 1969 », in Annuaire français de droit international, volume 15, 1969, pp.100-115.

[151] Affaire Georges Pinson (France c/ États-Unis du Mexique), Recueil des sentences arbitrales 327 (Tribunal arbitral 1928). Affaire du traitement des nationaux polonais et des autres personnes d'origine ou de langue polonaise sur le territoire de Dantzig, CPJI, Arrêt du 3 février 1932, Recueil, Série A/B n° 44, p. 24.

[152] Sous la Constitution ivoirienne du 4 novembre 1960, le contrôle de constitutionnalité était dévolu à la Cour Suprême sur saisine exclusive du Président de la République ou du Président de l'Assemblée nationale (article 55) alors que la Constitution de la IIe République (1er août 2000) attribuait compétence matérielle au Conseil Constitutionnel qui pouvait être saisi par le Président de la République, le Président de l'Assemblée nationale ou par un quart au moins des députés (article 86 de la Constitution et article 18 alinéa 1er de la loi n° 2001-303 du 5 juin 2001 déterminant l'organisation et le fonctionnement du Conseil constitutionnel, JORCI n° 24 du 14 juin 2001, p. 458). La Constitution du 8 novembre 2016, tout en maintenant la Compétence du Conseil Constitutionnel, élargit la saisine au Président de la République, au Président de l'Assemblée nationale ou du Sénat ou un dixième au moins des députés ou des sénateurs (article 122).

antérieures ou postérieures qui seraient contraires[153] à la norme internationale et en cas de conflit entre ces deux normes[154], la position unanime en doctrine et en jurisprudence est de faire prévaloir le droit international sur le droit interne[155]. Le juge national devra alors écarter l'application du droit interne au profit du droit international.

La reconnaissance de la primauté de la norme internationale sur le droit interne par la plupart des Constitutions d'obédience moniste comme celles des États francophones du golfe de Guinée fait de ce droit un pilier essentiel de l'encadrement des relations impliquant une entité juridique internationale. L'influence qu'exercerait le droit international dans ces relations ne serait cependant pas absolue en raison du fait que le droit interne jouerait le rôle d'adjuvant et permet ainsi d'assurer l'effectivité du droit international. Autant affirmer que le droit interne en constitue un complément nécessaire.

Section 2 - Une influence limitée par l'apport du droit national à l'effectivité du droit international dans l'ordre juridique interne

D'une façon générale, l'efficacité du droit international dépend souvent de la fidélité avec laquelle le droit national se conforme à ses normes et y porte effet[156]. Dans ses rapports avec le droit interne, le droit international n'exercerait alors qu'une influence limitée d'autant que, pour déployer ses effets, des mesures internes peuvent être

---

[153] Affaire Société des Cafés Vabre, 4, Bulletin des arrêts de la Cour de Cassation Chambre Mixte 6 (Cour de Cassation Chambre Mixte 1975).; Affaire Nicolo, Recueil Lebon (Conseil d'État 1989).

[154]Un tel conflit suppose une contrariété entre le droit international introduit dans l'ordre juridique interne et le droit national et il concerne aussi bien une norme communautaire qu'une convention internationale.

[155] Pierre François GONIDEC, « Note sur le droit des conventions internationales en Afrique », 878. Denis ALLAND, Manuel de droit international public, ouvrage préc., pp. 208-210 ; Cassation crim., 22 octobre 1970 (affaire Société « Les Fils d'Henri Ramel »), Dalloz 1971, p. 221.

[156] Max SORENSEN, « Le droit international dans ses rapports avec le droit national », vol. 101 (Haye : Recueil des Cours de l'Académie de droit international de La Haye, 1960), pp. 109-110.

requises[157] (paragraphe 1). De même l'effectivité de la norme internationale pourrait dépendre de la pratique judiciaire interne qui lui est réservée (paragraphe 2).

Paragraphe 1- Les mesures internes nécessaires à l'effectivité du droit international

Au plan international, l'État engage sa responsabilité internationale lorsqu'il n'assure pas le respect d'un traité librement conclu. D'ailleurs l'article 26 de la Convention de Vienne du 23 mai 1969 n'envisage-t-il pas le respect des traités en instituant la force obligatoire des instruments juridiques internationaux à travers la règle « pacta sunt servanda » qui oblige les États à exécuter le traité de bonne foi. Mais l'application de la convention internationale au plan interne exige parfois des mesures de transposition.

D'un point de vue historique, la délégation luxembourgeoise avait proposé, lors de la seconde session de la Conférence de Vienne sur le droit des traités, un amendement du projet de textes de la Commission du droit international, qui consisterait à insérer un article autonome de la teneur suivante : « Les Parties prennent toutes les mesures de droit interne éventuellement nécessaires pour assurer la pleine application des traités »[158].

Cet amendement invitait les États à prendre toutes les mesures de droit interne qui assureraient à la convention internationale dûment ratifiée sa pleine application.

Parmi ces mesures, il y a celles législatives (A) tandis que d'autres sont du domaine réglementaire (B). Elles relèvent des attributions de deux pouvoirs politiques définies par les constitutions nationales.

---

[157] Tel est le cas des conventions internationales qui n'ont pas un effet direct et pour lesquelles des mesures internes de transpositions s'avèrent nécessaires.

[158] Jean HOSTERT, « Droit international et droit interne dans la Convention de Vienne sur le droit des traités du 23 mai 1969 », in Annuaire français de droit international, volume 15, 1969, pp. 100-115.

A - Les mesures législatives de mise en œuvre du droit international

Il s'agit principalement de la loi d'autorisation de ratification et surtout des lois de mise en harmonie du droit interne avec le traité international[159].

En revenant à la loi qui autorise le Président de la République à ratifier une convention internationale ou loi d'habilitation, il faut signaler que celle-ci est soumise au contrôle de constitutionnalité[160]. La Constitution ivoirienne du 8 novembre 2016 institue donc deux contrôles de constitutionnalité : le premier concerne la loi qui autorise le Président de la République à ratifier la convention internationale et le second est celui de la convention internationale elle-même[161]. Le premier contrôle qui est antérieur à celui de la conformité de la convention internationale à la Constitution nous paraît inopportun et surabondant, voire inutile, si l'on considère en dernière analyse que le but essentiel du recours au Conseil constitutionnel (en matière de traités internationaux) n'est pas tant de contrôler la conformité constitutionnelle de la loi d'autorisation, mais plutôt celle de la convention internationale dont la ratification est envisagée. Un tel contrôle risquerait, à notre avis, de compromettre ou dans une moindre mesure, de retarder la ratification d'une convention internationale. Le seul contrôle de constitutionnalité de la convention internationale

---

[159] Ces dernières lois s'avèrent indispensables lorsque les traités obligent les parties contractantes à harmoniser leur législation en des matières déterminées ou à introduire certains principes dans leur droit interne. Même si l'amendement du Luxembourg n'a pas été expressément consacré dans la Convention de Vienne sur le droit des traités, il n'en demeure pas moins que bon nombre de traités internationaux contiennent une clause similaire (par exemple, les articles 207 alinéa 1, 208 alinéa 1, 210 alinéa 1, 211 alinéas 2 et 4, 212 alinéa 1, 213 et 214 de la Convention des Nations Unies sur le Droit de la mer du 10 décembre 1982, l'article V de la Convention pour la prévention et la répression du crime de génocide en date du 9 décembre 1948).

[160] Article 120 alinéa 2 de la Constitution du 8 novembre 2016. Il semble qu'il s'agirait d'un contrôle obligatoire eu égard à la formulation du texte constitutionnel. Cette disposition constitue une nouveauté dans le paysage constitutionnel ivoirien. Ni la Constitution du 3 novembre 1960 ni celle du 1er août 2000 ne la prévoyaient. Pareille disposition ne se retrouve dans aucune des Constitutions des États francophones du golfe de Guinée et pas même dans la Constitution française.

[161] Ce second contrôle qui est prescrit dans la plupart des Constitutions des États francophones du golfe de Guinée intervient avant la ratification de la convention internationale.

devrait suffire puisque la loi d'autorisation de ratification qui tient traditionnellement en deux articles[162] ne peut, outre façon, contenir des germes d'inconstitutionnalité.

L'autorisation de l'organe législatif est ici plus une simple formalité qu'un examen approfondi tendant à juger de l'opportunité ou de l'apport qualitatif de la convention internationale dès lors que l'État aura exprimé son consentement à être lié par le traité en le signant. En effet, la configuration de la vie politique en Côte d'Ivoire marquée par l'hyperpuissance ou l'omniprésence de l'exécutif permet de soutenir que les traités internationaux signés par le pouvoir exécutif rencontrent de façon quasi systématique l'assentiment de l'Assemblée nationale qui accorde toujours au chef de l'État l'autorisation de ratification.

B - Les mesures réglementaires de mise en œuvre du droit international

Elles ont trait aux décrets de ratification et de publication qui relèvent de la compétence exclusive du chef de l'État. La ratification de la convention internationale est autorisée par une loi votée par

[162] À titre illustratif, voir : loi n° 81-1048 du 8 décembre 1981 autorisant le Président de la République à ratifier la Convention relative à la coopération en matière de protection et de mise en valeur du milieu marin et des zones côtières de la région de l'Afrique de l'Ouest et du centre et le Protocole relatif à la coopération en matière de lutte contre la pollution en cas de situation critique, adoptés à Abidjan le 23 mars 1981, JORCI n° 02 du 7 janvier 1982, p. 58; loi n° 83-1429 du 30 décembre 1983 autorisant le Président de la République à ratifier la Convention des Nations Unies sur le droit de la mer, adoptée à Montego Bay le 10 décembre 1982, JORCI n° 05 du 26 janvier 1984, p. 45; loi n° 87-767 du 28 juillet 1987 autorisant le Président de la République à ratifier la Convention internationale pour la sauvegarde de la vie humaine en mer, adoptée à Londres le 1er novembre 1974 (SOLAS 74) et son Protocole du 17 février 1978, JORCI n° 32 du 20 août 1987, p. 306 (la Convention SOLAS et son Protocole ont été modifiés par le Code international pour la sûreté des navires et des installations portuaires dit Code ISPS, adopté à Londres le 12 décembre 2002); loi n° 87-776 du 28 juillet 1987 autorisant le Président de la République à ratifier la Convention internationale pour la prévention de la pollution par les navires, adoptée à Londres le 2 novembre 1973, ensemble son Protocole du 11 février 1978 (MARPOL 1973/1978), JORCI n° 35 du 10 septembre 1987, p. 333.; loi n° 87-779 du 28 juillet 1987 autorisant le Président de la République à ratifier la Convention créant un Fonds International d'indemnisation pour les dommages dus à la pollution par les hydrocarbures, adoptée à Bruxelles le 18 décembre 1971, JORCI n° 36 du 17 septembre 1987, p. 345.

l'organe législatif dite loi d'autorisation ou d'habilitation[163]. Les conventions internationales qui interviennent en matière de protection de l'environnement en général, et particulièrement en matière pétrolière ont tendance à modifier les lois internes. La ratification de ces instruments internationaux doit de ce fait être autorisée par une loi[164]. L'autorisation de l'organe législatif est ici plus une simple formalité qu'un examen approfondi tendant à juger de l'opportunité et de l'apport qualitatif de la convention internationale dès lors que le test de conformité à la Constitution aura été réussi. En effet, la configuration de la vie politique en Côte d'Ivoire marquée par l'hyperpuissance ou l'omniprésence de l'exécutif permet de soutenir que les traités internationaux signés par le pouvoir exécutif rencontrent de façon quasi systématique l'assentiment de l'Assemblée nationale qui accorde toujours au chef de l'État l'autorisation de ratification.

La seconde mesure réglementaire après la ratification est la publication[165]. Celle-ci consiste en une insertion du texte de la

---

[163]En Côte d'Ivoire, la tendance qu'on observe c'est que l'Assemblée nationale est systématiquement saisie pour l'autorisation de ratification de tout projet de traité en forme solennelle. Voir Vangah Francis WODIE, Institutions politiques et droit constitutionnel en Côte d'Ivoire (Côte d'Ivoire: Presses universitaires de Côte d'Ivoire, 1996), p. 204, note 2.

[164] Article 120 alinéa 1er de la Constitution ivoirienne du 8 novembre 2016.

[165] La publication n'est pas un acte de réception de l'instrument international. Elle assure son opposabilité erga omnes et constitue une condition de son applicabilité interne. En ce sens, voir Paul-François GONIDEC, « Note sur le droit des conventions internationales en Afrique », article préc., p. 875 ; Amsatou Sow SIDIBE, « Communication introductive générale », article tiré des Actes du colloque de Ouagadougou, 24-26 juin 2003, in Les Cahiers de l'Association ouest-africaine des Hautes juridictions francophones, p. 54. Une convention ratifiée et non publiée lie certes l'État Partie au plan international (il doit assumer ses obligations découlant de ladite convention), mais elle ne peut entrer en vigueur au niveau interne. La Chambre administrative de la Cour Suprême de la Côte d'Ivoire s'était prononcée dans ce sens dans l'arrêt dame Mailland du 16 mars 1966, à propos de l'accord de coopération en matière économique, financière et monétaire entre la France et la Côte d'Ivoire : « un tel accord, s'il a pu être passé, n'a pas pu, en tout état de cause, entrer en vigueur, faute de publication », Francis WODIE et Martin BLEOU, La Chambre administrative de la Cour Suprême et sa jurisprudence, op. cit., pp.45-47. À titre illustratif, voir le décret n° 82-143 du 27 janvier 1982 portant publication de la Convention relative à la coopération en matière de protection et de mise en valeur du milieu marin et des zones côtières de la région de l'Afrique de l'Ouest et du centre et le Protocole relatif à la coopération en matière de lutte contre la pollution en cas de situation critique, adoptés à Abidjan le 23 mars 1981, JORCI n° 18 du 22

convention internationale dans le Journal Officiel de la République de Côte d'Ivoire (JORCI), Édition Lois et Actes règlementaires paraissant le jeudi de chaque semaine. Si la ratification permet de sceller l'engagement de l'État au plan international, la publication quant à elle, assure à la convention internationale son opposabilité et son entrée en vigueur au niveau interne. Mieux, dès la publication, la convention internationale régulièrement ratifiée, gagne en supériorité sur les lois internes antérieures ou postérieures[166].

En tout état de cause, c'est sur le terrain de la pratique judiciaire que s'appréciera l'application effective du droit international.

Paragraphe 2 - La pratique judiciaire du droit international par les juridictions ivoiriennes en matière pétrolière : un exercice juridique quasi inexistant

La question de la pratique judiciaire du droit international par les juridictions nationales induit forcément l'attitude du juge national vis-à-vis de la norme internationale régulièrement intégrée dans l'ordre

---

avril 1982, p. 309; le décret n° 84-105 du 15 février 1984 portant publication de la Convention des Nations Unies sur le droit de la mer, JORCI n° 1984-21 du 17 mai 1984, p. 259; le décret n° 87-769 du 28 juillet 1987 portant publication de la Convention internationale pour la sauvegarde de la vie humaine en mer, adoptée à Londres le 1er novembre 1974 (SOLAS 74) et son Protocole du 17 février 1978, JORCI n° 32 du 20 août 1987, p. 310 (la Convention SOLAS et son Protocole ont été modifiés par le Code international pour la sûreté des navires et des installations portuaires dit Code ISPS, adopté à Londres le 12 décembre 2002); le décret n° 87-778 portant publication de la Convention internationale pour la prévention de la pollution par les navires, adoptée à Londres le 2 novembre 1973, ensemble son Protocole du 11 février 1978 (MARPOL 1973/1978), JORCI n° 35 du 10 septembre 1987, p. 340; le décret n° 87-781 du 28 juillet 1987 portant publication de la Convention créant un Fonds International d'indemnisation pour les dommages dus à la pollution par les hydrocarbures, adoptée à Bruxelles le 18 décembre 1971, JORCI n° 36 du 17 septembre 1987, p. 358; le décret n° 94-331 du 9 juin 1994 portant publication de la Convention de Bamako sur l'interdiction d'importer en Afrique des déchets dangereux et sur le contrôle des mouvements transfrontières et la gestion des déchets dangereux produits en Afrique, adoptée à Bamako le 30 janvier 1991, JORCI n° 35 du 25 août 1994, p. 644.

[166] Article 123 de la Constitution ivoirienne du 8 novembre 2016 ; Affaire Société des Cafés Vabre, 4 Bulletin des arrêts de la Cour de Cassation Chambre Mixte. Affaire Nicolo, Recueil Lebon.

juridique interne. Le problème se pose lorsque la norme internationale et la norme nationale se trouvent en situation de contrariété. La norme internationale va s'appliquer dans ce cas tout comme dans l'hypothèse où la matière concernée est entièrement régie par le droit international ou communautaire[167].

Dans le domaine du droit des affaires par exemple, la juridiction suprême ivoirienne a eu, à plusieurs reprises, l'occasion d'affirmer la primauté du droit communautaire sur les normes nationales lorsque le contentieux soulève des questions relatives à l'application des Actes uniformes[168].

Mais en matière environnementale en général et pétrolière en particulier, la pratique judiciaire du droit international par les juridictions ivoiriennes marque le pas. Cela s'explique par le fait que les contentieux nés de l'activité pétrolière sont le plus souvent dévolus aux juridictions internationales (A), ce qui permet d'observer qu'en ce domaine, les juridictions nationales ne connaissent quasiment pas de litiges relevant d'opérations pétrolières (B).

A- Une activité, source de contentieux relevant de la compétence des juridictions internationales

Comme soulignée, l'influence du droit international dans la réglementation de l'activité pétrolière ne passe pas inaperçue eu égard à l'abondance des normes internationales en ce domaine. Les Rôles des juridictions ivoiriennes n'affichent pas d'affaires impliquant un contentieux dans lequel se pose la question de l'applicabilité d'une convention internationale en matière pétrolière. Cette situation s'explique par le fait que l'activité pétrolière fait naître des différends qui sont souvent portés devant des instances juridictionnelles ou arbitrales internationales[169]. D'ailleurs, l'industrie pétrolière internationale s'accommode mal de l'idée de prédominance d'une norme nationale au détriment d'un instrument juridique de portée

---

[167] C'est le cas du droit des affaires en Afrique désormais réglementé par le Traité OHADA et les Actes uniformes issus de ce Traité.

[168] Cour Suprême Chambre judiciaire, Arrêt n° 360 du 7 juin 2001, Arrêt n° 06/05 du 3 février 2005. Dans ces affaires, la Chambre judiciaire s'est déclarée incompétente et a transmis l'entier dossier à la CCJA en application de l'article 15 du Traité.

[169] Voir nos développements au paragraphe 2 de la Section 2 du Chapitre 2 du présent Titre.

universelle issu de la volonté commune des États de régenter un secteur d'activité où intérêts économiques et souveraineté nationale se rencontrent. Qu'il s'agisse du contentieux né des contrats pétroliers ou des différends relatifs à la délimitation de frontière maritime qui apparaissent à la suite de la découverte de gisements pétroliers[170], les juridictions internationales (tribunal arbitral, Cour internationale de Justice ou Tribunal international du droit de la mer) sont les seules qui connaissent de pareils litiges. Sur ces questions, la juridiction nationale s'efface donc au profit de la juridiction internationale, alors même que la norme internationale a intégré l'ordre juridique interne.

B- La rareté des contentieux relevant de la compétence des juridictions nationales

L'influence du droit international en matière pétrolière ne laisse aux juridictions nationales qu'une portion congrue du contentieux susceptible de naître de l'activité pétrolière. Ces contentieux sont ceux, non plus régis par le droit international, mais organisés par le droit national. Autant dire, qu'en matière pétrolière, le juge national ne peut connaître que de différends impliquant exclusivement le droit national[171].

Ce qui parait néanmoins incompréhensible c'est que parfois, face à la primauté du droit international, le juge ivoirien épris d'une propension quasi-intuitive, a tendance à vouloir appliquer les normes internes là où le droit international ou communautaire devait seul s'appliquer[172].

Quoiqu'il en soit, l'activité pétrolière reste fortement marquée par les dispositions conventionnelles internationales et il revient alors de trouver une justification à cette influence.

---

170 Le cas du contentieux de délimitation de la frontière maritime dans l'océan atlantique entre le Ghana et la Côte d'ivoire après la découverte du gisement pétrolier Jubilée, en 2007 par la compagnie pétrolière Tullow oil, en est une illustration topique.

171 Tel est le cas du contentieux relatif à l'étude d'impact environnemental, du contentieux relatif aux titres pétroliers qui sont de la compétence du Conseil d'État et du contentieux pénal pétrolier qui relève de la compétence des juridictions répressives nationales.

172 En Côte d'Ivoire, la juridiction suprême s'était montrée réfractaire au Traité OHADA dans les débuts de l'entrée en vigueur du texte communautaire.

Chapitre 2 - UN ESSAI DE JUSTIFICATION DE L'INFLUENCE DU DROIT INTERNATIONAL

Le droit international[173] reste la principale source de l'activité pétrolière, celle-ci concentrant des relations interétatiques et des relations entre États et d'autres sujets de droit par ailleurs. Le sol et le sous-sol de la mer constituent le socle de l'activité pétrolière offshore. La détermination des différents espaces maritimes qui abritent ce socle relève du droit international qui en fixe les règles (section 1). D'autre part, les conflits de délimitation maritime qui sont l'un des corollaires de l'activité pétrolière offshore sont réglés conformément au droit international (section 2).

Section 1 - La détermination par le droit international des zones maritimes, socle de l'activité pétrolière offshore

Le principal objet du droit de la mer réside dans la détermination et le statut des espaces maritimes ainsi que le régime juridique des activités qui peuvent y être exercées[174]. La délimitation actuelle de ces espaces est le fruit d'un long processus qui a parfois été animé par des controverses et des compromis entre États.

Le bilan des trois Conférences des Nations Unies sur le droit de la mer[175] consacrées à la réglementation des espaces maritimes invite à distinguer, d'une façon générale et pour ce qui est du cas particulier de

[173] Il faut comprendre qu'il s'agit ici essentiellement du droit international public.
[174] Jean SALMON, « Dictionnaire de droit international public », Bruxelles, 2001, p. 375. Claude-Albert COLLIARD Elf Aquitaine, « Droit de la mer et exploitations pétrolières offshore », Annales de Géographie, t. 88, n° 486, 1979, p. 156.
[175] La première eu lieu en 1958 à Genève et aboutit à l'adoption, le 29 avril de la même année, de quatre Conventions : la Convention sur la mer territoriale et la zone contiguë, la Convention sur le plateau continental, la Convention sur la haute mer et la Convention sur la pêche et la conservation des ressources biologiques de la haute mer. La deuxième Conférence de 1960 fut un échec puisqu'elle n'aboutit à aucun résultat (il était question de redéfinir la largeur de la mer territoriale). La troisième Conférence qui s'est tenue de 1973 à 1982 a permis l'adoption, le 10 décembre 1982 à Montego Bay, de la Convention sur le droit de la mer.

l'activité pétrolière offshore, entre les zones de souveraineté (paragraphe 1) et les zones de droits souverains (paragraphe 2).

Paragraphe 1- La zone maritime de souveraineté de l'État côtier : la mer territoriale

Il serait inexact d'affirmer que le droit de la mer n'a institué que la mer territoriale comme seule zone maritime de souveraineté. En réalité, la mer territoriale constitue avec les eaux intérieures et les eaux archipélagiques[176] les espaces maritimes où l'État côtier jouit d'une pleine et entière souveraineté. Mais dans le cadre de cette étude consacrée au cas de la Côte d'Ivoire, nous proposons de destiner nos réflexions à la mer territoriale puisque l'activité pétrolière offshore de cet État ne peut concerner que la mer territoriale et les autres espaces maritimes dont l'examen est abordé dans le paragraphe 2 de la présente section.

Il convient néanmoins de souligner au passage que le Nigéria, principal producteur de l'or noir en Afrique, concentre son activité pétrolière offshore dans le delta du Niger[177]. L'embouchure formée par le fleuve Niger appelée Delta du Niger[178] qui constitue le lieu de rencontre avec l'Océan atlantique, bien qu'influencée par les flux de marée de la mer, n'est pas un espace maritime, mais bien une

---

[176] Un archipel est un ensemble d'îles, y compris des parties d'îles, les eaux attenantes et les autres éléments naturels qui ont les uns avec les autres des rapports si étroits qu'ils forment intrinsèquement un tout géographique, économique et politique, ou qui sont historiquement considérés comme tels. L'État archipel exerce sa souveraineté sur les eaux archipélagiques ainsi que sur l'espace aérien, le fond de ces eaux et le sous-sol.

[177] L'État du Delta est le deuxième producteur de pétrole sur les neuf États producteurs pétroliers de la fédération nigériane. C'est dans cet État que le premier gisement offshore a été découvert en 1964. Sur ces points, voir Philippe SEBILLE-LOPEZ, « Les hydrocarbures au Nigéria et la redistribution de la rente pétrolière », Afrique contemporaine 2005/4, n° 216, pp. 158 et 178.

[178] Le delta du Niger ou bouches du Niger et le Delta intérieur du Niger qui se trouve au Mali entre les villes de Ségou et Tombouctou constituent les deux Deltas du fleuve Niger, lequel prend sa source en Sierra Leone à 800 mètres d'altitude au pied des monts Loma. Troisième plus long fleuve d'Afrique (4184 km) après le Nil et le Congo, le fleuve Niger traverse ou borde six États d'Afrique de l'Ouest : Sierra Leone, Guinée, Mali, Niger, Bénin et Nigéria. Le delta du Niger se trouve à l'embouchure du fleuve Niger dans l'océan atlantique au sud du Nigéria.

composante des eaux intérieures. De ce fait, et au regard de l'article 8 CBM[179], le Delta du Niger fait partie des eaux intérieures du Nigéria. Celles-ci étant intimement liées au territoire terrestre de l'État côtier elles lui empruntent son régime juridique[180], sous réserve du respect du droit de passage inoffensif pour les navires étrangers.

Un aperçu sur l'historique de l'étendue de cet espace maritime (A) nous conduira à mieux saisir le régime juridique qui lui est applicable(B).

A - L'historique de l'étendue de la mer territoriale

L'article 2 CBM définit la mer territoriale comme la zone de mer adjacente au territoire et aux eaux intérieures de l'État (et éventuellement de ses eaux archipélagiques) sur laquelle s'exerce la souveraineté de l'État côtier. L'emprise sur cet espace a été depuis l'Antiquité puis au Moyen-âge au centre d'intérêts contradictoires entre puissances maritimes, les unes étant farouchement attachées à l'idée d'une liberté totale des mers[181] tandis que les autres prônaient une souveraineté maritime[182] en ayant comme point de mire la sauvegarde des ressources naturelles présentes dans cet espace maritime qu'elles considéraient comme faisant partie de leurs possessions territoriales. Par la suite, si l'idée de la liberté des mers a été largement épousée par les puissances maritimes, le processus de décolonisation en Afrique et en Amérique latine va laisser apparaître des besoins des États nouvellement indépendants qui, du fait du manque de moyens technologiques pouvant leur permettre d'exploiter les ressources naturelles dont regorgent les « approches maritimes » qui jouxtent leurs côtes, vont s'opposer à toute velléité hégémonique.

---

179 Article 8 CMB : « Sous réserve de la partie IV, les eaux qui se trouvent en deçà de la ligne de base de la mer territoriale font partie des eaux intérieures de l'État. »

180 L'État côtier exerce sa souveraineté sur ses eaux intérieures.

181 L'idée a été portée par le célèbre juriste hollandais Hugo de Groote (plus connu sous le nom latinisé de Grotius) dans le chapitre 12 intitulé « Mare Liberum » tiré de sa consultation « De Jure Praedae Commentarium » publiée en 1609.

182 Au départ, cette idée était défendue par la Grande-Bretagne avec la proclamation du roi Jacques Ier interdisant aux navires étrangers l'accès à la mer du Nord. Pour l'historique du droit de la mer sur la controverse entre liberté et souveraineté, voir Philippe VINCENT, Droit de la mer, Droit international, Bruxelles, Larcier, 2008, pp.17-19; Jean-Paul PANCRACIO, Droit de la mer, 1re, Droit public/ Science politique, Paris, Dalloz, 2010, pp. 150-153.

La détermination de la largeur de la mer territoriale a connu elle aussi des controverses. Déjà en 1752, elle avait été fixée par l'italien Galiani[183] à l'équivalent de la portée du canon, soit 3 milles marins ou nautiques (Nq) (un mille marin équivaut à 1852 mètres), mais cette distance n'avait jamais acquis l'unanimité. Au contraire, dès le XVIIIe siècle et tout au long de la première moitié du XIXe, on a assisté à des revendications unilatérales de largeur de la mer territoriale allant de 4 à 12 Nq. Ces revendications ont même été portées à 200 Nq par certains États d'Amérique latine pour avoir une emprise sur des zones maritimes riches en ressources halieutiques. C'est dans cet imbroglio juridico-politique que va intervenir la Convention de Genève du 29 avril 1958 sur la mer territoriale et la zone contiguë dont on ne peut se satisfaire tant il est vrai que les États n'ont pu s'accorder sur une largeur universelle et précise de la mer territoriale[184]. Il a fallu que les États aboutissent à un compromis à la IIIe Conférence sur le droit de la mer pour que finalement la largeur de la mer territoriale soit fixée à 12 Nq ainsi qu'il résulte de l'article 3 CBM[185].

Mais en dépit de cette limite maximale qui est appliquée par la majorité des États côtiers bien avant même l'adoption de la CMB[186], la pratique de certains États d'Amérique latine[187] et d'Afrique[188] invite à constater une extension démesurée de la largeur de leur mer territoriale qu'ils fixent à 200 Nq. Ces pratiques sont contraires au droit international et en cas de conflit de délimitation entre l'un de ces États et un autre qui pratique une largeur inférieure ou égale à 12 Nq, la largeur de 200 Nq ne saurait lui être opposée. Il en a été ainsi dans l'Affaire des pêcheries anglo-norvégiennes, où la CIJ a souligné que « la délimitation des espaces maritimes a toujours un aspect international ; elle ne saurait dépendre de la seule volonté de l'État riverain telle qu'elle s'exprime dans son droit interne. S'il est vrai que

---

183 Il fut d'ailleurs le premier à avoir employé l'expression « mare territoriale » dans son ouvrage « Dei doveri dei principi neutrali » cité par Philippe VINCENT, op. cit, p. 44.

184 Jean-Paul PANCRACIO, op. cit., pp. 34 et 153.

185 Article 3 CMB : « Tout État a le droit de fixer la largeur de sa mer territoriale ; cette largeur ne dépasse pas 12 milles marins mesurée à partir de lignes de base établies conformément à la Convention. »

186 Jean-Pierre QUENEUDEC, « Chronique du droit de la mer », in Annuaire français de droit international, volume 23, 1977, p. 735.

187 Il s'agit de l'Équateur, du Nicaragua, du Pérou et du Salvador.

188 Ce sont le Bénin, le Congo, le Libéria et la Somalie.

l'acte de délimitation est nécessairement un acte unilatéral parce que l'État riverain a seul qualité pour y procéder, en revanche, la validité de la délimitation à l'égard des États tiers relève du droit international. »[189]

La Côte d'Ivoire a fixé la limite extérieure de sa mer territoriale à 12 Nq[190]. D'autres États du golfe de Guinée s'inscrivent dans la même pratique[191]. Quant à la France, elle avait porté la largeur de ses eaux territoriales de 3 à 12 Nq par la loi du 24 décembre 1971.

Pour la méthode de délimitation de la mer territoriale entre États dont les côtes sont adjacentes ou se font face, l'article 15 CMB préconise la délimitation par voie d'accord[192], et à défaut il sera fait recours à la méthode de l'équidistance, sauf si l'existence de titres historiques[193] ou de circonstances spéciales permet de délimiter autrement la mer territoriale[194].

La délimitation de la limite extérieure de la mer territoriale est d'importance pratique puisque de cette délimitation va souvent dépendre celle des autres espaces maritimes (zone contiguë, zone économique exclusive et même le plateau continental). La CMB

---

[189] CIJ, Recueil 1950, 133. Voir Jean-Paul PANCRACIO, op. cit., p. 154.

[190] L'article 1er de la loi n° 77-926 du 17 novembre 1977 portant délimitation des zones marines placées sous la juridiction nationale de la République de Côte d'Ivoire (JORCI n° 1977-56 du 26 décembre 1977, p. 2522) dispose que « la limite extérieure de la mer territoriale de la République de Côte d'Ivoire est fixée à une distance de 12 milles marins à compter de la laisse de plus basse mer. » Avant cette loi, le décret n° 67-334 du 1er août 1967 portant limitation de la mer territoriale en Côte d'Ivoire (JORCI n° 36 du 17 août 1967, p. 1050) fixait la limite des eaux territoriales ivoiriennes à une distance de 6 milles marins.

[191] L'article 4 de la loi n° 2000/02 du 17 avril 2000 relative aux espaces maritimes de la République du Cameroun indique que « la largeur de la mer territoriale, mesurée à partir des lignes de base, est de 12 milles marins. »

[192] Par exemple l'accord franco-britannique du 4 juillet 2000 relatif à l'établissement d'une ligne de délimitation maritime entre la France et Jersey. Cette délimitation porte dans sa totalité sur les eaux territoriales et repose sur le principe de l'équidistance. Pour un commentaire sur cet accord, voir Jean-François DOBELLE, « Les accords franco-britanniques relatifs à la baie de Granville du 4 juillet 2000 », in Annuaire français de droit international, volume 46, 2000, pp. 524-547.

[193] Exemple de l'accord franco-portugais du 26 avril 1960 que le tribunal arbitral a analysé comme ayant concerné le tracé de la mer territoriale et du plateau continental entre le Sénégal et la Guinée-Bissau.

[194] Voir nos développements dans la présente étude sur les méthodes de délimitation dans le cadre des différends frontaliers maritimes, pp. 74 et s.

prévoit à cet effet que la largeur des 12 Nq de la mer territoriale est mesurée à partir de lignes de base établies conformément à la Convention.

Dans le cas de figure d'une côte relativement rectiligne (comme les côtes de la plupart des États du golfe de Guinée et spécialement de la Côte d'Ivoire), la délimitation se fait conformément à la ligne de base normale[195]. Cette ligne est la laisse de basse mer le long de la côte, c'est-à-dire la ligne sur laquelle se retirent les eaux de la mer aux marrées les plus basses de l'année, telle qu'elle est indiquée sur les cartes marines à grande échelle reconnues officiellement par l'État côtier[196] . Dans ce cas, on pourrait observer que le tracé extérieur de délimitation de la mer territoriale aura une configuration parfaitement parallèle à celle de la côte[197].

Dans certaines hypothèses cependant, si la configuration géographique permet de constater des côtes très échancrées par des fjords ou découpées, des côtes concaves, la présence d'îles le long des côtes ou à proximité de celles-ci, le droit international autorise l'emploi d'autres méthodes, en l'occurrence celle dite de lignes de base droites[198] qui avait été reconnue auparavant conforme au droit international par la CIJ dans son arrêt rendu le 18 décembre 1951 dans l'affaire des pêcheries anglo-norvégiennes[199]. Il s'agit de tracer des lignes droites reliant des points appropriés afin de marquer la ligne de base. Cette méthode aboutit souvent à un élargissement de la mer territoriale. C'est pourquoi, outre les hypothèses qui justifient le recours aux lignes de base droites, la CMB indique que « le tracé des lignes de base droites ne doit pas s'écarter sensiblement de la direction générale de la côte et les étendues de mer situées en deçà doivent être suffisamment liées au domaine terrestre pour être soumis au régime

---

[195] Pour un exemple du tracé de la ligne de base normale, voir les articles 2 à 5 de la loi n° 09/002 du 7 mai 2009 portant délimitation des espaces maritimes de la République Démocratique du Congo.

[196] Article 5 CMB.

[197] Jean-Paul PANCRACIO, op. cit., p. 155.

[198] Article 7 CMB.

[199] CIJ, arrêt du 18 décembre 1851, Recueil, 1951, p. 116. Dans cet arrêt, la côte norvégienne en litige a été présentée comme une côte particulièrement caractéristique, marquée par la présence de montagnes, profondément découpée en fiords et baies, parsemée d'innombrables îles, îlots et récifs (dont certains forment un archipel continu connu sous le nom de skjaergaard, "rempart de rochers").

des eaux intérieures. »[200] Cette disposition a pour finalité d'éviter qu'un État côtier n'ait recours à la méthode des lignes de base droites pour s'octroyer des étendues de mer importantes qui vont être prises comme des composantes des eaux intérieures. Aussi, la méthode de lignes de base droites sera-t-elle exclue lorsqu'elle aboutira à couper la mer territoriale d'un autre État de la haute mer ou de la zone économique exclusive.

B - Le régime juridique de la mer territoriale

Le régime juridique de la mer territoriale reste marqué par l'emprise de la souveraineté de l'État côtier sur cet espace maritime qui s'étend aussi bien sur la colonne d'eau, l'espace aérien qui le surplombe que sur le sol et le sous-sol[201]. D'une façon générale, la souveraineté de l'État côtier sur sa mer territoriale est le prolongement de ses droits qu'il exerce sur son territoire terrestre, sous réserve des obligations que lui impose la CMB.

La CMB reconnaît à l'État côtier divers droits qu'il peut exercer à l'égard des navires étrangers en ce qui concerne l'application de sa législation en matière douanière, fiscale, sanitaire, en matière d'immigration, de préservation de l'environnement, de conservation des ressources biologiques ou de sécurité de la navigation et de régulation du trafic maritime[202]. L'État côtier peut exercer sa juridiction pénale à bord d'un navire étranger dans les conditions prévues à l'article 27 CMB. Dans cette hypothèse, la compétence de l'État côtier ne peut s'exercer que si l'infraction commise à bord du navire pendant son passage dans la mer territoriale a des conséquences qui s'étendent à l'État côtier, qu'elle est de nature à troubler la paix du pays ou l'ordre dans la mer territoriale ou si l'assistance des autorités locales a été demandée par le capitaine du navire ou par un agent diplomatique de l'État du pavillon. Cette compétence peut s'exercer également en cas d'infraction portant sur des stupéfiants ou des substances psychotropes.

Il n'est par ailleurs pas interdit à l'État côtier d'exploiter les ressources biologiques ou non biologiques (hydrocarbures par

---

[200] Article 7-3 CMB.

[201] Article 2-2 CMB, article 3-2 de la loi camerounaise précitée.

[202] Article 21 CMB.

exemple)[203] du sous-sol de la mer territoriale puisque les accumulations naturelles d'hydrocarbures dans cette zone maritime sont la propriété exclusive de l'État[204]. Dans ce cas la présence d'installations pétrolières doit faire l'objet de publicité adéquate pour assurer aux navires une navigation optimale[205].

La souveraineté dont bénéficie l'État dans sa mer territoriale est atténuée par certaines obligations parmi lesquelles le droit de passage inoffensif ou innocent[206] reconnu aux navires[207] de tous les États côtiers et sans littoral mérite une attention particulière. Ce droit d'origine coutumière a été rappelé dans la Convention de Genève du 29 avril 1958 sur la mer territoriale et la zone contiguë[208] et repris par l'article 17 de la CMB qui dispose que « sous réserve de la Convention, les navires de tous les États, côtiers ou sans littoral, jouissent du droit de passage inoffensif dans la mer territoriale. »

Le passage inoffensif est le fait de naviguer dans la mer territoriale aux fins de la traverser sans entrer dans les eaux intérieures ni faire escale dans une rade ou une installation portuaire située en dehors des eaux intérieures. L'entrée dans les eaux intérieures et les ports de l'État côtier étant de la souveraineté de celui-ci, elle ne peut se faire que sous le régime du passage inoffensif.

Le passage doit être continu et rapide, autrement dit l'arrêt et le mouillage du navire sont interdits sauf s'ils constituent des incidents ordinaires de navigation ou s'imposent par suite d'un cas de force majeure.

---

[203] La limite extérieure de la mer territoriale étant proche des côtes (environ 22, 2 km), le risque de pollution résultant d'activités pétrolières n'est pas à exclure dans ce cas.

[204] Article 2 du code pétrolier de Côte d'Ivoire.

[205] Affaire du Détroit de Corfou, 1949, Recueil 4 (Cour Internationale de Justice 1949). Dans cette affaire, la CIJ a reconnu à l'encontre de l'Albanie d'avoir manqué de prévenir la navigation de la présence de mines qui avaient mouillées par des inconnus et qui ont causé, dans le détroit de Corfou, le 22 octobre 1946, la destruction de deux contre-torpilleurs britanniques suivie de la mort de quarante-cinq officiers et matelots et des blessures à quarante-deux autres.

[206] Cet adjectif qualificatif est employé par la CIJ dans l'arrêt du détroit de Corfou précité. Il a le même sens que l'adjectif inoffensif.

[207] À l'exclusion des aéronefs qui eux, doivent avoir l'autorisation de l'État pour survoler sa mer territoriale.

[208] Article 14 de la Convention de Genève.

L'exercice de la souveraineté sur la mer territoriale et la reconnaissance d'un droit de passage dans cet espace maritime aux navires de toute nationalité étant deux considérations apparemment contradictoires, la CMB souligne le caractère inoffensif que doit revêtir le passage. Ainsi, il est interdit aux navires qui exercent ce droit de poser un acte qui serait de nature à porter atteinte à la paix, au bon ordre ou à la sécurité de l'État côtier (par exemple exercice ou manœuvre avec armes de tout type, pollution délibérée et grave, lancement, appontage ou embarquement d'aéronefs) [209]. Dans ces hypothèses, le passage serait offensif, ce qui autorise l'État côtier à exiger que le navire incriminé quitte immédiatement sa mer territoriale.

En s'éloignant des côtes pour s'avancer au large, la souveraineté de l'État côtier s'efface pour faire place à des droits souverains[210] qu'il exerce sur des zones marines qui sont considérées comme des espaces de haute mer au sens large.

Paragraphe 2- Les zones maritimes soumises aux droits souverains de l'État côtier : la zone contiguë, la zone économique exclusive et le plateau continental

Les espaces situés au-delà de la mer territoriale n'appartiennent pas à l'État côtier[211], mais il y exerce des droits spécifiques qui lui sont reconnus par le droit international. Dans une zone contiguë à sa mer territoriale, mais qui n'est pas placée sous sa souveraineté, l'État peut exercer des compétences pour prévenir les infractions à sa législation douanière, fiscale, sanitaire ou d'immigration sur son territoire terrestre ou dans sa mer territoriale. Il peut en outre réprimer les infractions à cette même législation commise sur son territoire ou dans sa mer territoriale. Cette zone désignée sous le nom de zone

---

[209] Article 19 CMB.

[210] L'État n'exerce plus sa souveraineté sur ces espaces, parce que considérés comme des zones se situant au-delà de sa mer territoriale. Mais le droit international de la mer lui reconnaît des compétences en raison des activités ou des compétences qu'il peut y déployer.

[211] Armelle SANDRIN-DEFORGE, « Ressources marines et délimitation des zones en mer : les grandes manœuvres », Bulletin du droit de l'environnement industriel, n° 56, 2015, p. 22.

contiguë[212] a une limite extérieure qui ne peut excéder 24 Nq des lignes de base à partir desquelles est mesurée la largeur de la mer territoriale[213] ou 12 Nq à partir de la limite extérieure de la mer territoriale. Les compétences reconnues à l'État côtier dans cet espace sont des compétences administratives relatives aussi bien au contrôle préventif qu'au droit de répression lorsqu'il existe des infractions aux lois et règlements de l'État côtier dans des espaces maritimes soumis à sa souveraineté tels que les eaux intérieures et la mer territoriale. Autrement dit, les compétences d'un État côtier pour prévenir ou réprimer les infractions dans les matières citées ne peuvent s'exercer que lorsque lesdites infractions ont lieu ou peuvent avoir lieu sur son territoire ou dans sa mer territoriale et non dans sa zone contiguë elle-même[214]. Cette zone se présente alors pour l'État côtier comme une zone de sécurité ou de contrôle contre des activités jugées illicites susceptibles d'être menées dans les espaces placés sous sa souveraineté.

Espace intégré dans celui de la zone économique exclusive[215], la zone contiguë est une zone qui était considérée comme une portion de la haute mer[216] et ne concerne que l'espace des eaux surjacentes sans aucune prise sur le sol ou le sous-sol de la mer. À ce titre, aucune activité pétrolière offshore et de façon générale, aucune activité

[212] La notion est apparue pour la première fois dans les Hovering Acts (« lois de louvoiement ») appliqués en Grande-Bretagne entre 1718 et 1876 lorsque ce pays voulait exercer un contrôle douanier sur les navires étrangers circulant hors de ses eaux territoriales. Voir Philippe VINCENT, op. cit, p. 86 ; Hüseyin PAZARCI, « Le concept de zone contiguë dans la Convention sur le droit de la mer de 1982 », Revue belge de droit international, 1984, p. 249.

[213] Article 33-2 CMB.

[214] Hüseyin PAZARCI, « Le concept de zone contiguë dans la Convention sur le droit de la mer de 1982 », Revue belge de droit international, 1984, p. 250.

[215] Jean-Paul PANCRACIO, op. cit., p. 170. Avant l'institution de la zone économique exclusive, l'article 24-1 de la Convention de Genève de 1958 considérait la zone contiguë comme un espace de la haute mer et contiguë à la mer territoriale.

[216] Sous le régime de la Convention de Genève du 29 avril 1958 sur la mer territoriale et la zone contiguë, celle-ci était considérée comme un espace de la haute mer (article 24-1 de la Convention). Mais avec l'article 86 CMB qui exclut la zone économique exclusive de la haute mer (en ce qui concerne l'espace géographique), la conception classique qui rattachait la zone contiguë à la haute mer est tombée en désuétude.

économique[217] ne peut y être exercée par l'État côtier au contraire de la zone économique exclusive (A) et du plateau continental (B).

A- La zone économique exclusive

L'appropriation et la gestion des ressources halieutiques par certains États côtiers en développement ont progressivement animé le processus de l'institution de la zone économique exclusive qui a été introduite pour la première fois par le Kenya lors de la réunion du Comité juridique consultatif africano-asiatique tenue à Colombo en 1971. Mais avant, certains États d'Amérique latine avaient émis des revendications[218] sur une zone exclusive de pêche de 200 Nq au-delà de la limite initiale de la mer territoriale de 3 Nq jugée insuffisante. De façon plus marquée, le principe de la création de cette zone exclusive fut repris le 18 août 1952 par le Chili, le Pérou et l'Équateur dans la déclaration de Santiago de Chili[219]. Cette zone de « quasi-mer territoriale »[220] ne concernait qu'en fait l'exclusivité de l'exploitation des ressources naturelles. Quelques années plus tard, on va assister à une multiplication de revendications d'une zone exclusive en matière de pêcherie qui va se muer en zone économique exclusive considérée[221] à ce jour comme un espace maritime autonome, mais qui reste à certains égards soumis au régime juridique de la haute mer.

1 - La définition et la délimitation de la zone économique exclusive

Institution nouvelle dans le droit de la mer, la zone économique exclusive connue sous l'acronyme ZEE a été formellement consacrée dans la Convention Montego Bay du 10 décembre 1982. L'article 55 CMB la définit comme la « zone située au-delà de la mer territoriale et

---

[217] Il faut comprendre cependant que de telles activités ne peuvent être exercées que sous le régime de la zone économique exclusive à laquelle se trouve rattachée la zone contiguë (par exemple en ce qui concerne la pêche) sur la seconde portion des 12 Nq.

[218] Il s'agit du Chili (23 juin 1947) et du Pérou (1er août 1947).

[219] L'extrait de la déclaration est ainsi libellé : « proclament comme norme de leur politique internationale maritime, la souveraineté et la juridiction exclusive […] sur la mer qui baigne leurs côtes jusqu'à une distance minimum de 200 milles marins » ; Jean-Paul PANCRACIO, op. cit., p. 171.

[220] L'expression est attribuée à Jean-Pierre BEURIER, « Droit international de la mer », Le Droit maritime français, n° 591, 1999, pp. 1-7.

[221] Voir Jean-Paul PANCRACIO, op. cit., pp. 170-175 et Philippe VINCENT, op. cit, pp. 91-94.

adjacente à celle-ci. » Sa limite maximale est de 200 milles marins des lignes de base à partir desquelles est mesurée de la largeur de la mer territoriale (ou 188 Nq à partir de la limite extérieure de la zone contiguë). Au-delà de cette limite, toute prétention d'extension serait contraire au droit international et inopposable aux autres États[222].

La Côte d'Ivoire revendique une ZEE d'une largeur de 200 Nq[223] conformément à la CMB. Il faut souligner que la création de la ZEE n'a pas rencontré l'adhésion de certaines puissances maritimes, dont les États-Unis d'Amérique[224] qui considèrent que ce nouvel espace maritime constitue un effritement du principe de la liberté des mers, ce qui est en partie à la base de leur refus de ratifier la CMB. Et pourtant par la Proclamation Reagan du 10 mars 1983[225], les États-Unis ont établi une ZEE qui « est une zone contiguë à la mer territoriale, comprenant des zones contiguës à la mer territoriale des États-Unis, du Commonwealth de Porto Rico, du Commonwealth des Îles Mariannes du Nord (dans la mesure compatible avec le Pacte et l'Accord de tutelle des Nations-Unies) et des territoires et possessions d'outre-mer des États-Unis. Cette zone s'étend jusqu'à une distance de 200 milles marins de la ligne de base à partir de laquelle est mesurée la largeur de la mer territoriale. » C'est un acte unilatéral qui s'inscrit

---

[222] Affaire relative à la compétence en matière de pêcheries (Royaume-Uni c/ Islande et RFA c/ Islande), 1973 Recueil, 49 (Cour Internationale de Justice 1973). ; Louis FAVOREU, « L'arrêt de la Cour Internationale de Justice dans l'affaire de la compétence en matière de pêcheries (Royaume-Uni c/ Islande et Allemagne fédérale c/ Islande) », in Annuaire français de droit international 19, 1973, pp. 272-289.

[223] L'article 2 de la loi n° 77-926 du 17 novembre 1977 portant délimitation des zones marines placées sous la juridiction nationale de la République de Côte d'Ivoire. Voir aussi l'article 11-1 de la loi n° 2000/02 du 17 avril 2000 relative aux espaces maritimes de la République du Cameroun qui fait référence à la limite que le droit international place sous sa juridiction et l'article 7 de la loi n° 09/002 du 7 mai 2009 portant délimitation des espaces maritimes en RDC.

[224] Les États-Unis d'Amérique n'ont pas signé la CMB.

[225] Par cette Proclamation, ils entendent traduire leur politique générale en matière maritime. Voir Jean-Pierre QUENEUDEC, « La proclamation Reagan sur la zone économique exclusive des États-Unis », in Annuaire français de droit international, volume 29, 1983, pp. 710-714.

dans le vaste mouvement d'institutions de ZEE au lendemain de l'adoption de la CMB[226].

Pour la délimitation de la ZEE de deux États dont les côtes sont adjacentes (c'est le cas la plupart des États du golfe de Guinée) ou se font face, l'article 74 alinéa 1er de la CMB préconise la délimitation par voie d'accord en vue de parvenir à un résultat équitable. La question de délimitation de la ZEE fait partie des différends soumis aux juridictions internationales[227].

La ZEE a la particularité d'être une zone où se concentrent 90% des prises mondiales de poissons[228] outre la présence dans son sous-sol de ressources minérales et en hydrocarbures. L'intérêt de l'État pour la ZEE qui n'est pas une zone de souveraineté territoriale- le caractère extraterritorial de cet espace maritime résulte d'ailleurs de l'article 55 CMB et de la Proclamation Reagan[229]- est que l'État côtier a seul compétence pour exercer des droits souverains et sa juridiction dans des cas spécifiés.

2 - Le régime juridique particulier de la zone économique exclusive

L'institution de la ZEE a été guidée avant tout par la nécessité de préserver les intérêts économiques auxquels l'État côtier pouvait prétendre en dehors de sa mer territoriale. La course à l'expansion des zones exclusives de pêche au cours de la seconde moitié du XXe est la justification de cet attrait économique. Lors du sommet de Yaoundé qui réunit dans le courant de l'année 1972, certains États africains, ceux-ci recommandèrent que la notion de zone économique englobe toutes les ressources tant biologiques que non biologiques (pétrole, gaz et les autres ressources minérales) et que leur exploitation soit

---

226 À la date de la Proclamation Reagan, 56 États avaient déjà institué une zone économique exclusive, dont la Côte d'Ivoire. Voir Jean-Pierre QUENEUDEC, op. cit., p. 711 (4).

227 Les conflits de délimitation des ZEE se sont multipliés depuis l'adoption de la CMB. Voir nos développements que la question dans la section 2 du présent chapitre.

228 Jean-Paul PANCRACIO, op. cit., p. 170.

229 Jean-Pierre QUENEUDEC, « La proclamation Reagan sur la zone économique exclusive des États-Unis », in Annuaire français de droit international, volume 29, 1983, p.712.

dévolue aux États côtiers[230]. Cette formule sera finalement retenue à l'issue de la troisième Conférence sur le droit de la mer sanctionnée par la CMB dont l'article 55 confère à la zone économique exclusive un régime juridique particulier prenant en compte les droits et la juridiction de l'État côtier tout en reconnaissant des droits et libertés aux autres États.

Dans sa ZEE, l'État riverain dispose de droits souverains et exclusifs[231] pour des activités limitativement énumérées. Ces droits lui confèrent la possibilité d'explorer, d'exploiter, de conserver et de gérer des ressources naturelles biologiques ou non biologiques qui se trouvent dans la colonne d'eaux surjacentes, le sol et le sous-sol des fonds marins, et d'exercer d'autres activités à des fins économiques telles que la production d'énergie à partir de l'eau, des courants et des vents[232]. Ces droits souverains peuvent s'avérer d'importance particulière pour les pays en développement d'autant plus qu'ils constituent un paravent contre le pillage des ressources naturelles se trouvant dans leur ZEE. L'exemple le plus significatif en ce domaine est fourni par la pêche illicite[233] menée régulièrement dans les ZEE des États du golfe de Guinée.

La CMB reconnaît par ailleurs à l'État côtier la juridiction[234] à l'égard d'activités exhaustivement énumérées (mise en place et l'utilisation d'îles artificielles, d'installations[235] et d'ouvrages, la recherche scientifique marine, la protection et la préservation du milieu marin) et pour lesquelles il exerce sa compétence civile et pénale[236]. Par exemple en matière de pollution par un navire étranger dans la ZEE de l'État côtier, celui-ci dispose, en vertu de sa

---

[230] Claude-Albert COLLIARD, « Droit de la mer et exploitations pétrolières offshore », in Annales de Géographie, t. 88, n° 486, 1979, p.165.

[231] L'exclusivité de ces droits implique l'impossibilité pour un autre État d'exercer lesdits droits même si l'État côtier s'abstient de les exercer.

[232] Article 56-1 a) CMB. En vertu de ces droits souverains, l'État côtier peut octroyer des permis d'exploration ou des autorisations exclusives d'exploitation d'hydrocarbures ou installer des éoliennes dans sa ZEE.

[233] C'est une pêche sans licence ou avec licence, mais qui dépasse les quotas attribués.

[234] La juridiction doit être comprise ici comme la compétence de l'État côtier à l'égard des activités visées.

[235] Par exemple des plates-formes d'exploration ou d'exploitation pétrolières.

[236] L'État côtier peut appliquer sa réglementation douanière, fiscale, sanitaire, de sécurité ou d'immigration sur ces îles artificielles, installations ou ouvrages.

juridiction, d'importantes prérogatives qui l'autorisent à intenter une action contre le navire contrevenant conformément à son droit interne[237].

La compétence de l'État côtier reste cependant limitée aux activités énumérées par la CMB. Il ne peut notamment étendre à sa ZEE les compétences dont il dispose dans sa zone contiguë pas plus que dans sa mer territoriale. Il a été ainsi jugé, dans l'affaire du pétrolier Saïga, « qu'en appliquant sa législation douanière à un rayon des douanes qui inclut des parties de la zone économique exclusive, la Guinée a agi d'une manière contraire à la Convention [et] que l'arraisonnement et l'immobilisation du Saïga, ainsi que les mesures prises ensuite par la Guinée, étaient contraires à la Convention. » [238]

Dans la ZEE, les autres États qu'ils soient côtiers ou sans littoral[239] jouissent des libertés de navigation, de survol, de poser des câbles et pipe-lines sous-marins sauf, dans le cas de la navigation, à respecter les zones de sécurité établies par l'État côtier autour des îles artificielles ou des installations d'exploration et d'exploitation de ressources non biologiques. La ZEE se rapproche d'une autre zone de droits souverains en ce qui concerne le régime juridique qui leur est applicable. Il s'agit du plateau continental.

B- Le plateau continental

Nous nous attacherons à définir la notion en incluant sa délimitation avant d'aborder son régime juridique.

1- La définition et la délimitation du plateau continental

Le concept de plateau continental ne prend pas son origine de la Proclamation Truman du 28 septembre 1945 comme le prétendent

---

[237] Article 220 CMB.

[238] Affaire du pétrolier Saïga (Saint-Vincent-et-les-Grenadines c/ Guinée), n° 2, arrêt TIDM, 1er juillet 1999, p. 40 § 136.

[239] Ce sont des États enclavés dans les terres et qui n'ont pas un accès immédiat à la mer. Dans le monde, on en dénombre 43 dont 13 en Afrique : Botswana, Burkina-Faso, Burundi, Centrafrique, Éthiopie, Lesotho, Mali, Niger, Ouganda, Rwanda, Soudan du Sud, Swaziland et Tchad.

certains auteurs[240]. Bien avant cet acte unilatéral les prémices de la notion de plateau continental se profilaient déjà dans la Déclaration du gouvernement impérial russe du 29 décembre 1916 revendiquant certaines îles de la Sibérie septentrionale inhabitées, mais continuant la plate-forme continentale[241] et surtout dans le traité du golfe de Paria conclu à Caracas le 26 février 1942 entre le Venezuela et le Royaume-Uni[242]. Les deux pays se partagèrent les régions sous-marines[243] qui s'étendent entre les côtes du Venezuela et celles de la Trinité, alors colonie de la Couronne et par ce traité bilatéral, les hautes parties contractantes se reconnaissaient mutuellement des droits sur la haute mer contiguë à leur mer territoriale et sur le sol et le sous-sol de cette mer pour la recherche et l'exploitation des gisements d'hydrocarbures.

La dissociation du régime de liberté de navigation sur les eaux surjacentes et du régime d'exploitation du sol et du sous-sol entreprise par la Convention du golfe de Paria va plus tard être consacrée par la Proclamation Truman 2667 du 28 septembre 1945 relative à la politique des États-Unis sur les ressources naturelles du sol et du sous-sol du plateau continental qui constituera le point de départ de diverses déclarations unilatérales de certains États pour faire valoir leurs droits sur le plateau continental[244].

La Proclamation Truman qui va servir de fondement à la construction juridique du plateau continental introduit dans la définition de ce concept, le critère d'adjacence, c'est-à-dire que le

---

240 Jean-Paul PANCRACIO, op. cit., p. 197 et Philippe VINCENT, op. cit., p. 113 estiment que la notion de plateau continental trouve son origine dans cette Proclamation.

241 Claude-Albert COLLIARD, Elf Aquitaine, « Droit de la mer et exploitations pétrolières offshore », in Annales de Géographie, t.88, n° 486, 1979, p.159. Cette Déclaration ne visait pas une finalité pétrolière, mais concernait des intérêts de pêche.

242 Jean DEVAUX-CHARBONNEL, « Le plateau continental du Royaume-Uni et la Convention internationale de Genève de 1958 », in Annuaire français de droit international, volume 10, 1964, p.708 ; Claude-Albert COLLIARD, op. cit., pp.159-160.

243 L'expression plateau continental n'était pas employée, mais plutôt celle de « aires sous-marines » définie comme le lit de la mer et le sous-sol sous-marin, au-delà de la mer territoriale.

244 Les pays d'Amérique latine (Mexique et Cuba en 1945, Argentine en 1946, Chili, Pérou et Équateur en 1947 et 1952) vont être les premiers à emboiter le pas aux États-Unis suivis de certains États du Moyen-Orient (Iran, Arabie-Saoudite, Bahreïn, Koweït, Qatar et les autres sultanats du golfe arabo-persique en 1949).

plateau continental est considéré comme le prolongement naturel de la masse terrestre de l'État côtier sous la mer (la partie immergée de la masse continentale). Ce critère sera repris le 29 avril 1958 dans la Convention de Genève sur le plateau continental avec adjonction de deux nouveaux critères [245]: le critère de profondeur (ou critère bathymétrique de 200 mètres) et le critère d'exploitabilité[246].

Le plateau continental constitue avant tout une réalité géographique qui désigne la plate-forme continentale sous-marine prolongeant en pente douce le territoire terrestre jusqu'à une profondeur mondiale moyenne de 130 mètres[247].

Mais il faut admettre que le critère d'exploitabilité introduit en 1958 dans la définition laissait apparaître des inquiétudes eu égard au développement inattendu de la technologie avec pour corollaire, l'exploitation des fonds marins à des profondeurs plus importantes. C'est la raison pour laquelle la CMB va abandonner ce critère pour ne retenir que celui de la profondeur. Ainsi, désormais, le plateau continental d'un État côtier comprend-il « les fonds marins et leur sous-sol au-delà de la mer territoriale, sur toute l'étendue du prolongement naturel du territoire terrestre de cet État jusqu'au rebord externe de la marge continentale, ou jusqu'à 200 milles marins des lignes de base à partir desquelles est mesurée la largeur de la mer territoriale, lorsque le rebord externe de la marge continentale se trouve à une distance inférieure. »[248] L'État côtier délimite unilatéralement son plateau continental en tenant compte du rebord de la marge continentale pour fixer la largeur du plateau. La largeur de principe du plateau continental est de 200 Nq avec la possibilité de l'étendre jusqu'à 350 Nq.

---

[245] Jean-Pierre QUENEUDEC, « Chronique du droit de la mer », in Annuaire français de droit international, volume 15, 1969, p.738.

[246] Article 1er de la Convention de 1958 : « Aux fins des présents articles, l'expression « plateau continental » est utilisée pour désigner a. le lit de la mer et le sous-sol des régions sous-marines adjacentes aux côtes, mais situées en dehors de la mer territoriale, jusqu'à une profondeur de
200 mètres ou, au-delà de cette limite, jusqu'au point où la profondeur des eaux surjacentes permet l'exploitation des ressources naturelles desdites régions ; b. le lit de la mer et le sous-sol des régions sous-marines analogues qui sont adjacentes aux côtes des îles. »

[247] Jean-Paul PANCRACIO, op. cit., p. 199.

[248] Article 76-1 CMB.

La délimitation du plateau continental entre États dont les côtes sont adjacentes ou se font face est au centre d'une abondante jurisprudence issue de la Cour Internationale de Justice et des tribunaux arbitraux[249] depuis l'arrêt rendu le 20 février 1969 dans les affaires du plateau continental de la mer du Nord. L'article 83 alinéa 1er CMB qui privilégie la délimitation frontale ou latérale par voie d'accord[250] conformément au droit international tel qu'il résulte de l'article 38 du Statut de la CIJ n'est pas d'un secours précieux en ce domaine tant il est vrai que le caractère versatile des arrêts et sentences rendus par les juges et arbitres internationaux dans cette matière a fini par instaurer une certaine incertitude quant au choix d'une méthode absolue de délimitation[251].

2- Le régime juridique du plateau continental

Les droits souverains et exclusifs[252] dont bénéficie l'État côtier sur son plateau continental ont pour finalité l'exploration et l'exploitation des ressources naturelles[253] du sol et du sous-sol du plateau. Cette zone constitue à l'échelle mondiale l'espace maritime où est plus concentrée l'activité pétrolière offshore. Les droits souverains étant limités aux seules activités d'exploration et d'exploitation des ressources naturelles, ils n'affectent pas les droits dont bénéficient les États tiers sur les eaux surjacentes ou l'espace aérien situé au-dessus de ces eaux.

---

[249] Sur les différends de délimitation du plateau continental, voir nos développements dans la section suivante.

[250] Il existe des accords de délimitation de plateaux continentaux en droit international : la convention du 29 janvier 1974 relative à la délimitation du plateau continental entre l'Espagne et la France dans le golfe de Gascogne, l'Accord conclu le 20 mai 1969 entre les principautés d'Abu-Dhabi et du Qatar, la Convention du 18 février 1984 relative à la délimitation du plateau continental entre la France et la Principauté de Monaco. Ce traité reconnaît à Monaco un plateau continental de 88 Nq de large sur une longueur égale à sa bordure littorale entre le Cap Ferrat et le Cap Martin. Sur ces Accords et autres, voir Claude-Albert COLLIARD, « Droit de la mer et exploitations pétrolières offshore », article préc., p.169.

[251] Voir nos développements dans la section 2 ci-dessous.

[252] L'exclusivité implique que seul l'État côtier peut exercer les droits que lui reconnaît le droit international sur le plateau continental. Nul autre État ne peut exploiter le plateau continental sans le consentement exprès de l'État côtier (article 77-2 CMB).

[253] Il s'agit indistinctement des ressources biologiques, non biologiques ou minérales.

L'une des innovations que la CMB apporte au concept de plateau continental qui n'existait pas dans la Convention de Genève du 29 avril 1958 c'est la possibilité pour l'État côtier d'étendre son plateau continental au-delà des 200 Nq des lignes de base à partir desquelles est mesurée la largeur de la mer territoriale[254]. L'extension du plateau continental est une pratique qui est exclusivement dévolue à la Commission des limites du plateau continental (CLPC) qui a pour but de fixer la limite extérieure du plateau continental lorsqu'un État côtier prétend qu'un tel plateau pourrait s'étendre au-delà de la largeur des 200 Nq. La CLPC qui semble avoir le statut d'observateur[255], mais composée de 21 membres élus pour cinq ans par la Réunion des États Parties, développe cette pratique sur le fondement des dispositions de l'article 76 et de l'Annexe II CMB, des directives scientifiques et techniques ainsi que d'un règlement intérieur dont elle s'est dotée[256]. Avant d'adresser ses recommandations à l'État côtier demandeur en extension, elle le soumet à un test d'appartenance qui apparaît comme une condition préalable, une preuve à fournir par l'État de son droit à revendiquer un plateau continental étendu sur l'ensemble du prolongement naturel de son territoire terrestre jusqu'au rebord externe de la marge continentale[257].

Plusieurs États ont déjà soumis des demandes (individuelle[258] ou conjointe[259]) à la CLPC[260]. L'extension revêt une importance

---

[254] Article 76-7 CMB.

[255] Elie JARMACHE, « La pratique de la commission des limites du plateau continental », in Annuaire français de droit international, volume 54, 2008, p.432.

[256] CLCS/11 du 13 mai 1999 et la version révisée du 17 avril 2008.

[257] Sur la pratique de cette Commission, voir Élie JARMACHE, op. cit., pp. 429-441 ; Tullio TREVES, « Réflexions sur quelques conséquences de l'entrée en vigueur de la convention des Nations Unies sur le droit de la mer », in Annuaire français de droit international, volume 40, 1994, p.859.

[258] La Côte d'Ivoire : le dossier de la demande initiale a été déposé le 8 mai 2009 suivi d'un amendement remis le 24 mars 2016 à la Division des affaires maritimes et du droit de la mer de l'ONU pour l'extension de son plateau continental dans le golfe de Guinée et le 30 juillet 2019, à l'invitation du Président de la Commission, la délégation ivoirienne a fait sa présentation définitive. Finalement, par une décision en date du 27 février 2020, la CLPC a accordé à la Côte d'Ivoire une extension de son plateau continental sur près de 14.660 km^2 dans l'océan Atlantique. Il y a aussi le Brésil (17 mai 2004), l'Australie (2004), l'Irlande, la Norvège, le Togo, le Mexique, etc. Le Cameroun avait préparé une demande préliminaire aux fins d'extension des limites de son plateau continental, mais il semble que cette demande n'a pas été déposée.

économique pour l'État côtier qui pourrait se voir accorder un plateau continental large sur lequel il lui est reconnu des droits souverains. Mais à l'inverse, la reconnaissance d'un plateau continental étendu constitue un facteur d'effritement de la Zone et de ses ressources qui constituent un patrimoine commun de l'humanité[261].

En tout état de cause, l'exploitation des ressources non biologiques situées dans le plateau continental étendu impose à l'État côtier de s'acquitter annuellement de contributions financières ou en nature pour l'ensemble d'un site donné. Cette contribution versée à l'Autorité internationale des Fonds marins est répartie entre les États parties à la CMB selon des critères de partage équitables en tenant compte particulièrement des besoins des États en développement les moins avancés et sans littoral[262].

Les espaces maritimes tels que la mer territoriale, la ZEE et le plateau continental sont encadrés par le droit international de la mer en particulier et servent de socle à l'exercice de l'activité pétrolière. La fixation de la largeur de ces espaces est en principe l'œuvre de l'État côtier. Mais il n'est pas exclu que la détermination de cette largeur soit la source de conflits entre États dont les côtes sont adjacentes ou se font face. Le plus souvent, ces différends consubstantiels à l'activité pétrolière offshore sont réglés sur le terrain contentieux conformément au droit international.

Section 2 - L'activité pétrolière offshore, source de conflits frontaliers maritimes dans le golfe de Guinée : un phénomène patent soumis au droit international

À l'instar de la quasi-totalité des zones pétrolifères mondiales où la découverte de l'or noir est source de conflits multiformes[263], la région

---

[259] La France, l'Espagne, l'Irlande et le Royaume-Uni de Grande-Bretagne et d'Irlande du Nord au sujet du plateau continental du golfe de Gascogne.

[260] Sur la CLPC, voir Jean-Paul PANCRACIO, op. cit., pp. 207 à 216.

[261] Article 136 CMB.

[262] Article 82 CMB.

[263] Les affaires de la délimitation du plateau continental de la mer du Nord (République fédérale d'Allemagne c/ Danemark et République fédérale d'Allemagne c/ Norvège, arrêt du 20 février 1969) ; Affaire de la délimitation du

du golfe de Guinée reste marquée depuis quelques décennies, par des différends[264] frontaliers maritimes. Ces conflits passés[265], présents[266] et futurs[267] fragilisent parfois les relations entre les États litigants[268]. Un essai d'explication de l'apparition de ces conflits s'avère opportun (paragraphe 1) avant d'envisager les mécanismes de règlement prévus à cet effet par le droit international (paragraphe 2).

---

plateau continental entre la République française et le Royaume-Uni de Grande-Bretagne et d'Irlande du Nord (arrêt du 30 juin 1977) ; Affaire de la délimitation maritime dans la région située entre le Groenland et Jan Mayen (Danemark c/ Norvège, arrêt du 14 juin 1993) ; Affaire de la délimitation de la frontière maritime dans le golfe du Maine (Canada c/ États-Unis, arrêt du 12 octobre 1984) ; Affaire de la délimitation maritime et des questions territoriales entre Qatar et Bahreïn (arrêt du 16 mars 2001) ; Affaire de la délimitation maritime entre le Nicaragua et le Honduras dans la mer des Caraïbes (arrêt du 8 octobre 2007) ; Affaire de la délimitation maritime en mer Noire (Roumanie c/ Ukraine, arrêt du 3 février 2009).

264 Au sens du droit international et de la définition donnée par la Cour permanente de Justice internationale, « un différend est un désaccord sur un point de droit ou de fait, une contradiction, une opposition de thèses juridiques ou d'intérêts », Affaire des Concessions Mavrommatis en Palestine, arrêt du 30 août 1924, CPJI, série A n° 2, p 11.

265 Affaire de la frontière terrestre et maritime entre le Cameroun et le Nigéria, la Guinée-Equatoriale intervenant (arrêt du 10 octobre 2002) ; Affaire de la délimitation du plateau continental entre la Tunisie et la Libye (arrêt du 14 février 1982) ; Affaire de la délimitation de la frontière maritime entre la Guinée-Bissau et le Sénégal (sentence arbitrale du 31 juillet 1989) ; Affaire de la délimitation de la frontière maritime entre la Guinée et Guinée-Bissau (sentence arbitrale du 14 février 1985) ; Affaire de la délimitation des frontières maritimes entre l'Erythrée et le Yémen (sentence arbitrale du 17 décembre 1999).

266 On note spécialement le conflit frontalier maritime entre la Côte d'Ivoire et le Ghana, récemment vidé par le Tribunal international du Droit de la Mer de Hambourg, né à la suite de la découverte en 2007, par la partie ghanéenne du gisement pétrolier « Jubilée ».

267 On prédit un conflit frontalier entre le Cameroun et la Guinée-Equatoriale à propos de l'île de Bioko où se trouve Malabo, la capitale équato-guinéenne, tout comme un différend frontalier qui pourrait naître entre la République Démocratique du Congo et son voisin angolais au sujet de l'exploitation d'hydrocarbures entre les provinces de Cabinda et de Soyo. Sur ces conflits futurs, voir le dossier de Michaël PAURON et al., « Pétrole: les frontières de la discorde » (Jeune Afrique, 29 mars 2010).

268 On se souvient qu'en 1993, les forces armées nigérianes ont occupé la péninsule de Bakassi, ce qui a donné lieu à la saisine de la Cour Internationale de Justice par une requête introductive d'instance du Cameroun en date du 29 mars 1994. Les tensions entre la Tunisie et la Libye au sujet de la délimitation de leur plateau continental respectif ont duré une quinzaine d'années avant qu'elles n'acceptent d'exploiter ensemble un gisement pétrolier sur leur frontière commune.

Paragraphe 1- Un essai d'explication des différends frontaliers maritimes dans le golfe de Guinée

À l'exception du Libéria[269], l'ensemble des États qui longent le golfe de Guinée[270] a été colonisé par des puissances européennes[271], mais leurs frontières maritimes n'ont jamais été délimitées pendant la période coloniale (A). Cette situation peut expliquer en partie les conflits frontaliers. Le golfe de Guinée est présenté de nos jours comme l'une des zones pétrolifères les plus prometteuses en raison de la richesse en hydrocarbures de ses bassins sédimentaires, ce qui ne manque pas d'attiser l'appétit des États côtiers. Cette volonté affichée de courir vers la conquête de l'« or noir » constitue une autre explication de la résurgence de tels conflits (B).

A - L'absence de délimitation des frontières maritimes

À l'époque de la colonisation, les possessions européennes en Afrique ont rarement été délimitées. Il est vrai que certains accords de délimitation ont pu être conclus entre les puissances colonisatrices[272],

---

[269] Le Libéria a été fondé en 1822 par une société américaine de colonisation (The National Colonization Society of America, « la société nationale d'Amérique de colonisation »), pour y installer des esclaves noirs afro-américains affranchis.

[270] Nous retenons ici l'approche extensive du golfe de Guinée dont les côtes s'étendent du Sénégal à l'Angola.

[271] Il s'agit de la France (Sénégal, Guinée, Côte d'Ivoire, Togo, Bénin, Cameroun, Gabon et Congo), du Royaume-Uni (Gambie, Sierra Leone, Ghana, Nigéria et Cameroun), du Portugal (Guinée-Bissau, Sao-Tomé et Principe et Angola), de la Belgique (République Démocratique du Congo) et de l'Espagne (Guinée-Équatoriale).

[272] On se souvient du traité franco-Portugal du 12 mai 1886 qui établit la frontière terrestre entre la Guinée et la Guinée-Bissau ou des traités de délimitation de la frontière entre le Cameroun et le Nigéria (accord signé à Berlin le 15 novembre 1893 entre l'Allemagne et le Royaume-Uni à propos du tracé des frontières de leurs possessions en Afrique, complété par un protocole du 19 mars 1906, avant d'être retracées par deux accords, signés respectivement à Londres le 11 mars 1913 et à Obokum le 12 avril 1913 en ce qui concerne la frontière entre les deux États à Bakassi et par la déclaration Thomson-Marchand du 29 décembre 1929 et 31 janvier 1930, s'agissant de leur frontière dans la région du lac Tchad. Sur ces accords, voir Pierre D'ARGENT, « Des frontières et des peuples: l'affaire de la Frontière terrestre et maritime entre le Cameroun et le Nigéria, arrêt sur le fond », in Annuaire français de droit international, volume 48, 2002, p.283.)

mais ces accords n'ont jamais concerné que les frontières terrestres ou insulaires à l'exception des frontières maritimes[273] qui ont échappé à cette démarche. S'agit-il d'une omission, d'un manque d'intérêt pour les frontières maritimes ou d'un choix de gestion administrative des territoires colonisés ?

Le moins que l'on puisse avancer comme justification, c'est que pendant la période coloniale les questions de frontières maritime et terrestre ne se posaient pas avec la même importance. Les espaces maritimes (mer territoriale, plateau continental ou haute mer) n'étaient guère intégrés dans la pratique des populations autochtones alors que l'espace terrestre demeurait un terrain de rivalités qu'il était dans l'intérêt des puissances coloniales de délimiter[274].

Les espaces maritimes ne présentaient pas d'enjeux économiques et stratégiques majeurs pour elles vu que les nouvelles conquêtes envisagées et les luttes internes menées par les populations autochtones se concentraient à l'intérieur des terres continentales.

On pourrait accessoirement évoquer comme explication que la délimitation des frontières terrestres est beaucoup plus aisée que celle des frontières maritimes. En effet, alors que « les frontières terrestres sont déterminées par des faits historiques et politiques » auxquels il n'est pas inutile d'adjoindre des éléments sociologiques et culturels, « les frontières maritimes font l'objet d'une détermination juridique

---

[273] La sentence arbitrale rendue le 14 février 1985 sur la délimitation de la frontière maritime entre la Guinée et la Guinée-Bissau illustre parfaitement cette situation puisqu'en interprétant la convention franco-portugaise du 12 mai 1886, ses protocoles, documents, annexes, son contexte général à la lumière de la Convention de Vienne du 23 mai 1969 sur le droit des traités et de la Convention de Vienne du 23 août 1978 sur la succession d'État en matière de traités, le tribunal arbitral est parvenu à la conclusion selon laquelle ce traité n'a pu délimiter la frontière maritime des deux États, voir, Eric DAVID, « La sentence arbitrale du 14 février 1985 sur la délimitation de la frontière maritime Guinée-Guinée-Bissau », in Annuaire français de droit international, volume 31, 1985, pp. 354-359.

[274] On pourrait justifier cette thèse par les évocations du tribunal arbitral qui a tranché le différend de la délimitation de la frontière maritime entre la Guinée et la Guinée-Bissau dans la sentence du 14 février 1985. Le tribunal relève que la convention franco-portugaise du 12 mai 1886 avait été conclue au lendemain de la Conférence de Berlin 1884-1885 « où les Puissances coloniales avaient cherché à prévenir les conflits en réglant les conditions d'occupation de leurs possessions côtières en Afrique sans se préoccuper à cet égard des eaux territoriales » ou « il n'y avait pas encore eu de délimitation latérale des eaux territoriales en Afrique. »

via des règles uniformisées par la coutume et les conventions sur le droit de la mer. »[275]

On observe que l'appropriation progressive des plateaux continentaux s'est accentuée après la Deuxième Guerre mondiale (1939-1945) alors que quelques années plus tard, intervenaient les Conventions de Genève du 29 avril 1958, à une époque où la plupart des États du golfe de Guinée accédaient ou amorçaient leur accession à l'indépendance.

La fin de la colonisation emportait non seulement la reconduction des frontières terrestres établies par les puissances coloniales sur le fondement du principe de droit international de l'uti possidetis juris[276] et que les nouveaux États devaient respecter tout comme le juge[277], mais révélait ouvertement l'absence de frontières maritimes.

---

[275] Jean-Marc SOREL, « La frontière comme enjeu de droit international », CERISCOPE Frontières, 2011, § 11.

[276] L'uti possidetis, ita possideatis qui signifie littéralement « vous posséderez ce que vous possédiez déjà » est un principe qui est apparu en Amérique latine et défini par les Républiques nouvellement émancipées lors du congrès d'Angostura organisé par Simón Bolívar, le 15 février 1819 pendant les guerres d'indépendance de la Colombie et du Venezuela. Il signifie que les frontières établies sous l'empire d'un système disparu doivent être respectées et maintenues par les nouveaux États. C'est un principe à valeur universelle et de caractère coutumier qui s'impose aux États dont on trouve une consécration dans les articles 11 et 12 de la Convention de Vienne du 23 août 1978 sur la succession d'États en matière de traités et une application par la Chambre de la Cour Internationale de Justice, dans l'affaire du différend frontalier entre le Mali et le Burkina-Faso (arrêt de la Chambre de la C.I.J du 22 décembre 1986, Recueil 1986, p.554. La Cour souligne à ce propos que l'uti possidetis « constitue un principe général, logiquement lié au phénomène de l'accession à l'indépendance, où qu'il se manifeste. Son but évident est d'éviter que l'indépendance et la stabilité des nouveaux États ne soient mises en danger par des luttes fratricides nées de la contestation des frontières à la suite du retrait de la puissance administrante », § 20). Voir aussi § 40 de la sentence arbitrale du 14 février 1985 dans l'affaire de la délimitation de la frontière maritime entre la Guinée et la Guinée-Bissau. Les États membres de la Commission du golfe de Guinée « réaffirment leur ferme engagement à respecter l'intangibilité des frontières nées de la colonisation » (article 3-d du Traité du 3 juillet 2001 instituant la CGG).

[277] En cas de conflit frontalier et si les parties ont invoqué le principe de l'uti possidetis juris, « le tribunal aura pour tâche de vérifier la position des frontières établies et d'en assurer la mise en application », voir Jean SALMON, « La sentence du 19 février 1968 du tribunal d'arbitrage dans l'affaire de la frontière occidentale entre l'Inde et le Pakistan (Affaire du Rann de Kutch) », in Annuaire français de droit international, volume 14, 1968, pp. 223-224.

La situation de vacuité qui a prévalu pendant la période coloniale dans les États africains en général et spécialement ceux situés le long du golfe de Guinée, et surtout caractérisée par le manque de tracé des frontières maritimes s'est perpétuée après les années d'indépendance.

Il a été avancé que l'absence de frontières maritimes entre États du golfe de Guinée trouverait son explication dans des circonstances géographiques, géologiques, économiques et environnementales[278]. Nous ne souscrivons pas à cette thèse qui tend à confondre deux dimensions de la question de délimitation, à savoir la délimitation proprement dite et le règlement du conflit né de l'absence de délimitation porté devant une juridiction internationale.

Sur le premier point, il est important de souligner que ce ne sont pas les circonstances ci-devant évoquées qui peuvent expliquer le défaut de tracé d'une frontière maritime, mais certainement, en ce qui concerne le cas spécifique des États africains, un manque de maitrise des techniques de délimitation doublé d'un manque de moyens économiques.

Quant au second point, les circonstances géographiques, géologiques, économiques et environnementales sont souvent prises en compte par la juridiction saisie d'un différend frontalier, comme circonstances pertinentes pour ajuster la ligne d'équidistance provisoire en vue de parvenir à « une solution équitable »[279] comme le recommande le droit international de la mer en matière de délimitation de frontières maritimes.

La vertu sécurisante du principe stabilisateur[280] de l'uti possidetis juris[281] a permis une certaine stabilité des frontières terrestres, encore

---

278 Ménélik Essono, « Différends frontaliers maritimes et exploitation pétrolière dans le Golfe de Guinée » (in Mémoire online, catégorie Droit et Sciences Politiques> Relations Internationales, 2010), p. 9.

279 Articles 74 alinéa 1 et 83 alinéa 1 de la Convention sur le droit de la mer. Ce but avait été expressément souligné dans les Affaires de la délimitation du Plateau continental de la mer du Nord (République fédérale d'Allemagne/Danemark, République fédérale d'Allemagne/Pays-Bas, arrêt du 20 février, CIJ, Recueil 1969, p. 50, § 92.

280 Paul TAVERNIER, « Les différends frontaliers terrestres dans la jurisprudence de la C.I.J », in Annuaire français de droit international, volume 47, 2001, p. 145.

281 Certains auteurs dénoncent ce principe et considèrent qu'il est « à l'origine de la plupart des maux de la postcolonie », et appellent à une révision des frontières et à « sortir de la conférence de Berlin par la grande porte pour renouer avec la dynamique interne des populations », voir Séverine AWENENGO DALBERTO, « Frontières et

que parfois la contestation des anciennes limites issues de la colonisation soit apparue entre États voisins[282]. Par ailleurs, l'uti possidetis juris peut s'appliquer à des frontières maritimes tracées[283], mais pas à celles qui ne le sont pas[284], ce qui ne va pas manquer d'alimenter ultérieurement des conflits de délimitation entre des États dont les côtes sont adjacentes ou se font face.

B - La convoitise des espaces maritimes pétrolifères : preuve de la ruée vers « l'or noir »

Les principales zones de concentration de l'activité pétrolière dans la région du golfe de Guinée se situent entre les côtes ivoiriennes et

---

indépendances en Afrique subsaharienne. Compte rendu de colloque », vol. 235 (Frontières et indépendances, Paris, Afrique contemporaine, 2010, pp.73-83. Mais pour les États ayant accédé à l'indépendance, c'est un principe qui assure une certaine sécurité et répond à « un besoin vital de stabilité pour survivre, se développer et consolider progressivement leur indépendance... », voir l'affaire de la délimitation de la frontière maritime entre la Guinée-Bissau et le Sénégal, RGDIP, 1990, 1, p. 204, §§ 63-66.

[282] L'affaire de la frontière terrestre et maritime entre le Cameroun et le Nigéria (arrêt sur le fond du 10 octobre 2002, C.I.J, Recueil, 2002, p.303 ; Pierre D'ARGENT, « Des frontières et des peuples: l'affaire de la Frontière terrestre et maritime entre le Cameroun et le Nigéria, arrêt sur le fond ». et l'affaire du différend frontalier entre le Mali et le Burkina-Faso (arrêt de la Chambre de la C.I.J du 22 décembre 1986, Recueil 1986, p.554 ; Emmanuel DECAUX, « L'arrêt de la Chambre de la Cour Internationale de Justice dans l'affaire du différend frontalier Burkina-Faso c. République du Mali, arrêt du 22 décembre 1986 », in Annuaire français de droit international, volume 32, 1986, pp. 215-238) en sont une illustration.

[283] Pour la première fois, dans un conflit de délimitation de frontière maritime en Afrique, le tribunal arbitral indique clairement que « l'accord conclu par un échange de lettres, le 26 avril 1960, relatif à la frontière en mer, fait droit dans les relations entre la République de Guinée-Bissau et la République du Sénégal en ce qui concerne les seules zones mentionnées dans cet accord, à savoir la mer territoriale, la zone contigüe et le plateau continental. », voir Jean-Pierre QUENEUDEC, « L'affaire de la sentence arbitrale du 31 juillet 1989 devant la CIJ (Sénégal c. Guinée-Bissau », in Annuaire français de droit international, volume 37, 1991, p. 421 ; Jean-Pierre QUENEUDEC, « L'arbitrage relatif à la détermination de la frontière maritime entre la Guinée-Bissau et le Sénégal 31 juillet 1989 », in Annuaire français de droit international, volume 35, 1989 p. 338.

[284] Dans l'affaire de la délimitation de la frontière maritime entre la Guinée-Bissau et le Sénégal précitée, le tribunal arbitral a, à juste titre, écarté du champ de l'accord franco-portugais du 26 avril 1960, la zone économique exclusive qui n'existait pas à la date de sa conclusion.

angolaises. Ces zones constituent aussi l'épicentre des conflits frontaliers maritimes que l'on a pu recenser depuis les indépendances, et de façon plus marquée, après l'avènement de la Convention sur le droit de la mer du 10 décembre 1982[285]. Ce constat laisse à penser qu'autant la Convention de Montego Bay a établi un cadre juridique international codifié dans le domaine du droit de la mer, autant elle a été subséquemment l'élément déclencheur et révélateur d'une série de conflits frontaliers qui couvaient insidieusement sous les relations entre certains États voisins du golfe de Guinée.

Le 17 juillet 2000, lors d'une fête de son parti politique au Palais des congrès de Malabo, le Président équato-guinéen Obiang Nguema MBASOGO tenait ses propos : « Faites attention aux Camerounais, car leurs gisements pétroliers sont déjà épuisés et ils cherchent à nous envahir. » Le point névralgique de ces relations tumultueuses est principalement l'île de Bioko (sur laquelle se trouve la capitale équato-guinéenne, Malabo) dont la proximité avec le territoire camerounais (22 miles nautiques) ne permet pas de délimiter correctement la zone économique exclusive des 200 milles marins. Il faut signaler au passage l'affaire de la délimitation de la frontière terrestre et maritime entre le Cameroun et le Nigéria qui concernait essentiellement la souveraineté sur la péninsule de Bakassi, objet de l'arrêt de la Cour internationale de Justice (CIJ) du 10 octobre 2002.

Dans la partie méridionale de ses frontières, la Guinée-Équatoriale n'entretient guère de relations de bon voisinage avec le Gabon, et ce, depuis août 1972 au sujet de trois îles désertes dans la baie de Corsico : Mbanié, la plus grande avec une superficie de 30 hectares, Conga et Cocotiers. Les deux États revendiquent une souveraineté territoriale sur ces espaces insulaires qui regorgeraient d'hydrocarbures.

En 2007, à la suite de la découverte d'un gigantesque gisement d'hydrocarbures par la compagnie pétrolière irlandaise Tullow Oil[286], la Côte d'Ivoire et le Ghana, deux États voisins qui entretiennent de bonnes relations séculaires[287], ont commencé à manifester des

---

285 La Convention est entrée en vigueur le 16 novembre 1994 conformément au paragraphe 1 de l'article 308, et tous les États du golfe de Guinée l'ont ratifiée.

286 Selon des estimations, les réserves du gisement Jubilée sont de l'ordre de 2 milliards de barils de pétrole brut et de 1.3 milliard mètre-cubes de gaz naturel.

287 Aux plans historique et culturel, le peuple Akan, originaire du Ghana, est fortement implanté sur le territoire ivoirien. Les Agni, installés en grande partie le

prétentions territorialistes sur cette zone riche en hydrocarbures qui part de la bande de Tano jusqu'au champ pétrolifère Jubilée. Après plusieurs tentatives de négociations infructueuses pour parvenir à un règlement amiable du litige, les deux parties ont conclu un compromis le 3 décembre 2014 pour soumettre le différend à la Chambre spéciale du Tribunal international du Droit de la Mer (TIDM), constituée en application de l'article 15 paragraphe 2 du Statut dudit Tribunal. Le litige a été tranché le 23 septembre 2017 en faveur de la partie ghanéenne[288].

Alors que son différend frontalier avec l'Ouganda n'est pas encore résolu, la République Démocratique du Congo a déposé en mai 2009 une requête auprès des Nations unies pour l'extension de son plateau continental. Le pays dont l'espace maritime actuel se résume à un triangle qui s'étend sur 40 km au large de sa côte peut prétendre à un offshore de 4 000 km2 (200 km de long sur 20 km de large). Une surface qui couvre la zone pétrolière où l'Angola puise 500 000 b/j. L'objectif de cette démarche, à laquelle s'oppose Luanda, est de prendre possession d'une partie des gisements de pétrole de deux blocs offshore exploités par des multinationales pour le compte de l'Angola (ESSO, ENI, STATOIL...). Les réserves y sont estimées à 4,3 milliards de barils de pétrole brut. Cette manne pétrolière suscite la convoitise de Kinshasa dont l'ensemble de la production actuelle ne dépasse pas les 20 000 b/j[289].

L'on pourrait multiplier à souhait les exemples de tensions interétatiques dans le golfe de Guinée dont la cause principale et déterminante reste la volonté affichée des États côtiers de posséder des territoires maritimes potentiellement riches en hydrocarbures[290]. Le

---

long de la frontière sud-est de la Côte d'Ivoire ont des familles de l'autre côté de la frontière en terre ghanéenne.

[288] Une ordonnance prescrivant des mesures conservatoires avait été rendue par la Chambre spéciale du TIDM le 25 avril 2015 en faveur de la Côte d'Ivoire.

[289] Michaël PAURON, Stéphane BALLONG, Jean-Michel MEYER et Pascal AIRAULT, « Pétrole : les frontières de la discorde », Jeune Afrique, 29 mars 2010 [en ligne].

[290] Pour certains États du golfe de Guinée, l'activité pétrolière demeure la principale source de revenus (Nigéria, Guinée-Équatoriale, Gabon, Angola notamment). La présence d'hydrocarbures dans la péninsule de Bakassi a été probablement l'un des facteurs déclencheurs du différend frontalier entre le Cameroun et le Nigéria ; voir, Salah Mohamed Mahmoud MOHAMED, « La Commission mixte

directeur d'une compagnie pétrolière stigmatisait cette situation en ces termes : « C'est toujours la même chose. Les conflits frontaliers interviennent toujours après les découvertes pétrolières... »[291]. Cette convoitise permanente sur la mer est plus prononcée pour la zone économique exclusive et le plateau continental[292] qui constituent des zones à forte vocation économique, « étant avant tout le cadre d'une gestion et d'une exploitation exclusives de l'État côtier sur les ressources biologiques et non biologiques qu'elles recèlent. »[293], et moins pour la mer territoriale qui constitue un espace maritime de petite étendue[294]. La ruée vers l'« or noir » ainsi manifestée est à l'origine de conflits de délimitation frontaliers maritimes dont il convient d'envisager les mécanismes de règlement.

Paragraphe 2- Les mécanismes de règlement des différends frontaliers maritimes

Les enjeux stratégiques, économiques, politiques et parfois environnementaux des frontières (terrestre et maritime) pour les États [295] justifient sans nul doute, la protection juridique dont bénéficie le territoire, une fois établie. Son inviolabilité[296] et son intangibilité[297] en constituent des piliers essentiels.

Cameroun/Nigéria, un mécanisme original de règlement des différends interétatiques », in Annuaire français de droit international, volume 51, 2005, p. 163.

291 Déclaration du directeur d'une compagnie pétrolière, extraite du dossier, « Pétrole : les frontières de la discorde », précité (spécialement l'article sur les conflits du futur).

292 Ces deux espaces maritimes connaissent la plus vaste extension vers le large et constituent le principal objet des conflits de délimitation maritime.

293 Jean-Paul PANCRACIO, Droit de la mer, 1re éd., Droit public/ Science politique, Paris, Dalloz, 2010, p. 257.

294 Douze (12) milles nautiques.

295 Parmi les éléments constitutifs nécessaires et suffisants de l'État (population, territoire et souveraineté), le territoire qui constitue l'assise, le socle matériel de l'exercice de la souveraineté figure en première place.

296 Dans son acception la plus simple, elle vise à interdire le franchissement par un État recourant à l'emploi de la force de la frontière d'un autre État en vue de porter atteinte à sa souveraineté. Elle est protégée par l'article 2 § 4 de la Charte des Nations Unies adoptée à San Francisco le 26 juin 1945 : « Les Membres de l'Organisation s'abstiennent, dans leurs relations internationales, de recourir à la menace ou à l'emploi de la force, soit contre l'intégrité territoriale ou l'indépendance

La paix internationale pouvant être sérieusement affectée par la remise en cause unilatérale, brutale et inéquitable d'une frontière terrestre ou maritime, les États modernes ont préconisé de régler pacifiquement les conflits susceptibles de provoquer un tel délitement à l'échelle régionale ou même mondiale.

La volonté de parvenir au règlement pacifique des conflits interétatiques s'était déjà manifestée à travers la Convention pour le règlement pacifique des conflits internationaux adoptée à La Haye, le 29 juillet 1899 entre plusieurs royaumes, empires et États européens, asiatiques et américains lors de la première Conférence de la paix tenue dans la capitale hollandaise. Les signataires proclament leur attachement au maintien de la paix en annonçant leur engagement à « employer tous leurs efforts pour assurer le règlement pacifique des différends internationaux en vue de prévenir autant que possible le recours à la force dans les rapports entre les États »[298]. Huit années plus tard, la Convention de 1899 va être remplacée par celle adoptée le 18 octobre 1907[299] au cours de la seconde Conférence de la paix, et visant le même objectif, savoir le règlement pacifique des conflits internationaux[300].

Les espoirs nourris et la volonté affichée par cette démarche pacifiste n'ont cependant pas permis d'éviter les deux guerres mondiales (1914-1918 et 1939-1945) dont l'issue a mis à nue les capacités de nuisance et de destruction massive de l'espèce humaine. La fin de la Grande Guerre a été marquée par la signature du Traité de Versailles du 28 juin 1919 et la naissance de la Société des Nations (SDN) qui chargea son Conseil de formuler un projet de Cour

---

politique de tout État, soit de toute autre manière incompatible avec les buts des Nations Unies. »

297 Elle a vocation à la stabilité de la frontière qui ne doit être modifiée que par accord entre États. Mais, nous constatons de nos jours qu'avec la conquête des territoires par certains Etats et les tensions qui s'en suivent, ce principe a tendance à être remis en cause. Voir dans ce sens, l'article de DESMOULIN, « L'intangibilité des frontières ne cesse d'être remise en cause ».

298 Article 1er de la Convention de La Haye du 29 juillet 1899.

299 Article 91 de la Convention de La Haye du 18 octobre 1907 : « La présente Convention dûment ratifiée remplacera, dans les rapports entre les Puissances contractantes, la Convention pour le règlement pacifique des conflits internationaux du 29 juillet 1899. »

300 La Convention du 18 octobre 1907 se démarque de celle de 1899 par l'adhésion massive des États d'Amérique latine (Argentine, Brésil, Bolivie, Cuba, Paraguay, Uruguay, Venezuela, etc.) et la présence de l'Empire chinois.

permanente de Justice internationale. Celle-ci verra le jour en 1922 avant de disparaître définitivement en octobre 1945 pour faire place à la Cour internationale de Justice intégrée à la Charte des Nations Unies adoptée à San Francisco, le 26 juin 1946.[301]

Il apparaît nettement que les États modernes, soucieux du maintien général de la paix, adhèrent à la résolution pacifique des conflits par des mécanismes préconisés par le droit international (A) à côté desquels, il convient de noter l'apport mitigé de la Commission du golfe de Guinée (B) qui constitue une particularité de certains États membres de cette région de l'Afrique dans le règlement de conflits frontaliers maritimes.

A- Les mécanismes préconisés par le droit international

L'objectif que s'est assigné la communauté internationale depuis la première Conférence de la paix de La Haye en 1899 est de parvenir à régler les conflits interétatiques par des moyens pacifiques[302]. Les traces des modes de règlement pacifique apparaissent dans les mécanismes non juridictionnels et ceux de nature juridictionnelle.

1 - Les mécanismes non juridictionnels de règlement

L'article 1er des Conventions de La Haye de 1899 et de 1907 dispose qu'« en cas de dissentiment grave ou de conflit, avant d'en appeler aux armes, les Puissances signataires conviennent d'avoir recours, en tant que les circonstances le permettront, aux bons offices ou à la médiation d'une ou de plusieurs Puissances amies. » S'inscrivant dans le même ordre d'idée, l'article 33 § 1 de la Charte des Nations-Unies prescrit aux « parties à tout différend dont la prolongation est susceptible de menacer le maintien de la paix et de la sécurité internationales d'en rechercher la solution, avant tout, par voie de négociation, d'enquête, de médiation, de conciliation (…), de recours aux organismes ou accords régionaux, ou par d'autres moyens pacifiques de leur choix. » L'article 284 de la Convention de Montego

[301] Sur l'historique de la Cour internationale de Justice, voir, Kouassi Bertin KANGA, Précis de jurisprudence de la Cour internationale de Justice, Droit & Sciences-Politiques, Paris: EPU, 2004, pp. 1-11.
[302] Article 1er précité, article 2 § 3 de la Charte des Nations-Unies.

Bay du 10 décembre 1982 prévoit la conciliation comme moyen pacifique de règlement des différends tout comme l'Acte général pour le règlement pacifique des différends internationaux qui consacre le chapitre 1 à la procédure de conciliation[303].

Il résulte de l'analyse combinée de ces dispositions que les modes non juridictionnels de règlement des conflits internationaux se résument, pour l'essentiel, aux bons offices, à la médiation, à l'enquête et à la conciliation. Nous allons nous atteler à en préciser successivement les principaux traits caractéristiques.

a - La négociation

La négociation est au centre des relations internationales, même indépendamment de tout conflit. Elle est naturellement liée à la diplomatie[304] et constitue de ce fait un vecteur de communications interétatiques. On comprend son importance ne serait-ce que, dans le cadre des débats qui précèdent la conclusion de traités multilatéraux ou bilatéraux où les États discutent, font des propositions, les affinent afin de parvenir à un texte, à tout le moins consensuel. Elle consiste en des pourparlers directs en vue de parvenir à une entente entre les parties en conflit ou de déterminer la procédure qu'elles suivront d'un commun accord pour résoudre le différend qui les oppose[305]. Elle peut ainsi être un mode de résolution du litige même[306] ou un mécanisme par lequel les parties conviennent de régler leur désaccord par un autre moyen.

L'article 33-2 de la Charte de l'ONU qui pose des modalités alternatives de résolution des conflits n'impose certes pas une obligation générale de négocier (un État ne commettrait donc pas un

---

303 Chapitre 1 (articles 1 à 16).

304 Denis ALLAND, Manuel de droit international public, 3e édition, Droit fondamental, Paris, PUF, 2016, p.290.

305 Jean SALMON, « Dictionnaire de droit international public », Bruxelles, Bruylant/AUF, 2001, p. 734.

306 Dans le cadre du différend frontalier maritime entre le Ghana et la Côte d'Ivoire dans l'Océan atlantique, les deux Etats ont eu à négocier « pendant six ans, au rythme de 10 réunions entre 2008 et 2014 » (arrêt de la Chambre spéciale du TIDM du 23 septembre 2017, § 604, p. 176) sans aboutir à un règlement. Ces négociations s'inscrivent dans le prolongement de l'agenda de la Commission mixte de réabornement de la frontière ivoiro-ghanéenne dont les travaux avaient débuté en 1988.

acte illicite en cas de refus de négocier), mais il faut convenir que dans l'application des principes auxquels les États ont souscrit[307], la négociation peut paraître un devoir à certains égards[308]. Ce devoir impliquerait pour les parties « l'engagement d'entamer des négociations de bonne foi, de les poursuivre autant que possible en vue de parvenir à un accord »[309], mais sans être tenues de conclure un accord.

D'autre part, la négociation ou l'épuisement de celle-ci ne peut constituer une condition préalable à la saisine d'une juridiction internationale[310], à moins que les parties ne l'aient décidé autrement dans un instrument juridique qui les lie.

On a pu observer que dans le domaine de la délimitation des frontières maritimes, les négociations ont souvent été antérieures[311] et même postérieures[312] aux différends qui opposent les États et rien n'interdit qu'en cas d'accord issu de négociations, les parties conviennent de déroger à l'autorité de la chose jugée[313].

---

[307] Article 2 de la Charte de l'ONU.

[308] Articles 74 alinéa 1er, 83 alinéa 1er et 283 CMB.

[309] CPJI, 15 octobre 1931, Affaire du Trafic ferroviaire entre la Lituanie et la Pologne, Série A/B n° 42, Recueil, p. 116.

[310] CIJ, arrêt du 11 juin 1998, Affaire de la Frontière Cameroun-Nigéria, exceptions préliminaires, Recueil. 1998, § 303, p. 56 ; TIDM, ordonnance du 8 octobre 2003, Affaire des Travaux de poldérisation, § 52.

[311] Affaire des frontières terrestre et maritime entre le Cameroun et le Nigéria ; Affaire de la frontière maritime entre le Ghana et la Côte d'Ivoire (les négociations avaient débuté dans le courant de l'année 2009).

[312] Dans les compromis conclus par les parties, celles-ci se réservent parfois la tâche d'effectuer le tracé de leur frontière par voie de négociations après que les juges ou les arbitres auront défini les principes de délimitation au regard du droit international (Affaires du plateau continental de la mer du Nord, Affaire des frontières terrestre et maritime entre le Cameroun et le Nigéria qui a abouti à la création de la Commission mixte chargée de gérer les suites et les implications concrètes de l'arrêt de la CIJ du 10 octobre 2002).

[313] Pierre D'ARGENT, « Des frontières et des peuples: l'affaire de la Frontière terrestre et maritime entre le Cameroun et le Nigéria, arrêt sur le fond », in Annuaire français de Droit international, volume 48, 2002, p. 282 ; Mohamed Mahmoud MOHAMED SALAH, « La Commission mixte Cameroun/Nigéria, un mécanisme original de règlement des différends interétatiques », in Annuaire français de droit international, volume 51, 2005, p. 167.

b - Les bons offices et la médiation

Les bons offices et la médiation tout comme la négociation font partie des procédures diplomatiques de règlement des différends. Leur succès dépendra le plus souvent de la qualité des relations diplomatiques que la puissance « amie » entretient avec les États belligérants ou même de l'influence économique qu'elle exerce sur eux, la relation entre la diplomatie et l'économie étant parfois étroite. Forgés par la coutume, les bons offices et la médiation ont été finalement incorporés dans des textes conventionnels[314]. L'article 2 de la Convention de La Haye du 18 octobre 1907 pour le règlement pacifique des conflits internationaux souligne qu'« en cas de dissentiment grave ou de conflit, avant d'en appeler aux armes, les Puissances contractantes conviennent d'avoir recours, en tant que les circonstances le permettront, aux bons offices ou à la médiation d'une ou de plusieurs Puissances amies. »

Ces deux procédures ont des traits caractéristiques communs en ce qu'elles « ont exclusivement le caractère de conseil et n'ont jamais force obligatoire »[315]. Elles sont donc facultatives pour les parties quant à leur choix et leur résultat, et respectent en cela la souveraineté des États.

Du point de vue formel, les bons offices et la médiation se déroulent soit sur le recours de l'une des parties, soit à l'initiative de puissances étrangères au conflit.

Les bons offices s'éloignent cependant de la médiation. Ils « désignent le procédé par lequel un tiers s'offre à faciliter le rapprochement des points de vue en organisant des contacts, mais sans participer sur le fond des discussions. »[316] Ils se présentent en cela comme un moyen qui permet aux parties litigantes d'engager des négociations avec l'intervention du tiers qui, lui-même ne propose pas de solution. La mission de bons offices est généralement présentée comme « le degré le plus modeste de l'intervention » d'un tiers, celui-ci se bornant à « utiliser son influence » pour établir ou rétablir le contact entre les deux parties et « faciliter l'organisation matérielle de

[314] Articles 2 à 8 de la Convention de La Haye de 1907.

[315] Article 6 de la Convention de La Haye de 1907.

[316] Denis ALLAND, Manuel de droit international public, 3e édition, Droit fondamental, Paris, PUF, 2016, p.290.

la négociation »[317]. Dans certains cas, les bons offices peuvent être institutionnalisés et confiés à une commission. Il en est ainsi de la Commission de conciliation et de bons offices instituée, sous l'égide de l'Organisation des Nations Unies pour l'Éducation, la Science et la Culture (UNESCO), par le Protocole du 10 décembre 1962 et chargée de rechercher la solution des différends qui naîtraient entre États Parties à la Convention concernant la lutte contre la discrimination dans le domaine de l'enseignement signée à Paris le 10 décembre 1962[318].

Dans la médiation par contre, le tiers joue un rôle plus actif puisqu'il prend part aux négociations et fait des propositions que les deux parties peuvent affiner après discussions. Dans ce cas de figure, on parlerait d'une relation tripartite dans laquelle le tiers use de son influence diplomatique pour faire réussir les négociations, sans être cependant tenu de les faire aboutir. Il est parfois perçu comme « le Prince qui offre sa médiation n'hésitant pas à user de son autorité politique pour imposer la solution qu'il préconise. »[319] Des exemples de médiation (parmi tant d'autres) sont fournis avec l'implication de l'Organisation des Nations-Unies en tant que médiatrice dans le cadre de la Commission mixte Cameroun/Nigéria[320] ou du Saint-Siège dans les suites de l'arbitrage relatif au canal de Beagle de 1976[321] qui a permis d'aboutir à la conclusion du Traité de Rome de 1984[322] ou encore celle de M. Enrique IGLESIAS, ancien ministre des Affaires étrangères d'Uruguay, président de la Banque interaméricaine de

---

[317] Patrick DAILLIER et Alain PELLET, Droit international public (NGUYEN Quoc Dinh), 7e, Paris, Librairie générale de droit et de jurisprudence, 2002, pp. 864-865.
[318] La Côte d'Ivoire a ratifié le Protocole ; voir la loi d'habilitation n° 98-590 du 10 novembre 1998, JORCI n° 28 du 15 juillet 1999, p. 570.
[319] Jean-Pierre KLEIN. COT, « La conciliation internationale », Politique étrangère, volume 34, n° 5-6, 1969, p. 670.
[320] Mohamed Mahmoud MOHAMED SALAH, « La Commission mixte Cameroun/Nigéria, un mécanisme original de règlement des différends interétatiques », in Annuaire français de droit international, volume 51, 2005, p. 172.
[321] Jacqueline DUTHEIL DE LA ROCHERE, « Affaire du Canal de Beagle (sentence rendue par la Reine d'Angleterre du 22 avril 1977) », in Annuaire français de droit international, volume 23, 1977, pp. 408-435.
[322] Denis ALLAND, Manuel de droit international public, op. cit., p. 290.

Développement comme médiateur dans le cadre de l'Accord de pêche franco-canadien du 27 mars 1972[323].

L'enquête et la conciliation se déroulent dans un cadre institutionnel[324]. L'enquête est une procédure impartiale ayant pour but d'établir la réalité des faits qui sont à l'origine d'un différend international. Aux termes de l'article 9 de la Convention de 1907, « dans les litiges d'ordre international n'engageant ni l'honneur ni des intérêts essentiels et provenant d'une divergence d'appréciation sur des points de fait, les Puissances contractantes jugent utile et désirable que les Parties qui n'auraient pu se mettre d'accord par les voies diplomatiques instituent, en tant que les circonstances le permettront, une Commission internationale d'enquête chargée de faciliter la solution de ces litiges en éclaircissant, par un examen impartial et consciencieux, les questions de fait. » La mise en place de la Commission se fait, en principe, à l'initiative des parties sur le fondement de la convention spéciale d'enquête qui définit le mode de désignation des commissaires et l'étendue de leurs pouvoirs.

Le caractère impartial de l'enquête interdit aux enquêteurs de porter un jugement de valeur ou une conclusion dans leur rapport. Les parties ont la possibilité de désigner des conseils ou des avocats auprès de la Commission pour soutenir leurs intérêts. Il faut convenir du fait que la Commission dispose de divers moyens pour parvenir à établir la réalité des faits[325]. Le rapport de l'enquête peut constituer une base des négociations ou le prélude à une procédure juridictionnelle. Dans le cadre d'un différend frontalier maritime, l'enquête prend plutôt la forme d'une expertise que les juges ou les arbitres pourront ordonner pour mieux apprécier les aspects

---

323 Daniel-Henri VIGNES, « La médiation de M. Enrique Iglesias sur l'application pour les années 1988-1992 de l'accord de pêche franco-canadien du 27 mars 1972 », in Annuaire français de droit international, volume 35, 1989, pp. 705-715.

324 Elles sont souvent confiées à des commissions (voir par exemple les articles 9 à 36 de la Convention de La Haye de 1907).

325 Elle peut faire des transports sur les lieux, se rendre sur le territoire d'États tiers avec leur consentement, recueillir toutes informations auprès des parties elles-mêmes ou d'autres personnes, réunir les actes, pièces et documents qu'elle juge utiles à la découverte de la vérité, entendre des témoins ou des experts. Voir en ce sens, Daniel-Henri VIGNES, « Procédures internationales d'enquête: rapports des Commissions instituées en vertu de l'article 26 de la Constitution de l'Organisation internationale », in Annuaire français de droit international, volume 9, 1963, pp. 448-453.

techniques du litige. Il n'est cependant pas rare qu'une telle procédure soit utilisée dans des affaires maritimes[326].

La conciliation internationale d'origine récente, est apparue à la veille de la première guerre mondiale avec les traités Bryan de 1913[327] avant d'être instituée dans divers textes conventionnels[328] et notamment par l'Acte général pour le règlement pacifique des différends internationaux du 26 septembre 1928 dont l'article 15-1 dispose que « la Commission de conciliation aura pour tâche d'élucider les questions en litige, de recueillir à cette fin toutes les informations utiles, par voie d'enquête ou autrement, et de s'efforcer de concilier les parties. Elle pourra, après examen de l'affaire, exposer aux parties les termes de l'arrangement qui lui paraîtrait convenable et leur impartir un délai pour se prononcer. »

La commission de conciliation instituée par accord des parties[329] a-t-elle pour mission d'examiner tous les aspects du différend en recueillant toutes les informations utiles, de proposer aux parties les termes d'un arrangement et de leur impartir un délai afin qu'elles se prononcent. Le rapport qui précise les termes de l'arrangement n'a aucun caractère obligatoire.

Alors que la conciliation bilatérale apparaît comme une institution véritable soumise à un régime juridique unique, on se heurte à une

---

[326] Philippe VINCENT, Droit de la mer, collection Droit international, Bruxelles, Larcier, 2008, p.159.

[327] Tabrisi Ben SALAH, « Les procédures de règlement pacifique extérieures des Organisations Internationales », (Université de Lille, s. d.), [en ligne], consulté le 10 juillet 2017. Ils ont été conclus par les USA avec les États d'Amérique et avec des États européens.

[328] Le Traité franco-suisse de règlement pacifique du 6 avril 1925 ; article 284 et Annexe V CMB.

[329] La commission comprendra des agents en nombre égal désignés par chaque partie. Il peut s'agir d'une commission permanente qui pourra être saisie dans le cadre des relations des deux États (traité franco-suisse du 6 avril 1925 : « Tous différends entre le Conseil fédéral suisse et le Gouvernement de la République française de quelque nature qu'ils soient et qui n'auraient pu être résolus par les procédés diplomatiques ordinaires seront, avant toute procédure devant la Cour permanente de Justice internationale ou avant tout recours à l'arbitrage, soumis à fin de conciliation à une commission internationale permanente dite Commission permanente de conciliation constituée conformément au présent traité », voir Suzanne BASTID, « La Commission de conciliation franco-suisse », in Annuaire français de droit international, volume 2, 1956, p. 253, ou d'une commission spéciale instituée pour le règlement d'un différend déterminé.

diversité de techniques dès lors que l'on aborde la conciliation dans les organisations internationales[330]. C'est que l'apparition de cette forme de conciliation peut se justifier par la nécessité d'aborder le règlement des différends d'une façon globale dans le cadre d'une organisation[331]. L'exemple le plus marquant de conciliation dans les différends maritimes est celui de l'affaire de la délimitation du plateau continental entre la Norvège et l'Islande à propos de l'île de Jan Mayen[332].

Les moyens pacifiques de règlement des différends interétatiques qui viennent d'être présentés ne sont pas limitatifs[333], pas plus qu'ils ne sont en principe obligatoires pour les États, sauf à admettre ce caractère si le Conseil de sécurité de l'ONU invite les parties à y recourir en cas de nécessité.

2 - Les mécanismes juridictionnels de règlement

Le contentieux de la délimitation des frontières maritimes entre les États dont les côtes sont adjacentes ou se font face[334] est sans conteste l'une des questions les plus techniques du droit des relations interétatiques[335].

Comme le souligne la Cour internationale de Justice dans son arrêt du 20 février 1969 statuant sur les affaires de la délimitation du plateau continental en mer du Nord entre la République fédérale

---

330 Jean-Pierre KLEIN.COT, « La conciliation internationale », Politique étrangère, volume 34, n° 5-6, 1969, p. 67.

331 Par exemple la Commission de conciliation et des bons offices instituée par le protocole du 10 décembre 1962 sous l'égide de l'UNESCO précitée.

332 Jens EVENSEN, « La délimitation entre la Norvège et l'Islande du plateau continental dans le secteur de Jan Mayen », in Annuaire français de droit international, volume 27, 1981, pp. 711-738.

333 Il peut être recouru à d'autres moyens pacifiques au choix des États.

334 On retrouve ces deux structures géographiques aussi bien dans la Convention de Genève du 29 avril 1958 sur le plateau continental (article 6), sur la mer territoriale et la zone contigüe (article 12) que dans la Convention de Montego Bay du 10 décembre 1982 sur le droit de la mer (article 15 en ce qui concerne la mer territoriale, article 74 pour la zone économique exclusive et article 83 pour le plateau continental).

335 Sébastien TOUZE, « Affaire relative à la délimitation maritime en mer Noire (Roumanie/Ukraine) : une clarification didactique de la règle de "l'équidistance-circonstances pertinentes" », in Annuaire français de droit international, volume 55, 2009, p. 221.

d'Allemagne et le Danemark d'une part et la République fédérale d'Allemagne et les Pays-Bas de l'autre part, « la délimitation est une opération qui consiste à déterminer les limites d'une zone relevant déjà en principe de l'État riverain et non à définir cette zone de novo. Délimiter d'une manière équitable est une chose, mais c'en est une autre que d'attribuer une part juste et équitable d'une zone non encore délimitée, quand bien même le résultat des deux opérations serait dans certains cas comparable, voire identique. »[336] C'est une opération qui consiste à tracer une ligne de partage de souverainetés entre deux ou plusieurs États et à séparer officiellement leurs compétences. Il s'agit concrètement de marquer une ligne d'arrêt ou de front permettant de définir un territoire donné[337] ou encore de « tracer la ligne exacte de rencontre des espaces où s'exercent respectivement les pouvoirs et droits souverains »[338] des États concernés. Cette opération concerne les espaces maritimes où l'État côtier exerce sa pleine et entière souveraineté (mer territoriale) ou jouit de droits souverains (zone économique exclusive et plateau continental aux fins d'exploration et d'exploitation de leurs ressources naturelles)[339].

En pratique, l'opération de délimitation peut résulter d'un accord entre les États dont les côtes sont limitrophes ou se font face. Ce fut d'ailleurs le cas en mer du Nord entre la RFA, le Danemark et les Pays-Bas qui avaient, par deux accords (l'accord du 1er décembre 1964 entre la RFA et les Pays-Bas et celui du 9 juin 1965 entre la RFA et le Danemark) partiellement fixé des lignes de délimitation du plateau continental au voisinage immédiat des côtes. Le droit

[336] CIJ, arrêt du 20 février 1969, Recueil, 1969 p. 22, § 18. La notion a été reprise dans l'affaire de la frontière maritime dans la région située entre le Groenland et Jan Mayen (Danemark c. Norvège), arrêt du 14 juin 1993, § 64.
[337]Alendra Bellayer ROILLE, « Les enjeux politiques autour des frontières maritimes », CERISCOPE Frontières, 2011, § 5.
[338] Affaire du plateau continental de la mer Égée (Grèce c. Turquie), arrêt du 19 décembre 1978, CIJ, Recueil 1978.
[339] Les affaires de délimitation de frontières maritimes jugées jusqu'à lors concernent surtout le plateau continental et la zone économique exclusive et rarement la mer territoriale. Trois affaires portant à la fois sur la délimitation des trois zones par une ligne unique ont pu être tranchées. Il s'agit des affaires de délimitation maritime opposant le Nicaragua au Honduras (CIJ, arrêt du 8 octobre 2007, [en ligne], www.icj-cij.org, consulté le 29/06/2017), la Barbade à Trinité-et-Tobago (CPA, sentence arbitrale du 11 avril 2006, [en ligne], www.pca-cpa.org, consultée le 29/06/2017) et le Guyana au Suriname (CPA, sentence arbitrale du 17 septembre 2007, [en ligne], www.pca-cpa.org, consultée le 29/06/2017).

international recommande[340] que les délimitations des espaces maritimes s'effectuent par voie d'accord.

Mais dans la plupart des cas, les négociations se soldent par un échec, chacune des parties voulant s'attribuer un espace maritime dont les limites contrastent le plus souvent avec la réalité[341].

Il n'est pas inutile de faire observer que les différends frontaliers maritimes ont parfois été précédés de périodes de négociations en vue d'aboutir à un accord de délimitation. Pour autant, l'engagement ou l'épuisement de négociations n'est pas une condition préalable à toute saisine d'une juridiction internationale[342], à moins que les parties ne l'aient envisagé comme tel.

Dans la perspective de trouver une solution pacifique au désaccord, le recours au règlement juridictionnel reste alors la seule voie préconisée par le droit international. En ce domaine, force est de

---

340 Voir notamment les articles 15, 74 alinéa 1er et 83 alinéa 1er de la Convention du 10 décembre 1982 sur le droit de la mer qui préconisent la délimitation de la mer territoriale, de la zone économique exclusive et du plateau continental par voie d'accord.

341 Dans le différend frontalier maritime qui opposait la Guinée à la Guinée-Bissau (sentence arbitrale du 14 février 1985), la défenderesse revendiquait une ligne de délimitation qui se trouvait en-deçà de l'île d'Alcatraz appartenant à la Guinée. Voir à ce sujet, Eric DAVID, « La sentence arbitrale du 14 février 1985 sur la délimitation de la frontière maritime Guinée-Guinée-Bissau », in Annuaire français de droit international, volume 31, 1985, p. 376 ; Sébastien TOUZE, « Affaire relative à la délimitation maritime en mer Noire (Roumanie/Ukraine): une clarification didactique de la règle de "l'équidistance-circonstances pertinentes" », in Annuaire français de droit international, volume 55, 2009, p. 245. Dans cette affaire les prétentions de chacune des parties étaient particulièrement excessives. Alors que la ligne de délimitation revendiquée par la Roumanie partait de l'île aux Serpents pour se projeter vers le Cap Tarkhankut, possessions ukrainiennes, l'Ukraine, quant à elle, portait ses prétentions sur une ligne qu'elle devait tracer à partir de la Digue de Sulina pour passer par la péninsule de Sacaline appartenant toutes deux à la Roumanie, en direction du large. Il en fut de même dans l'affaire de la délimitation du plateau continental entre la République française et le Royaume-Uni de Grande-Bretagne et d'Irlande du Nord, voir Elisabeth ZOLLER, « L'affaire de la délimitation du plateau continental entre la République française et le Royaume-Uni de Grande-Bretagne et d'Irlande du Nord- Décision du 30 juin 1977 », in Annuaire français de droit international, volume 23, 1977, p. 360 (croquis).

342 CIJ, arrêt du 11 juin 1998, affaire de la frontière terrestre et maritime entre le Cameroun et le Nigéria, exceptions préliminaires, Recueil 1998, p. 56, § 303 ; TIDM, ordonnance du 8 octobre 2003, affaire relative aux travaux de poldérisation à l'intérieur et à proximité du détroit de Johore (Malaisie c/ Singapour).

constater un pullulement de juridictions compétentes qui peuvent être confrontées à la délicate question de la méthode de délimitation et dont l'effectivité des décisions rendues est susceptible d'être remise en cause.

a - Une diversité d'organes juridictionnels face au défi du droit applicable et de la méthode de délimitation maritime

Le règlement par voie juridictionnelle est assuré soit par un tribunal arbitral[343], soit par la Cour internationale de Justice[344] ou par le Tribunal international du Droit de la Mer[345].

L'arbitrage international est un mode alternatif de règlement de litiges nés entre États[346], qui offre aux parties le choix des arbitres devant connaître de leur différend.

Dans le cadre des différends relatifs à la délimitation des frontières terrestres et maritimes, le règlement peut se faire suivant les systèmes d'arbitrage de la Cour permanente d'Arbitrage instituée par la Convention de La Haye du 29 juillet 1899 remplacée par celle du 18 octobre 1907 pour le règlement pacifique des différends internationaux[347], de la Cour Internationale de Justice[348] et du Tribunal international du Droit de la Mer[349].

---

343 Historiquement, ce mode alternatif de règlement de litiges apparaît, au plan international, dans la Convention de La Haye du 29 juillet 1899 pour le règlement pacifique des différends internationaux avec la création de la Cour permanente d'Arbitrage, remplacée par la Convention du 18 octobre 1907 relative au même objet. On le retrouve également dans divers instruments internationaux, à savoir l'Acte général pour le règlement pacifique des différends internationaux du 26 septembre 1928, article 33-1 de la Charte des Nations Unies précité, article 287-c et Annexe VII de la CMB.

344 La Cour Internationale de Justice (CIJ) est le principal organe judiciaire des Nations-Unies. Elle a été instituée par la Charte des Nations-Unies (article 7-2) et qui dispose d'un Statut qui en fait partie intégrante. L'article 287-b de la CMB l'inscrit aussi au nombre des organes juridictionnels compétents pour régler les différends relatifs à son interprétation ou à son application.

345 Le Tribunal international du Droit de la Mer (TIDM).

346 Le recours à l'arbitrage international est également envisagé dans le cadre des conflits nés des rapports contractuels entre un État et une société étrangère en matière de contrats d'État (voir nos développements à la p. 70 de cette étude).

347 Article de la Convention du 18 octobre 1907.

348 Le système d'arbitrage CIJ tire sa source de l'Acte général pour le règlement pacifique des différends internationaux du 26 septembre 1928 (article 17) et de la

Le système arbitral est essentiellement fondé sur le consensualisme des parties qui peut se manifester soit dans une clause compromissoire conclue avant la naissance du litige et insérée dans un traité, soit dans un compromis d'arbitrage[350] que les parties signent après la survenance du différend pour le soumettre au tribunal arbitral ou encore dans un traité d'arbitrage que l'on peut retrouver dans des traités multilatéraux ou bilatéraux d'investissement (TMI/TBI)[351]. Le compromis d'arbitrage définit et limite la compétence du tribunal qui ne peut s'étendre au-delà de ce qui lui est demandé. Le tribunal arbitral peut tout aussi être saisi par la requête de l'une des parties qui la notifie à l'autre ou aux autres parties au différend[352].

À côté du système arbitral qui organise le règlement juridictionnel, il existe deux organes judiciaires internationaux qui sont complémentaires dans le règlement des différends frontaliers maritimes.

Il s'agit de la Cour internationale de Justice, instituée par la Charte des Nations Unies[353]. Elle est le principal organe judiciaire de l'ONU et siège à La Haye. La CIJ est composée de quinze juges indépendants, « élus, sans égard à leur nationalité, parmi les personnes jouissant de la plus haute considération morale, et qui réunissent les conditions requises pour l'exercice, dans leurs pays

---

Charte des Nations-Unies du 26 juin 1945 (article 33-1). Le tribunal arbitral CIJ a eu à connaître de quelques différends frontaliers maritimes (République française c. Royaume-Uni de Grande-Bretagne et d'Irlande du Nord, sentence arbitrale du 30 juin 1977 ; Guinée c. Guinée-Bissau, sentence arbitrale du 14 février 1985 ; Guinée-Bissau c. Sénégal, sentence arbitrale du 31 juillet 1989).

[349] Article 287-c de la Convention du 10 décembre 1982 sur le droit de la mer et son Annexe VII pour l'arbitrage commun. Il existe un arbitrage spécial (article 287-d et Annexe VIII) prévu pour des procédures particulières (pêche, protection et préservation du milieu marin, recherche scientifique marine ou navigation, y compris la pollution par les navires ou par immersion).

[350] Ce fut le cas par exemple des compromis d'arbitrage du 30 octobre 1924 (Suisse c. France dans l'affaire des zones franches de la Haute Savoie et du pays de Gex), du 10 juillet 1975 (République française c. Royaume-Uni de Grande-Bretagne et d'Irlande du Nord), du 18 février 1983 (Guinée c. Guinée-Bissau) et du 12 mars 1985 (Guinée-Bissau c. Sénégal).

[351] Walid BEN HAMIDA, « L'arbitrage État-investisseur face à un désordre procédural : la concurrence des procédures et les conflits de juridictions », in Annuaire français de droit international, volume 51, 2005, p. 565.

[352] Article 1er de l'Annexe VII de la CMB.

[353] Article 7-1 de la Charte de l'ONU.

respectifs, des plus hautes fonctions judiciaires, ou qui sont des jurisconsultes possédant une compétence notoire en matière de droit international »[354]. Elle a une compétence générale en matière contentieuse et « s'étend à toutes les affaires que les parties lui soumettront, ainsi qu'à tous les cas spécialement prévus dans la Charte des Nations Unies ou dans les traités et conventions en vigueur »[355], pour autant que les États doivent au préalable accepter la juridiction de la CIJ pour tous les différends de nature juridique (l'interprétation d'un traité; tout point de droit international; la réalité de tout fait qui, s'il était établi, constituerait la violation d'un engagement international; la nature ou l'étendue de la réparation due pour la rupture d'un engagement international) soit par le mécanisme dit de la « clause facultative » prévue à l'article 36 § 2 du Statut, soit par des dispositions contenues dans un traité bilatéral ou multilatéral donnant compétence à la CIJ pour connaître de tout différend qui surviendrait au sujet de l'interprétation ou de l'application dudit traité ou par un compromis spécial attributif de compétence conclu par les parties après la survenance du différend.

Depuis son entrée en fonction, la CIJ a eu à connaître de plusieurs affaires dans divers domaines juridiques et particulièrement en matière de conflits de délimitation de frontières terrestres et maritimes qui restent l'un de ses domaines de compétence privilégiés, en comparaison avec les autres systèmes de règlement juridictionnels[356]. Il convient de souligner au passage la possibilité pour la CIJ de constituer des chambres, à toute époque, pour connaître de certaines affaires.

Dans le système juridictionnel international, un nouvel organe judiciaire a fait récemment son apparition avec l'adoption de la Convention de Montego Bay du 10 décembre 1982 sur le droit de la mer. Il s'agit en l'occurrence du Tribunal international du Droit de la Mer[357] institué par l'Annexe VI de la CMB. Plutôt que de l'envisager sous l'angle d'une juridiction concurrentielle de la CIJ, nous pensons que le TIDM apparaît comme un organe judiciaire complémentaire. Mais il n'est pas superfétatoire de s'interroger sur l'utilité de cette

---

[354] Article 2 du Statut de la CIJ.

[355] Article 36-1 du Statut de la CIJ.

[356] À titre indicatif, voir PANCRACIO, Droit de la mer, 97-99.

[357] Le TIDM est entré en fonction en 1996 et a son siège dans la ville libre et hanséatique de Hambourg, en République fédérale d'Allemagne.

institution judiciaire au regard des impératifs financiers auxquels les États doivent faire face et à l'existence d'autres organes juridictionnels.

Du point de vue du fondement juridique, la création de tout organe juridictionnel est autorisée par l'article 95 de la Charte des Nations Unies qui institue « un principe de concurrence juridictionnelle »[358] en précisant qu'« aucune disposition de la présente Charte n'empêche les Membres de l'Organisation de confier la solution de leurs différends à d'autres tribunaux en vertu d'accords déjà existants ou qui pourront être conclus à l'avenir. » Les États présents à la IIIe Conférence des Nations Unies sur le droit de la mer ont certainement fait usage de cette disposition. Mais il convenir que la principale raison de l'institution du TIDM réside dans le fait que « l'accès à la CIJ pour ce qui est de sa compétence contentieuse, est limité aux États alors que la diversité des acteurs dans le domaine maritime faisait apparaître le besoin réel d'une juridiction (...) à la fois accessible aux États, aux organisations internationales et aux personnes privées, sociétés d'armement naval.»[359] Autant dire que l'objectif était de créer une juridiction accessible à plusieurs acteurs intervenant sur la scène politique, commerciale et économique internationale.

Le TIDM est donc une juridiction spécialisée du droit de la mer et bénéficie à cet égard d'une compétence élargie. Il comprend vingt et un juges élus pour neuf ans parmi les personnalités jouissant de la plus haute réputation d'impartialité et d'intégrité et possédant une compétence notoire dans le domaine du droit de la mer. En ce qui concerne ses formations de jugement, le TIDM comprend cinq chambres : la chambre pour le règlement des différends relatifs aux fonds marins, la chambre de procédure sommaire, la chambre pour le règlement des différends relatifs aux pêcheries, la chambre pour le règlement des différends relatifs au milieu marin et la chambre pour le règlement des différends relatifs à la délimitation maritime qui comprend huit juges. Il est loisible au tribunal de constituer des chambres spéciales, composées de trois au moins de ses membres élus, pour connaître de catégories déterminées d'affaires, ou de constituer, à la demande des parties, une chambre pour connaître d'un

[358] L'expression est empruntée au professeur Jean-Paul PANCRACIO, Droit de la mer, ouvrage préc., p. 100.
[359] Jean-Paul PANCRACIO, Droit de la mer, ouvrage préc., p. 100.

différend déterminé[360]. En dépit de la variété de procédures dont le TIDM peut connaître[361], celui-ci est saisi par notification d'un compromis[362] ou par requête, adressées au greffe.

Quelle que soit la juridiction devant laquelle le différend est porté (tribunal arbitral, CIJ ou TIDM) et, quel que soit l'objet de la saisine[363], la question du droit applicable[364] va se poser, et surtout

---

[360] Tel est le cas pour le différend frontalier maritime qui oppose le Ghana et la Côte d'Ivoire dans l'Océan atlantique.

[361] Tullio TREVES, « Le Règlement du Tribunal international du droit de la mer entre tradition et innovation », in Annuaire français de droit international, volume 43, 1997, pp. 357-365.

[362] La notification du compromis est faite à l'initiative des parties litigantes qui acceptent de soumettre leur différend à la juridiction du TIDM.

[363] L'objet des demandes portées devant les juridictions internationales en matière de délimitation maritime est généralement de deux types : il peut être demandé à la juridiction de définir les principes et les règles de droit international applicables à la délimitation entre les parties, quitte à celles-ci à négocier (souvent elles en conviennent dans le compromis) le tracé de la limite maritime conformément aux principes que la Cour aura définis : Affaires du plateau continental de la mer du Nord (RFA c. Danemark et RFA c. Pays-Bas, arrêt du 20 février 1969) ; Affaire de la délimitation du plateau continental entre la Tunisie et la Libye, arrêt du 24 février 1982 ; Affaire du plateau continental entre la Libye et Malte, arrêt du 3 juin 1985. Il peut tout aussi être demandé aux juges ou aux arbitres de procéder « directement au tracé de la ligne frontière sur une carte » : Affaire de la délimitation du plateau continental entre la République française et le Royaume-Uni de Grande-Bretagne et d'Irlande du Nord, arrêt du 30 juin 1977 ; Affaire de la délimitation de la frontière maritime dans la région du golfe du Maine (Canada c/ États-Unis d'Amérique, arrêt du 12 octobre 1984) ; Affaire de la délimitation de la frontière maritime entre la Guinée et la Guinée-Bissau, sentence arbitrale du 14 février 1985 ; Affaire de la délimitation de la frontière maritime entre la Guinée-Bissau et le Sénégal, sentence arbitrale du 31 juillet 1989 ; Affaire de la délimitation des espaces maritimes (zone économique exclusive et plateau continental) entre le Canada et la France (sentence arbitrale du 10 juin 1992) ; Affaire de la délimitation maritime dans la région située entre le Groenland et Jan Mayen (Danemark c/ Norvège, arrêt du 14 juin 1993 ; Affaire de la délimitation de la frontière terrestre et maritime entre le Cameroun et le Nigéria, arrêt du 10 octobre 2002 ; Différend territorial et maritime entre le Nicaragua et le Honduras dans la mer des Caraïbes, arrêt du 8 octobre 2007 ; affaire relative à la délimitation maritime en mer Noire (Roumanie c/ Ukraine, arrêt du 3 février 2009) ; Différend relatif à la délimitation de la frontière maritime entre le Bangladesh et le Myanmar dans le golfe du Bengale, arrêt du 14 mars 2012 ; Affaire de la délimitation de la frontière maritime entre le Ghana et la Côte d'Ivoire dans l'océan atlantique (TIDM, arrêt du 23 septembre 2017. Le Ghana demandait à titre principal la reconnaissance d'une frontière maritime définie par un accord tacite entre les deux Parties et subsidiairement la délimitation de la frontière maritime. Quant à la Côte d'Ivoire, elle a formulé deux demandes principales, à savoir la

celle de la méthode de délimitation sur laquelle les juges ou arbitres vont porter leur choix pour délimiter la frontière maritime afin d'aboutir à un résultat équitable. Cette préoccupation fondamentale et incontournable demeure le nœud gordien à trancher dans les différends de délimitation des frontières maritimes et plusieurs commentateurs des décisions rendues relèvent cet aspect important de la délimitation des frontières maritimes[365].

Si l'impératif du résultat équitable est incontestablement attesté par le droit international[366], la jurisprudence[367] et la doctrine, il n'en est

---

délimitation de la frontière maritime par une ligne unique et la responsabilité internationale du Ghana pour violation des droits souverains de la Côte d'Ivoire et non-respect des dispositions de l'ordonnance du 25 avril 2015 qui avait prescrit des mesures conservatoires).

364 La détermination du droit applicable va dépendre des moyens de droit sur lesquels les parties se fondent pour soutenir leurs prétentions respectives. Elles peuvent invoquer l'application d'un accord de délimitation de frontière (par exemple affaires Guinée/Guinée-Bissau ou Guinée-Bissau/Sénégal). Dans ce cas, l'interprétation de cet accord se fera au regard de la Convention de Vienne du 23 mai 1969 sur le droit des traités et de la Convention de Vienne du 23 août 1978 sur la succession d'États en matière de traités. Les parties peuvent aussi invoquer la coutume, la jurisprudence internationale et surtout diverses dispositions des conventions conclues par les Nations-Unies sur le droit de la mer (les Conventions de Genève du 29 avril 1958 sur la mer territoriale et la zone contiguë d'une part, et le plateau continental d'autre part ; la Convention de Montego Bay du 10 décembre 1982 sur le droit de la mer).

365 Éric DAVID, « La sentence arbitrale du 14 février 1985 sur la délimitation de la frontière maritime Guinée-Guinée-Bissau », op. cit., pp.363-366; Emmanuel DECAUX, « Affaire de la délimitation maritime dans la région située entre le Groenland et Jan Mayen (Danemark c. Norvège) », in Annuaire français de droit international, volume 39, 1993, pp.500-504; Sébastien TOUZE, « Affaire relative à la délimitation maritime en mer Noire (Roumanie/Ukraine): une clarification didactique de la règle de "l'équidistance-circonstances pertinentes" », op. cit., pp. 227-237; Julien CAZALA, « Retour sur les méthodes de délimitation juridictionnelle d'espaces maritimes mises en œuvre dans quelques affaires récentes », in Annuaire français de droit international, volume 54, 2008, pp. 411-427.

366 Les articles 74 alinéa 1er et 83 alinéa 1er de la CMB disposent que « la délimitation (de la zone économique exclusive et du plateau continental) entre États dont les côtes sont adjacentes ou se font face est effectuée par voie d'accord conformément au droit international tel qu'il est visé à l'article 38 du Statut de la Cour internationale de Justice, afin d'aboutir à une solution équitable. »

367 Le TIDM rappelle cet impératif dans l'affaire de délimitation de la frontière maritime dans le golfe du Bengale (Bangladesh c/ Myanmar, Recueil, 2012, § 235,

pas de même de la méthode de délimitation des espaces maritimes, surtout en ce qui concerne la zone économique exclusive et le plateau continental.

Pour la délimitation de la mer territoriale, l'article 15 de la CMB qui la régit est ainsi conçu : « lorsque les côtes de deux États sont adjacentes ou se font face, ni l'un ni l'autre de ces États n'est en droit, sauf accord contraire entre eux, d'étendre sa mer territoriale au-delà de la ligne médiane dont tous les points sont équidistants des points les plus proches des lignes de base à partir desquelles est mesurée la largeur de la mer territoriale de chacun des deux États. Cette disposition ne s'applique cependant pas dans le cas où, en raison de l'existence de titres historiques ou d'autres circonstances spéciales, il est nécessaire de délimiter autrement la mer territoriale des deux États. » La délimitation de la mer territoriale par accord des États est le principe. En l'absence d'accord, l'article 15 prône la délimitation suivant la méthode de l'équidistance (dans le cas des États dont les côtes sont adjacentes) et la méthode de la ligne médiane (pour les côtes qui se font face). Mais ces méthodes s'écartent lorsqu'il existe un titre historique[368] ou des circonstances spéciales[369] qui autorisent le

p. 67) et dans l'affaire de délimitation de la frontière maritime entre le Ghana et la Côte d'Ivoire dans l'océan atlantique (Recueil, 2017, § 281, p. 88).

[368] Par exemple un accord de délimitation de la mer territoriale (Affaire Guinée-Bissau c/ Sénégal à propos de l'accord franco-portugais du 26 avril 1960 constituait pour le tribunal arbitral un titre historique) et peu importe la forme (un procès-verbal ou un compte rendu d'une commission mixte ont été considérés comme un accord contraignant, Affaire « Hoshinmaru » Japon c. Fédération de Russie, prompte mainlevée, arrêt, TIDM Recueil 2007, p. 46, par. 86 ; Affaire de la Délimitation maritime et questions territoriales entre Qatar et Bahreïn, compétence et recevabilité, arrêt du 1er juillet 1994, C.I.J. Recueil 1994, p. 120, par. 23) ou la dénomination de l'accord, seuls sa nature et son contenu juridiques importent. Mais sur l'existence d'un accord tacite, les juridictions internationales montrent une extrême réticence. Sur le standard de preuve de l'existence d'un accord tacite, la C.I.J a jugé que « les éléments de preuve attestant l'existence d'un accord tacite doivent être convaincants. L'établissement d'une frontière maritime permanente est une question de grande importance, et un accord ne doit pas être présumé facilement. » (Affaire du différend territorial et maritime entre le Nicaragua et le Honduras dans la mer des Caraïbes, CIJ, arrêt du 8 octobre 2020, Recueil (II), 2007, p. 735, & 253.)

[369] Par exemple la géographie des espaces maritimes, les droits des États tiers, la présence d'îles dans la zone de délimitation, des facteurs économiques (mais les considérations économiques sont prises en compte avec beaucoup de réserve) tels que l'existence de concessions pétrolières, les activités de pêche dans la zone de délimitation, et reconnues par les parties (voir par exemple, Affaire de la

choix d'une autre méthode de délimitation[370]. Autrement dit, « avant d'appliquer le principe de la ligne d'équidistance, il convient d'envisager l'existence éventuelle de titres historiques ou de circonstances spéciales dans la zone à délimiter. »[371] Il faut rappeler que sous le régime des Conventions de 1958 (la Convention sur la mer territoriale et la zone contiguë et celle sur le plateau continental), la délimitation de la mer territoriale et du plateau continental s'opérait sur la base des mêmes principes[372], savoir la règle de l'équidistance, à défaut d'accord des parties.

Relativement à la délimitation de la zone économique exclusive et du plateau continental[373] , le désaccord des États présents à la IIIe

---

délimitation maritime dans la région située entre le Groenland et Jan Mayen (Danemark c. Norvège), arrêt CIJ, 14 juin 1993, Recueil 1993, p. 72, § 76 ou Affaire de la délimitation maritime dans la région du golfe du Maine (Canada c/ États-Unis d'Amérique, arrêt CIJ,12 octobre 1984, Recueil 1984, p. 342, § 237; Julien CAZALA, « Retour sur les méthodes de délimitation juridictionnelle d'espaces maritimes mises en œuvre dans quelques affaires récentes », in Annuaire français de droit international, volume 54, 2008, p. 425.), etc. Mais l'appréciation du caractère spécial ou pertinent relève de l'appréciation discrétionnaire de la juridiction. La pertinence de la circonstance signifie certainement que celle-ci constitue un élément déterminant à prendre en compte soit pour ajuster ou déplacer la ligne d'équidistance ou médiane provisoire, soit pour changer de méthode de délimitation.

[370] Par exemple la méthode fondée sur la bissectrice. Dans le différend de délimitation de la frontière maritime dans l'océan atlantique qui l'opposait au Ghana devant la Chambre spéciale du TIDM, la Côte d'Ivoire a plaidé à titre principal l'application de la méthode de la bissectrice parce qu'elle estimait qu'il y avait des circonstances spéciales (caractéristiques géographiques et géomorphologiques particulières des côtes) qui justifiait l'usage de cette méthode et, à titre subsidiaire l'application de la méthode de l'équidistance/circonstances pertinentes. Voir Affaire du différend relatif à la délimitation de la frontière maritime entre le Ghana et la Côte d'Ivoire dans l'océan atlantique, TIDM, n° 23, 23 septembre 2017, par. 255 & 276.

[371] Différend relatif à la délimitation de la frontière maritime entre le Bangladesh et le Myanmar dans le golfe du Bengale (Bangladesh/Myanmar), n° 16 (Tribunal international du Droit de la Mer, 14 mars 2012).

[372] Jean-Pierre BEURIER et Patrice CADENAT, « Le droit de la mer, dix après Montego-Bay », Le Droit maritime français, n° 530, 1993, pp.1-18.

[373] Il convient de souligner au passage les dispositions de l'article 6-1 et 2 de la Convention de Genève du 29 avril 1958 sur le plateau continental : « 1. Dans le cas où un même plateau continental est adjacent aux territoires de deux ou plusieurs États dont les côtes se font face, la délimitation du plateau continental entre ces États est déterminée par accord entre ces États. À défaut d'accord, et à moins que des circonstances spéciales ne justifient une autre délimitation, celle-ci est constituée par la ligne médiane dont tous les points sont équidistants des points les plus proches

Conférence des Nations Unies sur le droit de la mer (1973-1982) en ce qui concerne la définition d'une méthode de délimitation a contribué à l'émergence d'une situation juridique mouvante qui n'a guère été stabilisée. La Convention des Nations Unies du 10 décembre 1982 sur le droit de la mer fixe un principe exprimé en des termes identiques pour la délimitation des deux espaces maritimes que sont la zone économique exclusive et le plateau continental. Les articles 74, paragraphe 1 et 83, paragraphe 1 disposent que « la délimitation de la zone économique exclusive et du plateau continental entre États dont les côtes sont adjacentes ou se font face est effectuée par voie d'accord conformément au droit international tel qu'il est visé à l'article 38 du Statut de la Cour internationale de Justice, afin d'aboutir à une solution équitable. » Il faut convenir que ces articles ne prévoient aucune des méthodes préconisées pour la délimitation de la mer territoriale. Dans le cas où les États concernés ne parviennent pas à s'accorder sur la délimitation de leurs zones économiques exclusives et de leurs plateaux continentaux, « la méthode de délimitation doit être choisie au moyen du mécanisme de règlement des différends et doit parvenir à une solution équitable, à la lumière des circonstances propres à chaque espèce. »[374] À cet égard, la jurisprudence internationale n'a pas encore consacré de façon constante et absolue une méthode de délimitation maritime de ces espaces, même si l'on peut s'autoriser à dire que la tendance actuelle qui s'observe depuis l'arrêt de la CIJ dans l'affaire de la délimitation maritime en mer Noire[375], celui du TIDM dans le différend maritime entre Bangladesh et Myanmar dans le golfe du Bengale[376] et l'arrêt du TIDM dans le différend relatif à la délimitation

---

des lignes de base à partir desquelles est mesurée la largeur de la mer territoriale de chacun de ces États.
2. Dans le cas où un même plateau continental est adjacent aux territoires de deux États limitrophes, la délimitation du plateau continental est déterminée par accord entre ces États. À défaut d'accord, et à moins que des circonstances spéciales ne justifient une autre délimitation, celle-ci s'opère par application du principe de l'équidistance des points les plus proches des lignes de base à partir desquelles est mesurée la largeur de la mer territoriale de chacun de ces États. »

[374] Affaire du différend relatif à la délimitation de la frontière maritime entre le Ghana et la Côte d'Ivoire dans l'océan atlantique, TIDM, n° 23, arrêt du 23 septembre 2017, p. 88, par. 281 ou Affaire de la délimitation de la frontière maritime entre le Bangladesh et le Myanmar dans le golfe du Bengale (Bangladesh/Myanmar), TIDM, arrêt du 14 mars 2012, Recueil 2012, p.64, par. 235.

[375] Délimitation en mer Noire (Roumanie c. Ukraine), CIJ, arrêt du 3 février 2009, Recueil 2009.

[376] Arrêt du 14 avril 2012.

de la frontière maritime entre le Ghana et la Côte d'Ivoire dans l'océan atlantique[377], va dans le sens d'une application « prioritaire »[378] de la méthode dite de l'équidistance/circonstances pertinentes[379].

À l'origine de cette instabilité jurisprudentielle, la Cour internationale de Justice qui statuait pour la première fois sur une question de délimitation maritime dans les affaires du plateau continental de la mer du Nord (CIJ, arrêt du 20 février 1969, Recueil 1969, p. 3) a pu soutenir que « le principe de l'équidistance ne s'impose pas comme une conséquence nécessaire de la conception générale du régime juridique du plateau continental et n'est pas une règle de droit international coutumier. » Elle rejetait ainsi la thèse du Danemark et des Pays-Bas qui eux, préconisaient la délimitation du plateau continental des États côtiers selon le principe de l'équidistance qu'ils considèrent comme une règle de droit international coutumier consacrée par l'article 6 de la Convention de Genève du 29 avril 1958 sur le plateau continental[380]. Au soutien de ce rejet, la CIJ souligne que la méthode d'équidistance n'est pas obligatoire entre les parties et qu'il n'existe pas une méthode unique de délimitation qui soit d'un emploi obligatoire en toutes circonstances. Mieux, « le droit international en matière de délimitation du plateau continental ne comporte pas de règle impérative et autorise le recours à divers principes ou méthodes, selon le cas, ainsi qu'à leur combinaison, pourvu qu'on aboutisse par application de principes équitables à un résultat raisonnable. »[381]

La Cour n'a pas non plus adopté la thèse de la RFA qui prônait une répartition du plateau continental en « part juste et équitable »[382]. Nous soutenons cette position d'autant plus que l'opération de

---

377 Arrêt du 23 septembre 2017.

378 Il ne peut être ici question d'une hiérarchisation des méthodes de délimitation dans laquelle le principe d'équidistance/circonstances pertinentes occuperait le premier rang.

379 Le principe de la méthode d'équidistance/circonstances pertinentes consiste à définir une ligne d'équidistance provisoire (dans le cas des côtes qui sont adjacentes) ou ligne médiane provisoire (dans le cas des côtes frontales) à partir des côtes pertinentes de la zone, objet de la délimitation, et à ajuster ou à déplacer cette ligne provisoire en tenant compte des circonstances pertinentes de l'espèce.

380 CIJ, arrêt du 20 février 1969, Recueil 1969, p. 11.

381 CIJ, arrêt du 20 février 1969, Recueil 1969, p. 50, § 90.

382 CIJ, arrêt du 20 février 1969, Recueil 1969, p. 9.

délimitation d'espace maritime ne saurait être perçue comme une opération de partage d'un bien indivis, mais bien une technique permettant de fixer les limites de la zone maritime relevant ab initio de l'État riverain et non à définir cette zone de novo[383]. Pour la Cour, « la délimitation doit s'opérer par voie d'accord conformément à des principes équitables et compte tenu de toutes les circonstances pertinentes, de manière à attribuer, dans toute la mesure du possible, à chaque partie la totalité des zones du plateau continental qui constituent le prolongement naturel de son territoire sous la mer et n'empiètent pas sur le prolongement naturel de l'autre »[384]. Des principes jugés équitables[385] ont pu être dégagés à partir de cette décision. Il en est ainsi du principe de non-empiètement[386] qui interdit d'attribuer à un État Partie à un différend de délimitation maritime des zones prolongeant naturellement le territoire d'un autre État[387] partie ou non au conflit et celui de la proportionnalité qui impliquerait que l'on tienne compte des côtes des parties en litige pour vérifier que les étendues maritimes attribuées à l'un ou à l'autre répondent à un résultat équitable[388].

L'incertitude juridique créée par cette décision quant à l'absence d'une méthode unique de délimitation du plateau continental va s'accroître avec l'adoption de la CMB le 10 décembre 1982 qui n'a pu non plus définir un principe de délimitation de cet espace maritime et de la zone économique exclusive nouvellement instituée. En effet, la seule exigence consacrée par les textes régissant la délimitation de la zone économique exclusive et du plateau continental (articles 74 et 83 CMB) est l'obligation d'aboutir à « une solution équitable » sans indication d'aucune méthode de délimitation. La Convention prévoit que « la délimitation de la zone économique exclusive et du plateau

---

383 CIJ, arrêt du 20 février 1969, Recueil 1969, p. 23, § 18.

384 CIJ, arrêt du 20 février 1969, Recueil 1969, p. 53, § 101.

385 La notion de principes équitables a été utilisée pour la première fois dans la Proclamation Truman 2667 du 28 septembre 1945 sur le plateau continental des États-Unis d'Amérique.

386 Ce principe avait été employé dans l'arrêt du 20 février 1969 ainsi que dans l'affaire du plateau continental Libye c/ Malte, voir Emmanuel DECAUX, « L'arrêt de la Cour Internationale de Justice dans l'affaire du Plateau continental (Libye/Malte). Arrêt du 3 juin 1985 », in Annuaire français de droit international, volume 31, 1985, pp. 294-323.

387 Jean-Pierre BEURIER et Patrice CADENAT, « Le droit de la mer, dix après Montego-Bay », Le Droit maritime français, n° 530, 1993.

388 Idem.

continental entre les États dont les côtes sont adjacentes ou se font face est effectuée par voie d'accord conformément au droit international tel qu'il est visé à l'article 38 du Statut de la Cour internationale de Justice. »[389]

Avec du recul, on observe que cette situation a fait naître deux courants de pensée dans le domaine de la délimitation maritime. La controverse oppose les partisans de la règle d'équidistance-circonstances pertinentes ou spéciales[390], c'est-à-dire ceux qui soutiennent que « le droit de la délimitation maritime devait avoir une densité normative qui inclut une méthode spécifique de délimitation, à savoir l'équidistance » et ceux qui pensent que le juge ou l'arbitre a une liberté de choix dans la méthode de délimitation, pourvu que le résultat auquel il aboutit soit équitable.

Pour les premiers[391], il y a une unité des méthodes de délimitation maritime. Cette unité normative se trouve dans « les couples traditionnels, c'est-à-dire, d'une part, équidistance/circonstances spéciales et, d'autre part, circonstances pertinentes/principes équitables, apparemment parallèles [et] s'inscrivent directement depuis 1993 dans une dynamique unitaire ; ils convergent vers l'obtention de résultat équitable dans la délimitation maritime. Il en résulte deux conséquences : la première, selon laquelle la spécialité terminologique visant les espaces, n'affecte pas l'unité normative, et

---

[389] Article 74 alinéa 1er et 83 alinéa 1er CMB.

[390] La notion de « circonstances spéciales » est contenue dans les Conventions de Genève applicables à la mer territoriale (article 12) et au plateau continental (article 6 § 2) ainsi que dans la CMB, mais pour la mer territoriale exclusivement (article 15). Elle s'est trouvée en compétition avec la notion de « circonstances pertinentes », qui elle, est de portée plus large et d'origine coutumière. Mais la CIJ, dans l'affaire de la délimitation maritime entre le Groenland et Jan Mayen, (arrêt du 14 juin 1993, Recueil, 1993, p. 62, § 56) conclut à une « tendance à l'assimilation » des deux notions.

[391] Prosper WEIL, Perspectives du droit de la délimitation maritime, Paris, A.Pedone, 1988. ; le juge Raymond RANJEVA (son opinion individuelle dans l'arrêt du 8 octobre 2007 dans l'affaire du différend territorial et maritime entre le Nicaragua et le Honduras dans la mer des Caraïbes, § 15 et sa déclaration dans l'affaire de la délimitation maritime dans la région entre le Groenland et Jan Mayen, arrêt du 14 juin 1993, p. 88), le juge André GROS (ses opinions dissidentes jointes aux arrêts de 1982 et 1984 dans les affaires du plateau continental Tunisie/Libye et du golfe du Maine (Canada/ États-Unis d'Amérique, CIJ, Recueil 1984, p. 379, § 32) , le juge ad hoc Torres BERNARDEZ (son opinion dissidente dans l'affaire Nicaragua/Honduras, CIJ, arrêt du 8 octobre 2007, § 122).

la seconde selon laquelle le tracé, à titre provisoire et préalable, d'une ligne d'équidistance est incontournable. »[392] Ainsi, l'unité normative signifierait que la méthode d'équidistance s'appliquerait à toute délimitation maritime, quel que soit l'espace maritime concerné. Concrètement cette méthode se résume en trois étapes successives dont la première consiste à établir « une ligne de délimitation provisoire en utilisant des méthodes objectives d'un point de vue géométrique et adaptées à la géographie de la zone dans laquelle la délimitation doit être effectuée. »

Lorsqu'il s'agit de procéder à une délimitation entre côtes adjacentes, la ligne d'équidistance est tracée, à moins que des raisons impérieuses propres au cas d'espèce ne le permettent pas. Dans l'hypothèse de côtes se faisant face, la ligne provisoire de délimitation est une ligne médiane.

La seconde étape consiste à définir d'une part, les côtes pertinentes, c'est-à-dire les côtes dont le prolongement peut rencontrer celles qui lui font face et, d'autre part à déterminer la zone maritime pertinente à délimiter. Il convient de préciser que cette phase repose sur le principe selon lequel « la terre domine la mer » qui signifie que le tracé d'une limite part du rivage et non du large où il n'existe aucune ligne. Autrement dit, « la terre est la source juridique du pouvoir qu'un État peut exercer dans les prolongements maritimes. »[393]

La dernière étape est la phase d'ajustement de la ligne d'équidistance provisoire qui va tenir compte de circonstances pertinentes ou spéciales de l'espèce. Celles-ci sont « des faits qui affectent les droits des États sur les espaces maritimes tels qu'ils sont reconnus en droit positif, soit dans leur intégrité, soit dans l'exercice des compétences y afférentes »[394], et « ont pour fonction de permettre à la Cour de s'assurer que la ligne d'équidistance provisoire tracée, selon la méthode géométrique, à partir de points de base déterminés

---

[392] Julien CAZALA, « Retour sur les méthodes de délimitation juridictionnelle d'espaces maritimes mises en œuvre dans quelques affaires récentes », in Annuaire français de droit international, volume 54, 2008, pp. 415-416.

[393] CIJ, 20 février 1969, affaire du plateau continental de la mer du Nord, Recueil 1969, p. 51, § 96.

[394] Déclaration du juge Raymond RANJEVA sous CIJ, arrêt du 14 juin 1993, Délimitation maritime dans la région située entre le Groenland et Jan Mayen (Danemark/Norvège), p. 88.

sur les côtes des parties, n'est pas, à la lumière des circonstances particulières de l'espèce, perçue comme inéquitable. »[395]

Les tenants de la seconde approche[396] estiment qu'il n'existe pas une méthode unique et obligatoire de délimitation[397]. Le choix de la méthode de délimitation dépend de la configuration géographique de l'espèce. Ils expliquent à cet effet que ce n'est pas le résultat inéquitable de la délimitation fondée sur la ligne d'équidistance qui guide le choix du juge ou de l'arbitre, mais bien les éléments de géographie côtière. « Le juge se fonde ainsi sur les circonstances particulières de l'espèce et non sur les effets potentiels de la méthode de l'équidistance pour recourir à une autre méthode. »[398] Ainsi, le choix d'une autre méthode s'avère judicieux lorsque « le profil de la côte est instable (phénomène d'accrétion) »[399]. Dans l'Affaire de la délimitation maritime dans la région située entre le Groenland et Mayen (Danemark/Norvège, objet de l'arrêt du 14 juin 1993 et le différend territorial et maritime en mer des Caraïbes (Nicaragua/Honduras) ayant donné lieu à l'arrêt du 8 octobre 2007, la CIJ a eu recours, en raison des circonstances particulières, à la ligne bissectrice qui est une « ligne construite en divisant en deux l'angle formé par les approximations linéaires des côtes. » Dans le Différend de délimitation de la frontière dans le golfe du Maine entre le Canada et les États-Unis[400], les parties avaient demandé à la CIJ de tracer une ligne unique délimitant à la fois les plateaux continentaux et les zones de pêche des deux États. La Cour refusa d'appliquer la méthode d'équidistance, motif pris de ce qu'il n'était pas obligatoire d'avoir recours au critère de l'équidistance pour la détermination d'une ligne

---

395 CIJ, arrêt du 4 février 2009, Délimitation maritime en mer Noire (Roumanie/Ukraine), § 155.

396 Il s'agit de certains juges et arbitres qui ont eu à siéger à l'occasion de certaines affaires concernant les différends maritimes : par exemple le juge Koroma dans son opinion individuelle dans l'affaire Nicaragua/Honduras, CIJ, arrêt du 8 octobre 2007, § 19).

397 Ils suivent la ligne tracée par la CIJ dans son arrêt du 20 février 1969, Affaires du plateau continental de la mer du Nord (RFA/ Danemark et RFA/ Pays-Bas).

398 Julien CAZALA, « Retour sur les méthodes de délimitation juridictionnelle d'espaces maritimes mises en œuvre dans quelques affaires récentes », in Annuaire français de droit international, volume 54, 2008, p. 417.

399 Affaire de la délimitation maritime en mer des Caraïbes (Nicaragua c/ Honduras), CIJ, arrêt du 8 octobre 2007, §§ 280-281.

400 Affaire de la délimitation maritime dans la région du golfe du Maine (Canada c/ États-Unis d'Amérique, 1984 Recueil, 246 (Cour Internationale de Justice 1984).

unique séparative des zones de pêche. Elle adopta une autre méthode en choisissant d'appliquer le critère de « la division, en principe par parts égales, des zones de convergence et de chevauchement des projections maritimes des côtes des États impliqués dans la délimitation. » Cette méthode qui aboutissait finalement à une répartition égalitaire des zones litigieuses n'induisait certainement pas un résultat équitable. D'ailleurs pour le juge Gros, la Cour avait opéré une transaction plutôt que d'appliquer le droit positif[401].

On voit que les deux approches sont complémentaires tant qu'elles permettent d'aboutir à un résultat équitable. C'est pourquoi le choix d'une méthode autre que celle de la ligne d'équidistance ne doit pas être considéré comme un revirement jurisprudentiel[402]. Il n'est donc pas précautionneux d'avancer que la méthode d'équidistance bénéficie d'une application prioritaire, car, si « elle a une certaine valeur intrinsèque en raison de son caractère scientifique et de la facilité relative avec laquelle elle peut être appliquée, la méthode de l'équidistance n'a pas automatiquement la priorité sur les autres méthodes de délimitation et, dans certaines circonstances, des facteurs peuvent rendre son application inappropriée. »[403]

On observe une certaine tendance courante en faveur de l'application de la méthode d'équidistance[404] et le recours à la ligne bissectrice ne doit plus ou moins être perçu que comme « une solution supplétive »[405]. Et comme le résume clairement madame Rosalyn

---

[401] Pour une autre critique de cet arrêt, voir Emmanuel DECAUX, « L'arrêt de la Chambre de la Cour Internationale de Justice sur l'affaire de la délimitation de la frontière maritime dans le golfe du Maine (Canada/États-Unis)- Arrêt du 12.11.1984 », in Annuaire français de droit international, volume 30, 1984, p. 339.

[402] Comme le juge Raymond RAJEVA a pu le soutenir dans son opinion dissidente sous l'arrêt du 8 octobre 2007 dans l'affaire de la délimitation maritime en mer des Caraïbes (Nicaragua/Honduras).

[403] CIJ, arrêt, 8 octobre 2007, Différend territorial et maritime entre le Nicaragua et le Honduras dans la mer des Caraïbes (Nicaragua c. Honduras), fond, Recueil 2007, p. 741, § 272.

[404] En témoignent les nombreux arrêts qui ont appliqué cette méthode dont ceux rendus dans les affaires de la délimitation maritime en mer Noire (Roumanie/Ukraine), CIJ, 3 février 2009, entre le Bangladesh et Myanmar dans le golfe du Bengale, TIDM, arrêt du 14 mars 2012 et entre le Ghana et la Côte d'Ivoire dans l'océan atlantique, TIDM, 23 septembre 2017. Voir aussi, Michel VOELCKEL, « Aperçu de quelques problèmes techniques concernant la délimitation des frontières maritimes », in Annuaire français de droit international, volume 25, 1979, p.701.

[405] Jean-Paul PANCRACIO, Droit de la mer, ouvrage préc., p. 271.

HIGGINS, présidente de la CIJ, dans son analyse de l'arrêt rendu le 8 octobre 2007 dans le différend de la délimitation maritime en mer des Caraïbes entre le Nicaragua et le Honduras, « on doit considérer l'utilisation de la méthode de la bissectrice comme une dérogation nécessaire à une règle aujourd'hui bien établie qui veut que l'on recoure à la méthode de l'équidistance. »[406] Cette méthode, affirment ses défenseurs, en raison de son automatisme, a le mérite d'être cohérente et d'assurer la prévisibilité du résultat, quitte à être tempérée par la prise en compte de circonstances pertinentes.

Toutefois, il nous semble plus mesuré d'aborder la question de la méthode de délimitation des espaces maritimes sous l'angle d'une marge d'appréciation in concreto qui doit être reconnue au juge[407] plutôt que de lier celui-ci par une méthode unique qu'il devra appliquer, alors que les fondements juridiques de celle-ci ne sont pas encore fixés. La raison en est bien connue. La configuration géographique, la structure physique et géologique ainsi que les ressources naturelles des zones à délimiter jouent pour beaucoup dans le choix de la méthode de délimitation. C'est d'ailleurs ce que les juges du TIDM et de la CIJ ont éloquemment traduit en soulignant que « [l]a méthode à retenir doit (…) être celle qui, dans le contexte géographique et les circonstances particulières de chaque cas d'espèce, permettra d'aboutir à une solution équitable»[408], sans contredire outre mesure, le professeur Jean-Pierre BEURIER qui estime que « le caractère vague des articles 74 alinéa 1 et 83 alinéa 1 [CMB relatifs à la délimitation de la ZEE et du plateau continental] interdit de considérer qu'il existe des principes applicables à la matière. » [409] En l'état actuel de la jurisprudence et du droit international, il nous semble hasardeux d'affirmer que la règle de l'équidistance a fini par s'imposer. Dans l'affaire de la délimitation de

---

406 Discours prononcé le 22 juillet 2008 à l'occasion de la soixantième session de la Commission du droit international, p. 3.

407 Philippe VINCENT, Droit de la mer, ouvrage préc., p.119.

408 TIDM, arrêt, 14 mars 2012, Différend relatif à la délimitation de la frontière maritime entre le Bangladesh et le Myanmar dans le golfe du Bengale, § 235 ; v. aussi ibid., § 338 ; CIJ, arrêt, 24 février 1982, Plateau continental (Tunisie/Jamahiriya Arabe Libyenne), Recueil 1982, p. 49, § 50 ; CIJ, arrêt, 3 juin 1985, Plateau continental (Jamahiriya arabe libyenne/Malte), Recueil 1985, p. 30, § 28.

409 Jean-Pierre BEURIER et Patrice CADENAT, « Le droit de la mer, dix après Montego-Bay », Le Droit maritime français, n° 531, 1993, pp.1-12.

la frontière maritime entre le Ghana et la Côte d'Ivoire[410], le TIDM a tranché le litige en faveur du premier cité. Les affaires pendantes[411] et celles à venir nous situeront.

b - La question des voies de recours

Dans le système juridictionnel international, l'idée même de recours contre les décisions rendues par des tribunaux arbitraux ou des Cours de justice dans les différends opposant des États a été progressivement admise[412], parce que la conception que l'on avait de telles décisions c'est qu'elles sont revêtues de l'autorité de la chose jugée (Res judicata pro veritate habetur)[413] qui traduit parfaitement la

---

[410] Nous citons avec intérêt le différend relatif à la délimitation de la frontière maritime entre le Ghana et la Côte d'Ivoire dans l'Océan atlantique porté devant la Chambre spéciale du TIDM. Dans cette affaire, les parties sont contraires sur la méthode de délimitation. Alors que le Ghana prône la méthode d'équidistance/circonstances pertinentes, la Côte d'Ivoire revendique, à titre principal, la méthode de la ligne bissectrice et, subsidiairement celle d'équidistance-circonstances pertinentes. Après avoir constaté qu'il n'existe aucun accord, même tacite, de délimitation de la frontière maritime entre les deux États, dans son arrêt rendu le 23 septembre 2017, la Chambre spéciale du TIDM a décidé de procéder à la délimitation suivant la méthode de l'équidistance qui prévaut en l'espèce eu égard au fait que « les côtes du Ghana et de la Côte d'Ivoire sont droites et exemptes de formations maritimes ou d'échancrures ».

[411] Nous notons le différend relatif à la délimitation de la frontière maritime entre Maurice et les Maldives dans l'Océan indien. Le 24 septembre 2019, la République de Maurice et la République des Maldives ont transmis au Tribunal international du droit de la mer un compromis et une notification en vue de porter leur différend relatif à la délimitation de la frontière maritime dans l'océan Indien à une chambre spéciale du Tribunal qui sera constituée en application de l'article 15, paragraphe 2, du Statut du Tribunal. Par une ordonnance du 27 septembre 2019, une chambre spéciale du Tribunal a été constituée pour connaître du différend.

[412] Sur l'historique des procédures de révision et d'interprétation, voir Elisabeth ZOLLER, « Observations sur la révision et l'interprétation des sentences arbitrales », in Annuaire français de droit international, volume 24, 1978, pp. 330-331. ; Caldeira Nemer Leonardo BRANT, « L'autorité de la chose jugée et la révision devant la Cour Internationale de Justice à la lumière des derniers arrêts de celle-ci (Yougoslavie c. Bosnie et El Salvador c. Honduras) », in Annuaire français de droit international, volume 49, 2003, p.248 (3).

[413] La chose jugée est tenue pour vérité.

sécurité juridique recherchée. D'ailleurs, les décisions rendues par ces juridictions apparaissent définitives[414].

Mais face à la considération sécuritaire, se présente l'impératif de bonne administration de la justice qui impose le respect des droits de chaque acteur de la vie sociale, politique et économique.

Aussi, le droit international a-t-il mis en place des mécanismes juridiques qui permettent l'exercice de recours contre les sentences ou les arrêts des juridictions internationales. Les instruments juridiques internationaux qui réglementent les différends frontaliers interétatiques en énoncent deux, à savoir l'interprétation et la révision.

Prévue par divers textes, l'interprétation[415], dans certains cas, n'était possible qu'autant que les parties l'ont prévue dans le compromis[416] et l'arbitre ne pouvait interpréter sa sentence en l'absence d'un tel accord. Dans son avis consultatif relatif à la délimitation de la frontière polono-tchécoslovaque, la Cour Permanente de Justice internationale avait réaffirmé cette exigence en estimant qu'« à moins d'un accord formel intervenu entre les parties, l'arbitre est sans qualité pour interpréter (...) sa sentence. »[417] Mais d'autres textes comme le Statut de la CIJ et celui du TIDM admettent aujourd'hui qu'une seule partie puisse introduire le recours en interprétation en cas de contestation sur le sens et la portée de la décision[418].

---

[414] L'article 81 de la Convention de La Haye du 18 octobre 1907 dispose que « la sentence, dûment prononcée et notifiée aux agents des Parties, décide définitivement et sans appel la contestation » ; l'article 60 du Statut de la CIJ souligne que « l'arrêt est définitif et sans recours » tandis que l'article 33-1 du Statut du TIDM précise que « la décision du Tribunal est définitive et toutes les parties au différend doivent s'y conformer. »

[415] Article 82 de la Convention de La Haye du 18 octobre 1907 ; articles 60 du Statut de la CIJ et 98 du Règlement de la CIJ ; articles 33-3 du Statut du TIDM et 126 du Règlement du TIDM.

[416] Article 82 de la Convention de La Haye du 18 octobre 1907 : « Tout différend qui pourrait surgir entre les parties, concernant l'interprétation et l'exécution de la sentence, sera, sauf stipulation contraire, soumis au jugement du Tribunal qui l'a rendue. »

[417] CPJI, Série B n° 8, p. 38, cité par Elisabeth ZOLLER, « Observations sur la révision et l'interprétation des sentences arbitrales », in Annuaire français de droit international, volume 24, 1978, pp. 330-331.

[418] La requête du Royaume-Uni du 17 octobre 1977 au sujet de l'interprétation et de la portée de la sentence arbitrale du 30 juin 1977 en vertu de l'article 10 du

Depuis l'arrêt de la Cour permanente de Justice internationale du 16 décembre 1927 (la première demande en interprétation dont la CPJI avait été saisie était celle de l'affaire du traité de Neuilly, arrêt n °3, 1925)[419], et dans lequel elle avait à statuer sur une requête du Gouvernement allemand en interprétation de ses arrêts n° 7 et n° 8 relatifs à l'affaire de l'Usine de Chorzow[420], il est unanimement admis que la demande en interprétation doit obéir à deux conditions :

« 1° il faut qu'il y ait contestation sur le sens et la portée d'un arrêt de la Cour ;

2° il faut que la demande vise à une interprétation de l'arrêt. »[421]

La contestation doit résulter d'une divergence de vues entre les parties sur des points définis, et on ne peut considérer comme une contestation aux termes de l'article 60 le seul fait que l'une des Parties déclare l'arrêt obscur, tandis que l'autre le déclare parfaitement clair[422]. L'interprétation vise en définitive à préciser la chose jugée, à éclairer les parties sur les obscurités éventuelles de la décision et non à la modifier. Elle permet ainsi d'établir la sécurité des droits de chacune des parties[423]. C'est d'ailleurs en raison de son effet limité que Georges SCELLE estime que « le recours en interprétation n'est pas, à

---

compromis d'arbitrage du 10 juillet 1975 dans l'affaire de la mer d'Iroise (République française c. Royaume-Uni de Grande-Bretagne et d'Irlande du Nord) ; la requête de la Tunisie du 27 juillet 1984 en révision et en interprétation de l'arrêt du 24 février 1982 dans le différend qui l'opposait à la Libye.

[419] CPJI, Série. A, n° 4.

[420] Dans l'affaire de l'Usine de Chorzów, la Cour avait décidé que la Pologne n'avait pas le droit de rayer la Oberschlesische Gesellschaft du registre foncier en la remplaçant par l'État polonais comme nouveau propriétaire. Par la suite, la Cour avait décidé que la Pologne devait à l'Allemagne des compensations. Malgré ces jugements, la Pologne avait soutenu avec succès devant ses propres tribunaux que la compagnie lui appartenait de droit. L'Allemagne approcha à nouveau la CPJI pour affirmer que l'interprétation que donnait la Pologne aux jugements de la Cour, lui permettant d'agir comme elle l'avait fait devant ses propres tribunaux, était erronée.

[421] C.P.J.I, Série A, n° 13, p. 10, cité par Elisabeth ZOLLER, « Observations sur la révision et l'interprétation des sentences arbitrales », op., cit., p.338. L'article 60 du Statut de la CIJ énumère ces conditions : « En cas de contestation sur le sens et la portée de l'arrêt, il appartient à la Cour de l'interpréter, à la demande de toute partie. »

[422] CIJ, 27 novembre 1950, arrêt, Droit d'asile, interprétation, Rec. 1950, p. 402.

[423] Elisabeth ZOLLER, « Observations sur la révision et l'interprétation des sentences arbitrales », in Annuaire français de droit international, volume 24, 1978, p. 351.

proprement parler, un recours contre la sentence ; c'est plutôt une procédure de confirmation. »[424]

À l'occasion de l'affaire de la mer d'Iroise, le tribunal arbitral saisi de la demande en interprétation du Royaume-Uni a précisé que « l'interprétation est un processus purement auxiliaire qui peut servir à expliquer, mais non pas à modifier ce que le Tribunal a déjà décidé avec force obligatoire et qui est chose jugée. L'interprétation pose la question la question de savoir ce que le tribunal a tranché avec force obligatoire dans sa décision et non pas celle de savoir ce que le tribunal devrait maintenant décider à la lumière de faits ou d'arguments nouveaux. Une requête en interprétation doit donc réellement porter sur la détermination du sens et de la portée de la décision, et elle ne peut servir de moyen pour « réviser » ou « annuler » la décision, procédures d'un genre différent et auxquelles s'appliquant des considérations différentes. »[425]

Devant la CIJ, on peut citer des demandes en interprétation comme celle de l'arrêt du 20 novembre 1950 en l'affaire du Droit d'asile (la Colombie avait présenté une demande visant à savoir si M. Haya de la Torre devait finalement être rendu aux autorités péruviennes. La Cour estima qu'il n'y avait à cet égard pas de contestation entre les parties et qu'en plus la question posée allait au-delà des contenus du jugement à interpréter ; la requête était déclarée irrecevable)[426], la demande en interprétation de l'arrêt du 11 juin 1998 en l'affaire de la Frontière terrestre et maritime, Exceptions préliminaires, Nigéria c. Cameroun, 1999 en l'affaire Cameroun/Nigéria (la Cour a été confrontée pour la première fois à une demande concernant un jugement de compétence et recevabilité. Elle a confirmé que l'interprétation au sens de l'article 60 du Statut pouvait porter aussi sur un tel arrêt. Il s'agissait pour le Nigéria de préciser la portée de la compétence de la Cour relativement à certains incidents de frontière dont le Cameroun se prévalait pour engager sa responsabilité internationale)[427] et la demande en interprétation de l'arrêt du 31 mars

---

424 Georges SCELLE, Rapport sur la procédure arbitrale (A/CN.4/18), A.C.D.I, 1950, volume II, p. 143.

425 Sentence arbitrale du 14 mars 1978, § 29.

426 CIJ, Recueil, 1950, p. 395 & s.

427 CIJ, Recueil, 1999-I, p. 31 & s.

2001 dans l'affaire Avena[428] (le Mexique considérait que les obligations mises à la charge des États-Unis par le jugement précédent de la Cour étaient fondamentalement des obligations de résultat alors que les États-Unis les considéreraient fondamentalement comme des obligations de moyens.)[429]

Contrairement à l'interprétation qui vise à préciser le sens et la portée de la décision, la révision[430] peut conduire à remettre en cause l'autorité de la chose jugée et, même à modifier le dispositif de la décision originelle en raison notamment de l'intervention d'un fait nouveau[431].

Mais pour Georges SCELLE, l'atteinte à la res judicata n'est qu'apparente. Selon lui, « l'autorité de la chose jugée n'est pas ici en question puisque la révision ne peut intervenir que dans le cas où il y a eu, depuis la sentence, découverte d'un « fait nouveau », et que ce fait nouveau suppose que la sentence aurait été différente s'il eût été connu des juges. »[432]

Il est toutefois difficile de souscrire à ce raisonnement d'autant que l'intervention d'un fait nouveau décisif peut constituer un motif de remise en cause de ce qui a été jugé. C'est d'ailleurs cet effet « dévastateur » de la procédure de révision qui justifie la rigidité de ses conditions de mise en application[433] (cependant les dispositions

---

[428] Baptiste TRANCHANT, « L'arrêt rendu par la Cour internationale de Justice sur la Demande en interprétation de l'arrêt Avena », in Annuaire français de droit international, volume 55, 2009, pp.191-220.
[429] Ordonnance du 16 juillet 2008.
[430] Article 83 de la Convention de La Haye de 1907 ; articles 61 du Statut de la CIJ et 99 du Règlement de la CIJ ; articles 127 à 129 du Règlement du TIDM.
[431] Leonardo NEMER et Caldeira BRANT, « L'autorité de la chose jugée et la révision devant la Cour Internationale de Justice à la lumière des derniers arrêts de celle-ci (Yougoslavie c. Bosnie et El Salvador c. Honduras) », in Annuaire français de droit international, volume 49, 2003, p. 249 ; Elisabeth ZOLLER, « Observations sur la révision et l'interprétation des sentences arbitrales », in Annuaire français de droit international, volume 24, 1978, p. 351.
[432] Georges SCELLE, Rapport sur la procédure arbitrale (A/CN.4/18), A.C.D.I, 1950, volume II, p. 12.
[433] L'article 83 de la Convention de La Haye du 18 octobre 1907 : « Les Parties peuvent se réserver dans le compromis de demander la révision de la sentence arbitrale. Dans ce cas, et sauf stipulation contraire, la demande doit être adressée au Tribunal qui a rendu la sentence. Elle ne peut être motivée que par la découverte d'un fait nouveau qui eût été de nature à exercer une influence décisive sur la sentence et qui, lors de la clôture des débats, était inconnu du Tribunal lui-même et

relatives à la révision ne précisent pas la conséquence d'un tel recours sur l'arrêt ou la sentence en cause) et la réticence des juridictions internationales à la rendre opérante. Cette réserve s'observe particulièrement dans la jurisprudence récente de la CIJ[434] qui a déclaré irrecevables les trois requêtes aux fins de révision des arrêts qu'elle avait rendus. En analysant ces arrêts[435] , il apparaît dans le raisonnement de la CIJ que les exigences de l'article 61 du Statut n'étaient pas remplies soit parce que le fait nouveau invoqué par les parties demanderesses n'en constituait pas un (pour la Tunisie, le fait nouveau concerne le véritable tracé de la concession pétrolière libyenne n°137, expressément visée par le dispositif de l'arrêt du 24

---

de la Partie qui a demandé la révision. La procédure de révision ne peut être ouverte que par une décision du Tribunal constatant expressément l'existence du fait nouveau, lui reconnaissant les caractères prévus par le paragraphe précédent et déclarant à ce titre la demande recevable. Le compromis détermine le délai dans lequel la demande de révision doit être formée. » L'article 61 du Statut de la CIJ : « 1. La révision de l'arrêt ne peut être éventuellement demandée à la Cour qu'en raison de la découverte d'un fait de nature à exercer une influence décisive et qui, avant le prononcé de l'arrêt, était inconnu de la Cour et de la partie qui demande la révision, sans qu'il y ait, de sa part, faute à l'ignorer. 2. La procédure de révision s'ouvre par un arrêt de la Cour constatant expressément l'existence du fait nouveau, lui reconnaissant les caractères qui donnent ouverture à la révision, et déclarant de ce chef la demande recevable.
3. La Cour peut subordonner l'ouverture de la procédure en révision à l'exécution préalable de l'arrêt. 4. La demande en révision devra être formée au plus tard dans le délai de six mois après la découverte du fait nouveau. 5. Aucune demande de révision ne pourra être formée après l'expiration d'un délai de dix ans à dater de l'arrêt. »

434 La demande en révision et en interprétation de l'arrêt du 24 février 1984 dans le différend du plateau continental (Tunisie c. Libye), voir Emmanuel DECAUX, « L'arrêt du 10 décembre 1985 de la Cour Internationale de Justice sur la demande en révision et en interprétation de l'arrêt du 24 février 1982 en l'affaire du plateau continental (Tunisie/Libye) », in Annuaire français de droit international, volume 31, 1985, pp.324-349. La demande en révision de l'arrêt du 11 juillet 1996 dans l'affaire relative à l'application de la Convention pour la prévention et la répression du crime de génocide (République fédérale de Yougoslavie c. Bosnie Herzégovine) et de l'arrêt du 11 septembre 1992 dans le différend frontalier terrestre, insulaire et maritime (El Salvador c. Honduras, Nicaragua intervenant), voir Leonardo NEMER et Caldeira BRANT, « L'autorité de la chose jugée et la révision devant la Cour Internationale de Justice à la lumière des derniers arrêts de celle-ci (Yougoslavie c. Bosnie et El Salvador c. Honduras) », in Annuaire français de droit international, volume 49, 2003, pp. 248-265.

435 L'arrêt du 10 décembre 1985 (Tunisie/Libye), l'arrêt du 3 février 2003 (République fédérale de Yougoslavie c. Bosnie Herzégovine) et l'arrêt du 18 décembre 2003 (El Salvador c. Honduras).

février 1982 ; la République fédérale de Yougoslavie prétend que son admission à l'ONU le 1er novembre 2000 en tant que nouvel État membre a constitué un fait nouveau de nature à exercer une influence décisive sur la question de la compétence rationae personae à son égard et que ce fait était inconnu d'elle et de la Cour lors du prononcé de l'arrêt du 11 juillet 1996), soit si ces faits peuvent être considérés comme faits nouveaux, ils sont sans influence décisive sur l'arrêt dont la révision est sollicitée (El Salvador expliquait avoir découvert des preuves scientifiques, historiques, cartographiques et documentaires depuis l'arrêt du 11 septembre 1996 qui attestent que la rivière « Goascoran » qui servait de frontière avec le Honduras avait connu une avulsion qui eut lieu vers 1762, de sorte que le tracé de la frontière fait le long du cours actuel de la rivière ne correspondait pas à la réalité).

Il en résulte en définitive que le recours à la procédure de révision reste pour le moins exceptionnel et ses conditions de recevabilité sont interprétées de façon restrictive. Il reste que dans l'hypothèse où ce recours sera déclaré recevable, son effet sur la décision dont la révision est sollicitée ne manquera pas d'affecter l'autorité de la chose jugée, car selon madame Élisabeth ZOLLER, « saisi d'une demande en révision, l'arbitre [ou le juge] peut et même doit reprendre les bases juridiques de sa décision, dès lors qu'il apparaît que celles-ci sont atteintes par la découverte d'un fait nouveau [de nature à exercer une influence décisive et qui, avant le prononcé de l'arrêt, était inconnu de la Cour et de la partie qui demande la révision, sans qu'il y ait, de sa part, faute à l'ignorer].»[436]

Le règlement des différends frontaliers maritimes dans la région du golfe de Guinée reste fortement tributaire des systèmes juridictionnels internationaux institués principalement sous l'égide de l'Organisation des Nations Unies dont tous les États du golfe de Guinée sont membres. Dans l'optique du règlement pacifique des conflits interétatiques prôné par l'ONU, certains États qui longent les côtes de l'Océan Atlantique sud, se sont regroupés en une commission dénommée Commission du golfe de Guinée pour mettre en place un mécanisme de dialogue et de concertation propre à prévenir, gérer et régler les conflits liés aux délimitations des

---

[436] Elisabeth ZOLLER, « Observations sur la révision et l'interprétation des sentences arbitrales », article préc., p.351.

Frontières et à l'exploitation économique et commerciale des richesses naturelles situées aux limites territoriales et notamment en cas de chevauchement des Zones Économiques Exclusives (ZEE) des États Membres.

B- Le recours à la Commission du golfe de Guinée : une contribution mitigée

La Commission du golfe de Guinée qui regroupe actuellement huit États (Angola, Cameroun, Congo, République Démocratique du Congo, Gabon,

Guinée-Équatoriale, Nigeria, et São Tomé et Principe) a été créée le 19 novembre 1999 à Libreville au Gabon et dotée de la personnalité juridique[437] en vue d'être titulaire de droits et d'assumer des obligations. Elle a été instituée par le Traité du 3 juillet 2001 pour répondre à des objectifs multiformes[438] et ambitieux basés sur des principes tels que « l'égalité souveraine de tous les États membres ; la non-ingérence dans les affaires intérieures des États membres ; le règlement pacifique des différends ; l'intangibilité des frontières héritées de la colonisation ; la non-agression ; la non-utilisation de son territoire aux fins d'activités dirigées contre la souveraineté et l'intégrité territoriale d'un État membre. »[439]

Pour atteindre ces objectifs, la CGG s'est dotée de deux organes politiques (la Conférence des Chefs d'État et de gouvernement et le Conseil des ministres), d'un organe administratif (le Secrétariat) et d'un organe juridictionnel (le Mécanisme arbitral ad hoc).

La Conférence des Chefs d'État et de gouvernement est l'organe suprême de la Commission[440] chargée de définir la politique générale et d'assurer les grandes orientations de l'institution. Elle adopte son règlement intérieur et prend les décisions par consensus ou, le cas échéant, à la majorité des deux tiers des États présents. Depuis sa mise en place, la Conférence des Chefs d'État et de gouvernement s'est réunie trois fois (le 25 août 2006 à Libreville au Gabon, le 25

[437] Article 22 du Traité.
[438] Article 3 du Traité.
[439] Article 4 du Traité.
[440] Article 7 du Traité.

novembre 2008 à Luanda en Angola et le 22 janvier 2009 dans la capitale angolaise)[441].

Le Conseil des ministres comprend les ministres chargés des questions importantes pour la CGG telles que la sécurité, la gestion des ressources naturelles, l'économie ou l'énergie. Il adopte son règlement intérieur et aidé dans sa tâche, de comités spécialisés.

Aux termes de l'article 16 du Traité, « le Secrétariat est dirigé par un Secrétaire exécutif nommé par la Conférence pour un mandat de trois ans renouvelable une seule fois. » Il est l'organe permanent de la Commission auquel il est assigné d'importantes fonctions.

Le Mécanisme arbitral ad hoc est un organe dont les contours ne sont pas clairement définis. Il apparaît comme un organe juridictionnel qui peut être saisi, tout comme d'autres organes de règlement pacifique prévus par la Charte des Nations-Unies et de l'Acte constitutif de l'Union Africaine, en cas d'échec du règlement amiable de différends interétatiques. À notre connaissance, le Mécanisme arbitral n'a pas encore été saisi dans le cadre d'un différend.

Les objectifs affichés par la CGG s'inscrivent parfaitement dans le cadre des recommandations de la Charte des Nations-Unies qui invite les États à régler pacifiquement les conflits de tout genre qui les opposent. À cet effet, la Commission constitue un cadre de concertation et de développement sous-régional approprié pour des questions relatives, notamment au règlement des conflits liés à la délimitation des frontières et à l'exploitation économique et commerciale des richesses naturelles situées aux limites territoriales. Louables en apparence, ces objectifs contrastent cependant avec la réalité, eu égard à la latence des différends frontaliers maritimes[442], à l'état de paupérisation des populations qui vivent sous le seuil de pauvreté, à la recrudescence des actes de piraterie dans cette zone du golfe de Guinée dont le delta du Niger en est l'épicentre. La détermination affichée à l'orée de la création de la CGG semble aujourd'hui céder le pas à un certain immobilisme consubstantiel aux

---

[441] Ménélik Essono, « Différends frontaliers maritimes et exploitation pétrolière dans le golfe de Guinée », op. cit., p. 22.

[442] Michaël PAURON, Stéphane BALLONG, Jean-Michel MEYER et Pascal AIRAULT, « Pétrole: les frontières de la discorde », Jeune Afrique, 29 mars 2010 [en ligne].

États de l'Afrique subsaharienne. Manque de moyens ou plutôt manque de repère !

La crédibilité de la Commission du golfe de Guinée apparait de ce fait fragile. L'engagement total des principaux animateurs que sont les Chefs d'États et de gouvernement, une redéfinition de l'espace géographique du golfe de Guinée qui intégrerait l'ensemble des États qui bordent les côtes de l'Atlantique sud depuis le Sénégal jusqu'à l'Angola se présentent comme des propositions de solutions envisageables.

L'activité pétrolière offshore est essentiellement réglementée par le droit international qui en constitue d'ailleurs le principal ressort juridique. Les normes juridiques internationales ont démontré leur influence sur celles internes parce qu'elles sont incontournables, ne serait-ce qu'au regard de la définition des espaces maritimes où s'exerce une telle activité ou du règlement des différends frontaliers qui lui sont inhérents.

Cependant, l'influence de la norme internationale ne signifiant pas exclusion de la norme interne, le régime juridique de l'activité pétrolière ne peut se nourrir de la seule règle juridique internationale. Le cadre réglementaire interne qui en constitue un complément nécessaire et indispensable mérite d'être présenté.

Titre 2 :
LE CADRE REGLEMENTAIRE INTERNE DE L'ACTIVITE PETROLIERE OFFSHORE

La réglementation interne de l'activité pétrolière intègre plusieurs objectifs : l'État entend exprimer et exercer sa souveraineté sur les ressources naturelles qui s'accumulent sur son sol ou son sous-sol[443], l'État met en place une politique économique et des mécanismes juridiques pour attirer des investisseurs dans le domaine de la reconnaissance, de la recherche et de l'exploitation pétrolière, il entend également faire de l'activité pétrolière un outil de création d'emplois[444].

Pour atteindre ces objectifs, l'État développe une activité normative qui tient compte de ses priorités en matière de développement, mais aussi du cadre juridique international auquel il a adhéré.

L'on observe qu'au plan interne, la réglementation de l'activité pétrolière octroie finalement des prérogatives à l'État hôte (chapitre 1) et définit les conditions d'une bonne relation entre celui-ci et les autres acteurs du secteur pétrolier (chapitre 2).

---

443 Article 2 du code pétrolier de Côte d'Ivoire. Voir aussi l'article 3-1 du code pétrolier du Cameroun.

444 L'article 52 du code pétrolier ivoirien : « le titulaire d'un contrat pétrolier ainsi que ses sous-traitants doivent accorder la préférence aux entreprises ivoiriennes pour les contrats de construction, de fourniture et de prestations de services… » ; l'article 53 : « le titulaire d'un contrat pétrolier ainsi que ses sous-traitants doivent employer par priorité du personnel de nationalité ivoirienne qualifié pour les nécessités de leurs opérations.
À cette fin, dès le commencement des opérations pétrolières, le titulaire du contrat pétrolier doit établir et financer un programme de formation de personnel ivoirien, de toutes qualifications, dans les conditions qui sont fixées dans le contrat pétrolier. »

Chapitre 3 - LES PREROGATIVES DE L'ÉTAT HOTE DANS L'ACTIVITE PETROLIERE

L'État hôte est au cœur de l'activité pétrolière. En tant qu'acteur principal du processus de mise en œuvre de la politique économique, sociale et environnementale au plan national, il dispose de larges prérogatives dans le cadre de l'exercice de l'activité pétrolière. À ce titre, il assure le contrôle de cette activité (section 2), choisit le mode de son accomplissement soit par lui-même soit par une tierce personne (section 1) et organise une règlementation fiscale, douanière et des changes appropriés en vue de tirer profit de l'activité pétrolière (section 3).

Section 1- Les initiatives de l'État hôte

L'État hôte exerçant des droits souverains et exclusifs[445] sur les gisements et accumulations naturels d'hydrocarbures dans le sol ou le sous-sol de son territoire[446] peut être conduit à entreprendre directement des opérations pétrolières (paragraphe 1) ou à autoriser

---

[445] Les États du golfe de Guinée ont toujours affirmé ce droit de propriété sur leurs ressources naturelles (articles 2 du code pétrolier et 36 du code de l'environnement de Côte d'Ivoire ; article 3-1 du code pétrolier du Cameroun ; article 3 du code pétrolier du Congo ; article 3 du code pétrolier du Bénin ; article 4 du code pétrolier du Togo ; article 1-1 du code pétrolier du Ghana, etc.). Certains États africains affirment dans leur Constitution le principe de la souveraineté permanente sur les ressources naturelles (c'est le cas notamment des pays lusophones dont l'Angola : article 3 alinéa 3 de la Constitution de 2010) alors que d'autres se limitent à affirmer la propriété de l'État sur ces ressources. En ce qui concerne la Côte d'Ivoire, la propriété des ressources naturelles est bâtie sur le régime domanial. Selon ce régime, l'État attribue le droit d'exploitation à des entreprises de son choix qui sont tenues d'observer les conditions posées par la loi sans discrimination. D'autres régimes existent tels que le régime d'occupation (disparu de nos jours en Afrique), le régime régalien (comme en France), le régime de l'accession (en vigueur aux États-Unis par exemple) et le régime musulman. Voir, Thierry LAURIOL et Emilie RAYNAUD, le droit pétrolier et minier en Afrique, Droits africains, LGDJ, 2016, pp. 77-94.

[446] Article 2 du code pétrolier ; article 36 du code de l'environnement. Il s'agit de l'espace terrestre, la mer territoriale, la zone économique exclusive et du plateau continental.

des tiers à les entreprendre en leur octroyant des titres pétroliers (paragraphe 2).

Paragraphe 1- L'initiative personnelle de l'État

Dans cette hypothèse, l'initiative de l'État peut prendre deux formes : soit l'État réalise lui-même les opérations pétrolières (A) soit il les fait réaliser pour son compte par des personnes morales nationales de droit public dûment mandatées à cet effet (B)[447].

A - L'État, acteur direct des opérations pétrolières offshore

À première vue, l'ambition de l'État d'entreprendre lui-même directement les opérations pétrolières, peut paraître séduisante tant elle traduit une illustration de l'exercice de la souveraineté permanente des États sur leurs ressources naturelles[448] et une volonté de l'État d'accomplir sa mission de développement social et économique du pays sans subir les effets de la puissance financière et de la position de domination des multinationales pétrolières. Les opérations pétrolières sont ici assurées par l'État.[449]

Dans ce cas, l'État se trouverait investi d'une mission de service public pour satisfaire les besoins locaux en hydrocarbures, mais aussi en situation d'une personne accomplissant des actes de commerce[450] comme une personne de droit privé. Une telle initiative implique pour l'État d'avoir une surface financière extrêmement importante pour

---

[447] Article 5-1 du code pétrolier du Cameroun, article 5 alinéa 1er du code pétrolier de Côte d'Ivoire.

[448] La Résolution des Nations Unies 1803 (XVII) du 14 décembre 1962 : 1. « Le droit de souveraineté permanente des peuples et des nations sur leurs richesses et ressources naturelles doit s'exercer dans l'intérêt du développement national et du bien-être de la population de l'État intéressé. »

[449] Un exemple peut être fourni par les affaires du Bac d'Eloka (1921) et des Centaures Routiers (1970), l'exploitation des bacs étant assurée respectivement par la colonie de Côte d'Ivoire et par l'État de Côte d'Ivoire.

[450] Les articles 7-4 du code pétrolier du Cameroun et 8 alinéa 6 du code pétrolier de Côte d'Ivoire disposent que « les activités relatives aux opérations pétrolières (reconnaissance, recherche, exploitation et transport) sont considérées comme des actes de commerce. »

faire face aux multiples charges que nécessitent les opérations pétrolières ainsi qu'une organisation structurelle qui dispose de compétences techniques, technologiques et une expertise dans le domaine de l'ingénierie.

Mais à voir de près, la faible compétitivité des États du golfe de Guinée, la faiblesse des capitaux dont ils disposent, l'absence d'une Administration pétrolière fiable sont autant de facteurs qui rendent impossible la mise en œuvre de cette initiative. Ainsi, loin d'être une réalité, l'action directe de l'État dans la réalisation de l'activité pétrolière au niveau des États du golfe de Guinée en général et de la Côte d'Ivoire en particulier doit-elle être envisagée comme une affirmation de principe qui, conjuguée avec une réelle volonté des États producteurs de pétrole de la région, peut aboutir à la création d'une société pétrolière à l'échelle continentale[451].

B - L'État, substitué dans les opérations pétrolières offshore

La seconde forme que peut prendre l'initiative de l'État dans la réalisation de l'activité pétrolière se traduit par la substitution de l'État par une personne morale nationale de droit public. Ce n'est plus l'État lui-même qui entreprend directement les opérations pétrolières, mais il les fait réaliser pour son compte par des « établissements ou organismes publics dûment mandatés à cet effet. »[452]

Entre l'État et la personne morale, il s'établit un rapport de mandant à mandataire, celui-ci étant investi de la mission de réaliser des opérations pétrolières pour le compte de celui-là[453]. En conférant cette mission à des personnes morales nationales, le législateur pétrolier ivoirien entend donner la priorité aux établissements publics nationaux[454] qui peuvent être soit des établissements publics

---

[451] Voir nos développements sur cette approche, pp. 133-134.

[452] Article 5-1 du code pétrolier du Cameroun.

[453] La responsabilité des actes accomplis dans le cadre de cette mission incomberait alors à l'État tant que l'établissement public concerné n'aurait pas outrepassé le cadre de sa mission.

[454] L'établissement public est une personne morale de droit public gérant un service public, voir René DEGNI-SEGUI, Droit administratif général, 2e éd. Abidjan, CRES, 1996, p.199. ; article 1er de la loi ivoirienne n° 98-388 du 2 juillet 1998 fixant les règles générales relatives aux Établissements publics nationaux et portant création de catégories d'Établissements publics et abrogeant la loi n° 80-1070 du 13 septembre 1980, JORCI n° 30 du 23 juillet 1998, p. 707.

administratifs[455] soit des établissements publics à caractère industriel et commercial[456].

Les modalités de participation directe de l'État dans les activités pétrolières ci-devant décrites sont difficiles à mettre en œuvre pour des raisons tenant essentiellement au manque de capitaux et de technologie nécessaires. La pratique pétrolière montre que les États hôtes constituent une société pétrolière nationale qui leur sert le plus souvent d'interface vis-à-vis des compagnies pétrolières étrangères. Celles-ci, beaucoup actives dans le bassin sédimentaire de ces États, ne peuvent y entreprendre des opérations pétrolières qu'après avoir été autorisées par l'autorité compétente.

Paragraphe 2- L'autorisation administrative, un préalable à l'accomplissement de toute activité pétrolière par un tiers

L'affirmation de la pleine et exclusive propriété de la Côte d'Ivoire sur ses gisements et accumulations naturels dans le sol ou le sous-sol du territoire a pour corollaire l'autorisation administrative préalable et obligatoire avant l'accomplissement de toutes opérations pétrolières par toute personne, même le propriétaire de la surface[457].

---

[455] Selon l'article 53 de la loi précitée, « constitue un établissement public administratif, tout service public doté de la personnalité morale de droit public et de l'autonomie financière, dont les ressources sont essentiellement d'origine publique et les prestations, en principe, gratuites. »

[456] L'article 54 de ladite loi indique que, « constitue un établissement public à caractère industriel et commercial, tout établissement doté de la personnalité morale de droit public et de l'autonomie financière, qui remplit une mission de service public spécialisé à caractère industriel ou commercial, et dont les ressources résultent principalement des redevances perçues sur les usagers. »

[457] L'article 4 alinéa 2 du code pétrolier de Côte d'Ivoire dispose que « nul ne peut entreprendre des opérations pétrolières, même le propriétaire de la surface, s'il n'y a pas été préalablement autorisé conformément aux dispositions de la présente loi. » L'article 4-1 du code pétrolier du Cameroun va dans le même sens en énonçant qu'« une personne physique ou morale, y compris les propriétaires du sol, ne peut entreprendre des opérations pétrolières que si elle a été préalablement autorisée à le faire par l'État», voir aussi article 4 alinéa de la loi n° 98-05 du 8 janvier 1998 portant code pétrolier du Sénégal, article 4 du code pétrolier du Congo.

Cette autorisation administrative prend la forme de titres pétroliers ou de titres miniers d'hydrocarbures[458] dont il convient de présenter la typologie (A) ainsi que la nature et le régime juridiques (B).

A- La typologie des titres pétroliers

En matière pétrolière, divers actes portant autorisation administrative à accomplir une opération peuvent être délivrés[459]. Cependant, ceux auxquels on peut conférer la qualité de titre pétrolier, stricto sensu, sont relatifs à l'exploration ou la recherche et à l'exploitation ou la production d'hydrocarbures[460]. À ce stade, il convient de préciser que se rapportant à une opération pétrolière, en l'occurrence la prospection ou la reconnaissance, l'autorisation de reconnaissance ne constitue pas un titre minier d'hydrocarbures[461]. La

---

[458] Une précision sémantique mérite d'être apportée à ce sujet. Certaines législations (par exemple le code pétrolier du Congo) emploient l'expression « titre minier » pour désigner l'acte administratif autorisant l'activité pétrolière. Cet acte concernerait indifféremment les minerais solides (le fer, la bauxite, etc.) et les hydrocarbures liquides et gazeux (le pétrole brut, le gaz naturel). Cette terminologie ne nous paraît pas exacte quand il s'agit d'un titre autorisant l'accomplissement d'une opération portant sur des hydrocarbures. L'expression « titre pétrolier ou titre minier d'hydrocarbures » nous paraît plus correcte ; voir en ce sens l'article 1er-j du code pétrolier de Côte d'Ivoire, l'article 1er de la loi n° 2006-18 du 17 octobre 2006 portant code pétrolier en République du Bénin, l'article 7 de la loi n° 99-003 du 18 février 1999 portant code des hydrocarbures de la République togolaise qui utilisent l'expression « titre pétrolier » ; l'article 2-r du code pétrolier du Cameroun, l'article 2-j du code pétrolier du Sénégal qui emploient l'expression « titre minier d'hydrocarbures ».

[459] Le titre de raffinage (articles 1er et 16 du code pétrolier du Bénin), l'autorisation de transport intérieur (article 45-1 du code pétrolier du Cameroun), l'autorisation de prospection ou de reconnaissance, l'autorisation de recherche, l'autorisation d'évaluation ou l'autorisation d'exploitation.

[460] L'article 10 du code pétrolier du Bénin l'affirme sans ambages que « seuls les permis de recherches et les permis d'exploitation constituent des titres pétroliers. » L'article 7-3 du code des hydrocarbures du Togo va dans le même sens en disposant que « seuls les permis d'exploration et les concessions pétrolières constituent des titres pétroliers. » Voir aussi l'article 20 du code pétrolier de Côte d'Ivoire ; L'article 23-2 du code pétrolier du Cameroun ne confère pas à l'autorisation de prospection la qualité de titre minier d'hydrocarbures.

[461] Voir en ce sens l'article 11 alinéa 2 du code pétrolier de Côte d'Ivoire qui dispose que « l'autorisation de reconnaissance est accordée pour une durée d'un an au plus et peut être renouvelée une seule fois pour une durée d'un an au plus. Elle ne constitue pas un titre minier et n'est ni cessible ni transmissible. » Les conditions d'obtention et de renouvellement de l'autorisation de prospection sont fixées aux

raison de cette exclusion semble transparaître de l'idée que l'autorisation de reconnaissance peut être délivrée sans la conclusion préalable d'un contrat pétrolier et elle ne confère à son titulaire aucun droit à la conclusion d'un tel contrat, ce qui explique qu'elle n'est ni cessible ni transmissible[462], alors que le titre pétrolier confère à son titulaire des droits cessibles et transmissibles, sous réserve d'approbation préalable du gouvernement[463].

On pourrait justifier cette approche par le fait que l'autorisation de reconnaissance se situerait en dehors du cadre contractuel pétrolier et, à ce stade, le rapport juridique entre l'État d'accueil et la société pétrolière étrangère se trouverait hors de la sphère contractuelle pour ne se limiter qu'au seul cadre administratif.

Mais d'autres législations confèrent à l'autorisation de reconnaissance la qualité de titre minier d'hydrocarbures. Tel est le cas de la loi pétrolière n°24-94 du 23 août 1994 du Congo qui dispose en son article 4 alinéa 2 que les « titres miniers en matière d'hydrocarbures sont l'autorisation de prospection, le permis de recherche et le permis d'exploitation. »

Au-delà de la controverse apparente, il existe des similitudes entre les différentes législations susvisées en ceci qu'elles attribuent compétence au ministre chargé des hydrocarbures pour délivrer l'autorisation de reconnaissance par arrêté et pour la renouveler dans les mêmes formes. En outre, toute demande de reconnaissance

---

articles 9 et suivants du décret n° 96-733 du 19 septembre 1996 (JORCI n° 19 du 8 mai 1997, p. 480) portant modalités générales d'application de la loi relative au code pétrolier. Elle est accordée par arrêté du ministre en charge des hydrocarbures sur recommandation de la Commission Interministérielle Pétrolière (C.I.P). Voir aussi l'article 26-2 du code pétrolier du Cameroun.

462 Articles 23-2 du code pétrolier du Cameroun, 8 alinéa 3 du code des hydrocarbures du Congo et 11 alinéa 2 du code pétrolier de Côte d'Ivoire. Néanmoins, l'autorisation de reconnaissance peut conférer à son titulaire le droit de disposer des produits extraits en cas de découverte d'hydrocarbures à l'occasion de la prospection ou prévoir, en raison des circonstances exceptionnelles, notamment pour les zones marines profondes, soit un droit de préférence en cas de conclusion éventuelle d'un contrat pétrolier, soit une exclusivité de durée limitée pour conclure un contrat pétrolier sur tout ou partie du périmètre concerné.

463 Articles 38 alinéa 1 du code pétrolier de Côte d'Ivoire, 17-1 du code pétrolier du Cameroun et 10 alinéa 4 du code des hydrocarbures du Congo

d'hydrocarbures reste soumise à des négociations de gré à gré[464] ou à un appel d'offre[465].

Toutefois, pour les raisons évoquées précédemment, on ne peut qu'opiner dans le sens de l'exclusion de l'autorisation de prospection du rang des titres pétroliers. Ceux-ci sont relatifs soit à la recherche soit à l'exploitation d'hydrocarbures.

1 - Les titres pétroliers relatifs à la recherche ou à l'exploration des hydrocarbures

Une fois la prospection achevée et les résultats des travaux de reconnaissance communiqués au gouvernement, celui-ci peut à tout moment conclure un contrat pétrolier sur tout ou partie du périmètre objet de l'autorisation de prospection.

La conclusion du contrat ouvre droit pour l'opérateur pétrolier de solliciter une autorisation de recherche ou d'exploration dans les limites du périmètre qui en est l'objet. Lorsqu'il s'agit d'un contrat de concession, cette autorisation prend la dénomination de permis de recherche d'hydrocarbures[466] ou permis H[467]. Dans le cas d'un contrat de partage de production, l'autorisation de recherche passe sous l'appellation d'autorisation exclusive d'exploration ou, en cas de découverte, d'autorisation exclusive d'évaluation[468].

Les législations pétrolières ivoirienne et camerounaise disposent que le permis de recherche d'hydrocarbures est accordé par décret[469]

---

[464] Le code pétrolier ivoirien (article 8-a) prévoit des négociations de gré à gré pour l'octroi d'une autorisation de reconnaissance d'hydrocarbures ou de contrat pétrolier. Avant ces négociations, le ministre en charge des hydrocarbures fait procéder au découpage du territoire de la République (sont ici visés les espaces maritimes sur lesquels l'État exerce sa souveraineté ou dispose de droits souverains) en blocs.

[465] Voir articles 8-b du code pétrolier ivoirien et article 5-3 du code pétrolier du Cameroun.

[466] Articles 20-a du code pétrolier de Côte d'Ivoire et 26 du code pétrolier du Cameroun. La loi pétrolière congolaise emploie aussi les termes de permis de recherche.

[467] Article 18 du code pétrolier du Bénin.

[468] Elle est une particularité du code pétrolier de Côte d'Ivoire. Il semble que le code pétrolier du Cameroun ne soumet pas l'évaluation à une autorisation préalable.

[469] Article 28-1 alinéa 2 du code pétrolier du Cameroun et article 13 alinéa 2 du décret d'application du code pétrolier de Côte d'Ivoire. Le premier permis de

pris en conseil des ministres pour une durée initiale de trois ans[470]. En cas de contrat de partage de production ou de contrats de service à risques, la signature du contrat vaut octroi de l'autorisation exclusive de recherche.

Mais l'autorisation d'exploration peut être renouvelée deux fois pour une durée de deux ans par arrêté du ministre chargé des hydrocarbures[471], sans toutefois que la durée initiale augmentée des deux renouvellements ne puisse excéder sept ans, ou neuf ans en zones marines profondes. À la date de chaque renouvellement, la superficie, objet de l'autorisation de recherche est réduite conformément aux stipulations contractuelles. Cependant, la réduction ne pourra affecter le droit pour le titulaire d'une autorisation de recherche de demander une autorisation d'exploitation en cas de découverte de gisement d'hydrocarbures commercialement exploitable.

Pendant la validité de l'autorisation de recherche et lorsque les tests de production sont en cours ou sont envisagés, le titulaire du contrat pétrolier peut solliciter une autorisation d'exploitation provisoire des puits productifs, pour une durée maximale de deux ans[472]. En Côte d'Ivoire l'octroi de cette autorisation relève de la compétence personnelle du ministre en charge des hydrocarbures[473] alors que dans certains États l'autorisation d'exploitation provisoire est accordée par décret présidentiel[474].

2 - Les titres pétroliers relatifs à l'exploitation des hydrocarbures

Les titres pétroliers qui s'attachent à l'exploitation des hydrocarbures varient selon que le contrat préalablement conclu entre

---

recherche d'hydrocarbures portant sur un périmètre offshore a été octroyé par la Côte d'Ivoire à un consortium composé des sociétés Esso, Shell et E.R.A.P, par décret n° 70-618 du 14 octobre 1970.

470 En droit camerounais, la durée de l'autorisation de recherche peut être portée à cinq ans dans le cas d'une zone d'opérations pétrolières particulières (par exemple dans les zones marines profondes).

471 Article 19 du décret d'application du code pétrolier de la Côte d'Ivoire et 23-2 du décret d'application du code pétrolier du Cameroun.

472 La durée est identique en Côte d'Ivoire et au Cameroun.

473 Article 22 alinéa 3 du décret d'application du code pétrolier de Côte d'Ivoire.

474 Voir par exemple l'article 26 alinéa 1er du décret n° 2000/465 du 30 juin 2000 relatif à l'application du code pétrolier du Cameroun.

l'État d'accueil et la société pétrolière est un contrat de concession ou un contrat de partage de production[475].

Ainsi, l'État aura à octroyer soit une concession d'exploitation lorsqu'il s'agit d'un contrat de concession soit une autorisation exclusive d'exploitation[476] dans le cas de contrat de partage de production ou de contrat de services à risques. Ces titres miniers d'hydrocarbures sont accordés par décret présidentiel[477] pour une durée maximale initiale de vingt-cinq ans en Côte d'Ivoire[478].

Le renouvellement de la concession d'exploitation ou de l'autorisation exclusive d'exploitation se fait également par voie décrétale pour une durée de dix ans en Côte d'Ivoire[479]. Le bénéfice de la prorogation de la durée initiale est subordonné à la satisfaction, par le titulaire de l'autorisation d'exploitation, de ses obligations techniques, financières et fiscales. Il doit par ailleurs démontrer la

---

[475] Articles 20-b du code pétrolier de Côte d'Ivoire et 36 du code pétrolier du Cameroun.

[476] La loi pétrolière congolaise utilise les termes de permis d'exploitation (articles 17, 18, 19, etc. du code des hydrocarbures) pour désigner l'autorisation exclusive d'exploitation.

[477] Articles 31 alinéa 3 du code pétrolier de Côte d'Ivoire, 41 du code pétrolier du Cameroun, 29 du code pétrolier du Bénin. Voir à cet effet, à titre illustratif les décrets : n° 2012-225 du 29 décembre 2012 portant autorisation exclusive d'exploitation du gisement pétrolier et gazier « FOXTROT » du bloc CI-27, JORCI n° 12 du 23 mars 2012, p. 248 ; n° 2012-226 du 29 décembre 2012 portant autorisation exclusive d'exploitation du gisement pétrolier et gazier « MAHI» du bloc CI-27, JORCI n° 12 du 23 mars 2012, p. 249 ; n° 2012-225 du 29 décembre 2012 portant autorisation exclusive d'exploitation du gisement pétrolier et gazier « MARLIN » du bloc CI-27, JORCI n° 12 du 23 mars 2012, p. 249 ; n° 2012-368 du 18 avril 2012 portant autorisation exclusive d'exploitation du gisement gazier et pétrolier « GAZELLE » du bloc CI-202, JORCI n° 26 du 28 juin 2012, p. 601 ; n° 2014-838 du 17 décembre 2014 portant autorisation exclusive d'exploitation du gisement gazier et pétrolier « GAZELLE » du bloc CI-202, JORCI n° 27 du 2 avril 2015, p. 480.

[478] La même durée est appliquée au Cameroun. Elle est en revanche de vingt ans au Congo (article 19 alinéa 3). Pour un exemple de la durée initiale de 25 ans renouvelable, voir l'article 3 du décret n° 99-507 du 4 août 1999 portant autorisation exclusive d'exploitation du gisement pétrolier et gazier de la zone spéciale « F » du champ « FOXTROT » du bloc CI-27, JORCI n° 36 du 9 septembre 1999, p. 732. Ce décret a été modifié et complété par le décret n° 2009-85 du 26 mars 2009, JORCI n° 21 du 21 mai 2009, p. 301.

[479] Articles 32 alinéa 2 du code pétrolier de Côte d'Ivoire, 38 -2 du code pétrolier du Cameroun et 27 du code pétrolier du Sénégal. Au Congo, la durée maximale de prorogation est de cinq ans.

possibilité du maintien d'une production commerciale d'hydrocarbures au-delà de la période de validité en cours.

B- La nature et le régime juridiques des titres pétroliers

Les titres pétroliers sont enracinés dans des arrêtés du ministre en charge des hydrocarbures ou des décrets pris en conseil des ministres[480]. À ce titre, ils constituent des actes administratifs[481] qui confèrent à leurs titulaires des droits en contrepartie desquels ceux-ci assument des obligations.

Les titres pétroliers confèrent à leurs titulaires le droit exclusif d'exécuter, à leurs risques et dépens, dans les limites des périmètres qui en sont l'objet, les travaux d'exploration et toutes les opérations d'exploitation[482] d'un gisement d'hydrocarbures commercialement exploitable.

À l'occasion des travaux de recherche et des essais de production, l'autorisation exclusive afférente à ces activités ouvre droit à son titulaire de disposer de sa part des hydrocarbures qui pourraient être éventuellement extraits.

Les droits que confèrent les titres pétroliers sont cessibles et transmissibles après approbation du ministre en charge des hydrocarbures, mais insusceptibles d'hypothèque[483]. Les conventions

---

[480] Voir les articles 17 du code des hydrocarbures du Congo, 29 du code pétrolier du Bénin et 23-3 du code des hydrocarbures du Togo. Un tel décret, par opposition au décret simple, est pris par le Président de la République en sa qualité de détenteur exclusif du pouvoir exécutif (article 63 de la constitution ivoirienne du 8 novembre 2016) sur rapport du ministre chargé des hydrocarbures et après délibération du conseil des ministres.

[481] René DEGNI-SEGUI, Droit administratif général, précité, pp. 242-261.

[482] Dans le même sens, Jean DEVAUX-CHARBONNEL, « Le plateau continental du Royaume-Uni et la Convention internationale de Genève de 1958 », in Annuaire français de droit international, volume 10, 1964, pp. 714-715.

[483] L'hypothèque est un droit réel accessoire grevant un immeuble et constitué au profit du créancier en garantie du paiement de sa créance. Ne constituant pas des immeubles, mais plutôt un droit mobilier en ce qui concerne le permis de recherche (article 10 alinéa 4 du code des hydrocarbures du Congo) et un droit immobilier s'agissant du permis d'exploitation (article 19 dernier alinéa du code des hydrocarbures du Congo), les autorisations de recherche et d'exploitation sont insusceptibles d'hypothèque. Ces titres sont distincts de la propriété des gisements qui eux, appartiennent exclusivement à l'État d'accueil.

par lesquelles une société pétrolière cède ou transmet ses droits à une autre société relèvent du droit privé, et à ce titre les différends auxquels elles peuvent donner lieu peuvent être portés devant les juridictions arbitrales internationales.

Outre les obligations fiscales, financières, environnementales[484] et d'information, celles essentiellement techniques qui incombent aux titulaires des titres pétroliers se résument à la réalisation des travaux de recherche au cours de la période initiale de validité de l'autorisation ainsi qu'au cours de chaque période de renouvellement, à la notification au ministre en charge des hydrocarbures, de toute découverte de pétrole ou de gaz associé.

Les obligations qui incombent au titulaire d'une autorisation ou d'un contrat pétrolier sont assorties de sanctions. Ainsi, en cas de « violation grave »[485] du code pétrolier ou des dispositions prises pour son application, de l'autorisation de recherche ou d'exploitation, ou du contrat pétrolier, et après mise en demeure de remédier, dans les délais prescrits, aux manquements constatés, l'autorisation ou le contrat pétrolier peuvent faire respectivement l'objet de retrait ou de déchéance soit par arrêté du ministre en charge des hydrocarbures[486], soit par décret[487]. Le retrait et la déchéance laissent subsister les obligations tant contractuelles que celles qui existent à l'égard des

---

[484] L'obligation de protection de l'environnement dans le cadre des industries extractives est désormais inscrite dans la quasi-totalité des codes pétroliers des États du golfe de Guinée. Des études relatives à l'impact environnemental des projets de développement sont exigées (voir par exemple en Côte d'Ivoire le décret n° 96-894 du 8 novembre 1996 déterminant les règles et procédures applicables aux études relatives à l'impact environnemental des projets de développement, JORCI n° 46 du 14 novembre 1996, p. 1062). Les articles 82 et 83 du code pétrolier du Cameroun consacrent la protection de l'environnement dans le cadre de l'accomplissement des opérations pétrolières. L'article 18 nouveau-o) de l'ordonnance n° 2012-369 du 18 avril 2012 modifiant la loi n° 96-669 du 29 août 1996 portant code pétrolier de la Côte d'Ivoire (JORCI n° 27 du 5 juillet 2012, p. 626) va dans le même sens.

[485] Articles 87 du code pétrolier de Côte d'Ivoire et 116-1 du code pétrolier du Cameroun. Ces textes sont muets aussi bien sur le contenu de la violation que sur le caractère grave de cette violation. Nous pensons que « la violation grave » consisterait en un manquement à une obligation essentielle du contrat à la charge du titulaire de l'autorisation ou du contrat pétrolier (défaut d'accomplissement des travaux d'exploration, non-respect de la fiscalité prévue, atteinte à l'environnement par exemple).

[486] Article 116-2 du code pétrolier du Cameroun.

[487] Article 87 du code pétrolier de Côte d'Ivoire.

tiers que le titulaire devait assumer au titre des opérations pétrolières contenues dans l'autorisation ou le contrat pétrolier[488].

En cas de découverte permettant de présumer l'existence d'un gisement d'hydrocarbures commercialement exploitable, le titulaire de l'autorisation d'exploration est tenu d'effectuer les travaux nécessaires à l'évaluation du gisement, et d'entreprendre, après y avoir été autorisé, les travaux d'exploitation du gisement.

Le régime juridique des titres pétroliers est celui des actes administratifs. Il en résulte que le différend qui pourrait découler[489] de tels actes opposant l'État et les sociétés pétrolières est justiciable devant les juridictions administratives nationales[490]. En Côte d'Ivoire, le contentieux de ces titres (actes émanant des autorités administratives) relève de la compétence exclusive du Conseil d'État[491] institué en remplacement de la Chambre administrative de la Cour Suprême.

Le moins que l'on puisse dire à propos de ce contentieux, c'est qu'il s'agit du recours pour excès de pouvoir[492] par lequel le requérant demande au juge de contrôler la légalité de l'acte administratif et d'en prononcer l'annulation s'il y a lieu.

Ce contrôle de la légalité ou de la conformité de l'acte à la loi va s'articuler autour de l'examen de la légalité externe de l'acte (incompétence ou vice de forme ou de procédure) et celui de sa

---

488 Article 117 du code pétrolier du Cameroun.

489 Il peut notamment s'agir des questions relatives à la validité ou aux modalités d'exécution des titres pétroliers.

490 Serge BANDOKI, le droit minier et pétrolier en Afrique, Classique, Edilivre, Éditions APARIS, février 2008, p. 35.

491 Article 5 alinéa 3 de loi n° 2018-978 du 27 décembre 2018 déterminant les attributions, la composition, l'organisation et le fonctionnement du Conseil d'Etat, JORCI n° 02 NS du 6 mars 2019, p. 33.

492 Édouard LAFERRIÈRE (vice-président du Conseil d'État français de 1886 à 1898) proposait, dans son Traité de la juridiction administrative et des recours contentieux, 1887 (réédité en 1989), une classification quadripartite des recours susceptibles d'être intentés devant le juge administratif, savoir le recours pour excès de pouvoir, le recours de pleine juridiction ou de plein contentieux, le contentieux de l'interprétation et de l'appréciation de légalité et le contentieux de la répression. Mais René CHAPUS classe ces recours en deux catégories : recours pour excès de pouvoir et contentieux de pleine juridiction, voir René CHAPUS, Droit du contentieux administratif, 13e éd., Précis Domat, Paris, Montchrestien, 2008.

légalité interne (violation de la loi ou détournement de pouvoir ou de procédure).

Le recours pour excès de pouvoir élevé au rang de principe général de droit, a été forgé par la jurisprudence dame Lamotte. Le Conseil d'État avait pu juger, à propos d'un recours pour excès de pouvoir initié par dame Lamotte contre l'arrêté préfectoral du 10 août 1944 : « qu'il existe un principe général du droit selon lequel toute décision administrative peut faire l'objet, même sans texte, d'un recours pour excès de pouvoir »[493].

Depuis lors, cette jurisprudence a reçu une constante application à propos des actes que l'administration prend dans ses rapports avec les administrés[494].

Aussi fâcheuse qu'elle puisse paraître, l'annulation a pour conséquence d'entraîner le retrait de l'acte administratif illégal de l'ordonnancement juridique.

Les prérogatives de l'État hôte dans le cadre de l'activité pétrolière se réalisent dans l'octroi des titres qui autorisent les compagnies pétrolières à exercer leurs activités, mais elles s'observent également au niveau du contrôle des opérations pétrolières.

Section 2 - Les dispositions applicables au contrôle des opérations pétrolières

L'activité pétrolière implique, pour l'exploitant, des aptitudes techniques, juridiques et financières. Une telle activité, en raison des intérêts stratégiques et économiques qu'elle représente, est accomplie sous la surveillance de l'État d'accueil qui dispose du droit de veiller au respect des règles qu'il adopte. Il assure la surveillance technique et administrative ainsi que le contrôle financier. L'enjeu de ce contrôle,

---

[493] Affaire ministère de l'Agriculture c/ dame Lamotte, Lebon (Conseil d'État 1950).

[494] Voir par exemple en Côte d'Ivoire, Cour Suprême, Chambre administrative, arrêt n° 15 du 28 juin 2000 (SIBI Siao c/ ministère de la Construction et de l'Urbanisme), à propos de l'annulation de l'arrêté du ministre de la Construction et de l'Urbanisme en date du 18 janvier 1983 pour non-respect des formalités prescrites par la loi ; Cour suprême, Chambre administrative, arrêt n° 119 du 27 juin 2001 (HAIDAR Hamed Haïdar c/ ministère de la Construction et de l'Urbanisme), à propos de l'annulation de l'arrêté du ministre de la Construction et de l'Urbanisme en date du 2 décembre 1999 pour excès de pouvoir.

pour l'État qui octroie des titres miniers d'hydrocarbures, est d'obtenir de l'opérateur privé des informations sur les opérations pétrolières afin de s'assurer du respect des obligations contractuelles, mais aussi de permettre une gestion transparente des ressources pétrolières[495] en tenant compte de la protection de l'environnement[496] et de la préservation des intérêts des générations présentes et futures[497]. Les règles de contrôle établies concernent aussi bien sa portée que son objet. Le contrôle peut se faire soit en interne par l'exploitant privé, soit de façon externe par les autorités locales[498]. Mais le contrôle et la surveillance qui paraissent refléter l'esprit des dispositions légales sont ceux effectués par l'État d'accueil sur les activités réalisées par la compagnie pétrolière. Ce contrôle peut s'opérer soit directement (Paragraphe 1) soit indirectement (Paragraphe 2). Les dispositions applicables à l'activité pétrolière par l'État d'accueil prévoient un

---

[495] La gestion transparente des ressources pétrolières a été inscrite formellement dans l'ordonnance n° 2012-369 du 18 avril 2012 modifiant la loi n° 96-669 du 29 août 1996 portant code pétrolier (article 82 nouveau), JORCI n° 27 du 5 juillet 2012, p. 626. L'Initiative pour la Transparence dans les Industries extractives (ITIE) est une initiative volontaire qui vise à renforcer, dans les pays riches en ressources pétrolières, gazières et minières, la bonne gouvernance des revenus publics issus de leur extraction. La Côte d'Ivoire a adhéré à cette initiative en 2008, et a été déclarée « pays conforme » en mai 2013. La validation de la Côte d'Ivoire était prévue pour le 1er avril 2017. Depuis son adhésion au processus ITIE, la Côte d'Ivoire a publié neuf Rapports, dont celui de 2015 établi par le Conseil National ITIE Côte d'Ivoire en mars 2017. Il y est fait état « d'une progression au niveau des revenus du secteur des hydrocarbures, déclarés dans le cadre du processus ITIE, de 15,4% passant à 252,3 milliards FCFA en 2015 contre 218,7 milliards FCFA en 2014 et 339,5 milliards FCFA en 2013 » (voir Rapport ITIE 2015, p. 8).

[496] La dimension environnementale des opérations pétrolières existe depuis le décret n° 96- 894 du 8 novembre 1996 (JORCI n° 46 du 14 novembre 1996, p. 1062) déterminant les règles et procédures applicables aux études relatives à l'impact environnemental des projets de développement (Annexe 1-3°-a du décret). Elle vise à renforcer le contrôle des opérations pétrolières en vue de protéger l'environnement.

[497] La préservation des intérêts des générations présentes et futures renvoie à une notion désormais bien connue dans le domaine juridique. Il s'agit du développement durable que la Commission mondiale sur l'Environnement et le Développement définissait, dans son rapport de 1987 intitulé « Notre avenir à tous » (Rapport Brundtland) comme « un développement qui répond aux besoins du présent sans compromettre la capacité des générations futures de répondre aux leurs. » Cette notion est inscrite dans la Déclaration de Rio sur l'Environnement et le Développement du 14 juin 1992.

[498] Thierry LAURIOL et Emilie RAYNAUD, le droit pétrolier et minier en Afrique, Droits africains, LGDJ, 2016, pp. 327-341.

aspect répressif dans l'hypothèse classique de l'organisation d'un droit pénal interne. Dans le cas de la Côte d'Ivoire, il convient de s'interroger sur l'existence même de ce droit répressif au regard de l'analyse du code pétrolier (paragraphe 3).

Paragraphe 1- Les dispositions opérant un contrôle indirect

Le dispositif légal prévu à cet effet impose un certain nombre d'obligations à la charge de l'exploitant consistant à créer une société de droit national (A) et à s'assurer auprès de compagnies d'assurances (B).

A - L'obligation de constituer une société de droit national

Le contrôle indirect de l'État d'accueil s'opère en amont de l'activité pétrolière en rendant obligatoire la création d'une société commerciale ou de plusieurs sociétés commerciales de droit ivoirien[499]. Lorsque ces sociétés sont de droit étranger, elles doivent justifier pendant toute la durée du contrat pétrolier, de l'existence en Côte d'Ivoire d'un établissement stable inscrit au registre du commerce et du crédit mobilier[500]. Ce contrôle est l'une des spécificités du code pétrolier ivoirien que l'on rencontre aussi dans le droit congolais.

L'État d'accueil vise par une telle obligation, un double objectif : constituer un certain savoir-faire au plan local grâce à la transmission des connaissances technologiques de la compagnie pétrolière et s'assurer d'une certaine façon de la solvabilité de l'exploitant privé.

B - L'obligation de s'assurer auprès des compagnies d'assurances nationales

L'obligation d'assurance peut prendre deux formes : soit elle est inscrite dans les codes pétroliers [501] en imposant à l'exploitant privé

---

[499] Article 8 alinéa 1er du code pétrolier ivoirien ; article 33 du code pétrolier du Congo.

[500] Cet établissement peut être une filiale ou une succursale d'une société mère de droit étranger.

[501] C'est le cas au Congo (article 37 du code pétrolier).

de s'assurer auprès d'une compagnie d'assurances locale pour la couverture des risques liés à toutes les activités pétrolières soit les contrats pétroliers prévoient cette obligation[502]. Contrairement à la législation congolaise qui impose à l'opérateur de souscrire à une police d'assurance auprès d'un établissement d'assurance local, le législateur ivoirien n'envisage pas un tel impératif[503]. L'essentiel en ce domaine pour l'État d'accueil est de s'assurer des capacités financières de la compagnie d'assurance à couvrir les risques colossaux inhérents à l'activité pétrolière[504].

Par ces deux mécanismes, l'État assure de façon indirecte le contrôle des opérations menées par les compagnies pétrolières. Mais il peut directement interférer dans leur activité pour vérifier le respect de leurs obligations contractuelles et des dispositions réglementaires en vigueur.

Paragraphe 2 - Les dispositions réalisant un contrôle direct

La surveillance administrative et technique ainsi que le contrôle financier de l'activité pétrolière en Côte d'Ivoire sont régis par les dispositions du code pétrolier et du décret qui assure son application[505]. Ce contrôle est assuré par des acteurs (A) suivant des modalités (B) définies par les textes susvisés.

---

502 Voir notamment l'article 64 alinéa 4 du code pétrolier de Côte d'Ivoire et l'article 62-3 du code pétrolier du Cameroun.

503 L'opérateur pétrolier conserve une liberté de choix de la compagnie d'assurance.

504 Les risques couverts par l'assureur sont multiples. Ils comprennent notamment les dommages causés aux installations pétrolières, aux tiers, à l'environnement ou encore aux employés intervenant dans le cadre des opérations pétrolières. Voir en ce sens, Thierry LAURIOL et Émilie RAYNAUD, op. cit., p. 296 ; l'article 118 du décret n° 2000-485 du 30 juin 2000 fixant les modalités d'application de la loi n° 99-013 du 22 décembre 1999 portant code pétrolier du Cameroun.

505 Article 65 du code pétrolier de Côte d'Ivoire et les articles 40 à 45 du décret n° 96-733 du 19 septembre 1996 portant modalités d'application du code pétrolier.

A- Les acteurs du contrôle

Le contrôle des opérations pétrolières se fait sous la houlette des agents de la direction générale des Hydrocarbures[506] rattachée au Ministère chargé des ressources minières et pétrolières. Le contrôle est assuré par les agents de la sous-direction des Contrôles techniques qui relève de la Direction centrale du Suivi et de la Réglementation des Hydrocarbures qui a pour missions, entre autres, le suivi de l'application de la législation, de la réglementation et des contrats en vigueur dans le domaine des hydrocarbures[507]. Les agents en charge du contrôle sont assermentés et disposent de pouvoirs étendus pour assurer leurs missions[508]. La garantie d'un contrôle efficace suppose une certaine expertise que doivent avoir les agents dans le domaine pétrolier. C'est la raison pour laquelle certains États d'accueil font appel à des consultants nationaux ou étrangers pour les assister dans cette tâche.

B- Les modalités du contrôle

Conformément aux dispositions du code pétrolier ivoirien, le contrôle direct des opérations pétrolières se fait essentiellement suivant deux modalités : le contrôle administratif et technique d'une part et le contrôle financier d'autre part[509].

La surveillance ou le contrôle administratif et technique se fait à travers des inspections que les autorités locales sont légalement habilitées à opérer sur les sites des travaux et les installations pétrolières et même les installations annexes servant à l'accomplissement de l'activité de l'opérateur pétrolier. Ce contrôle ouvre droit pour les agents de la direction générale des hydrocarbures d'accéder aux sources d'informations et de se faire remettre tous échantillons ou documents de nature géologique, géophysique,

---

[506] Elle a été instituée par le décret n° 2009-399 du 17 décembre 2009 portant organisation du Ministère des Mines et de l'Énergie, JORCI n° 2010-24 du 24 juin 2010, p. 346.
[507] Article 11.3 du décret précité.
[508] Par exemple, dans le domaine de la législation et de la réglementation du travail et de la sécurité des travailleurs, ils disposent des pouvoirs dévolus aux inspecteurs du travail et des lois sociales.
[509] Article 65 du code pétrolier de Côte d'Ivoire ; Thierry LAURIOL et Emilie RAYNAUD, op. cit., p. 336.

géochimique, hydrologique ou minière. Une inspection inopinée pouvant certes s'avérer fructueuse[510] n'a pas été retenue par le législateur. Les bons rapports de coopération commandent que les agents commis à la tâche d'inspection avisent au préalable le responsable local des opérations. La surveillance technique concerne toutes les étapes du projet pétrolier[511] et a pour objectif d'assurer la conservation des gisements, vérifier les conditions de transport, de sécurité publique et de la main-d'œuvre, la protection de l'environnement et de l'usage des sources et nappes d'eau. Dans le cadre de la surveillance administrative, le cocontractant de l'État est tenu de communiquer, au plus tard le 31 janvier de chaque année, à la direction générale des hydrocarbures la liste du personnel qu'il emploie[512].

Le contrôle financier peut se faire au moyen d'audits pour vérifier la quantité des prestations fournies, leur qualité ainsi que la validité et le montant des dépenses engagées[513]. L'exploitant privé doit tenir une comptabilité régulière et fiable. Les sociétés pétrolières opérant dans l'espace OHADA dont sont membres la plupart des États du golfe de Guinée sont soumises, à cet égard, à l'Acte uniforme portant organisation et harmonisation des comptabilités des entreprises[514].

Dans leur politique de contrôle de l'activité pétrolière menée sur leur territoire, les États ont tendance à introduire des dispositions répressives dans leur code pétrolier[515] dans le but de sanctionner les comportements constitutifs d'infraction.

---

[510] Une telle inspection permet d'éviter que l'opérateur dissimule à dessein des documents susceptibles d'être compromettants pour lui.

[511] Il s'agit de la reconnaissance (prospection), de l'exploration (recherche), de l'exploitation (production) et du transport.

[512] Il doit indiquer les noms et prénoms, la fonction, la date d'embauche, la nationalité, le numéro et le nombre des salariés qu'il emploie.

[513] Thierry LAURIOL et Emilie RAYNAUD, le droit pétrolier et minier en Afrique, Droits africains, 2016, p. 336.

[514] Adopté le 24 mars 2000.

[515] À l'exception du Cameroun, les États du golfe de Guinée prévoient de telles dispositions.

Paragraphe 3- Le droit pénal interne de l'activité pétrolière : l'affirmation de la compétence nationale

En l'état actuel du droit positif pétrolier en vigueur en Côte d'Ivoire, la question du droit pénal interne applicable à l'activité pétrolière relève d'un automatisme didactique. Ce réflexe pourrait s'observer à l'égard de toute autre activité humaine susceptible d'occasionner des atteintes aux personnes et aux biens.

Cependant, à l'examen des dispositions contenues dans la législation pétrolière de la Côte d'Ivoire, le constat que l'on fait se résume à une lacune des textes, ce qui nous fait dire qu'en ce domaine, la législation pénale serait inachevée[516]. Ce constat qui ne peut passer inaperçu serait compris dans le cadre d'une analyse critique de la législation pétrolière de cet État (A). Un autre regard sur la législation pétrolière de certains États du golfe de Guinée permet de conclure à l'existence d'un droit pénal pétrolier (B) interne applicable à l'activité pétrolière dont il convient de définir les principes fondamentaux tant sur le plan du droit pénal général que sur le plan du droit pénal procédural.

A- Une analyse critique au plan pénal de la législation pétrolière de la Côte d'Ivoire

L'article 85 alinéa 1er du code pétrolier ivoirien dispose que « les tribunaux ivoiriens sont compétents pour connaître des délits et infractions dont se rendraient coupables les titulaires des contrats pétroliers ou leurs sous-traitants, ainsi que leurs préposés ou employés. » L'article 86 alinéa 2 ajoute : « Ces infractions sont punies d'une amende suivant les cas de 500.000 à 200.000.000 de francs CFA. En cas de récidive, le montant de l'amende est doublé. »

Une analyse critique de ces dispositions[517] laisse subsister deux observations. D'une part, le législateur ivoirien fait une confusion en

[516] Le cas de la Côte d'Ivoire et du Sénégal.

[517] Nous avons adressé une lettre au ministre du Pétrole et de l'Énergie, le 5 avril 2018 avec en objet : Réflexions sur le Titre VIII du code pétrolier ivoirien. Le Ministère n'a jamais répondu à cette lettre ni entrepris une démarche en vue de reformer le code pétrolier sur ce point.

dissociant deux notions (délit et infraction) dont l'une s'imbrique dans l'autre. Il est élémentaire de souligner que le délit est la deuxième composante de l'infraction eu égard à la classification fondée sur la gravité des faits[518]. Le délit est donc une infraction, celle-ci étant définie comme « tout fait, action ou omission, qui trouble ou est susceptible de troubler l'ordre ou la paix publics en portant atteinte aux droits légitimes soit des particuliers, soit des collectivités publiques ou privées et qui, comme tel, est légalement sanctionné »[519].

L'infraction vise à la fois le crime, le délit et la contravention, de sorte qu'il n'est pas juridiquement exact de l'opposer aux différentes catégories de faits qui la composent. Ainsi, en dissociant le délit de l'infraction, le législateur pétrolier entendait-il, en ce qui concerne celle-ci, viser inclusivement ses trois composantes ou alors exclusivement le crime et la contravention ? Le législateur s'est totalement mépris sur ce point. Il ne peut s'agir ici de crime[520] ni de contravention[521]. En effet, le quantum de la peine d'amende prévue laisse penser de façon classique qu'il s'agit de délit. L'indication du terme d'infraction à côté de celui de délit est donc mal à propos.

D'autre part, voulant consacrer un droit pénal en matière pétrolière, le législateur ivoirien fait abstraction d'un principe fondamental unanimement accepté par tous les systèmes pénaux internationaux : c'est celui de la légalité des délits et des peines (nullum crimen, nulla poena sine lege)[522]. Dans son acception la plus simple, ce principe qui est un gage contre l'arbitraire du juge et qui a valeur constitutionnelle[523] signifie qu'il n'y a pas de crime ni de peine sans loi ; autrement dit, « nul ne peut être puni pour un crime, un délit ou une contravention dont les éléments constitutifs et les peines ne sont

[518] Dans la classification basique des infractions fondée sur la gravité des faits, on distingue : le crime, le délit et la contravention.
[519] Article 2 du code pénal ivoirien.
[520] Il nous semble qu'un crime, même de nature économique, ne peut être sanctionné seulement d'une peine d'amende à l'exclusion de l'emprisonnement.
[521] L'article 3 du code pénal ivoirien sanctionne la contravention d'une peine d'amende inférieure ou égale à 360.000 francs CFA.
[522] L'expression latine du principe de la légalité pénale a été employée au début du XIXe siècle par le criminaliste bavarois FEUERBACH.
[523] Article 7 de la Constitution ivoirienne du 8 novembre 2016 ; article 26-c-6 de la Constitution camerounaise du 18 janvier 1996 ; article 34 alinéa 3 de la Constitution française du 4 octobre 1958.

pas définis par la loi ou par le règlement »[524]. C'est un principe[525] qui fait peser sur le législateur une double obligation : définir l'infraction dans ses éléments constitutifs de la manière la plus complète et précise et fixer les peines qui la sanctionnent[526]. Or, nous constatons avec regret que le législateur pétrolier ivoirien (tout comme le législateur sénégalais[527]) s'évertue à déterminer la peine d'amende comme la sanction pénale applicable sans déterminer, au préalable les différents faits infractionnels. C'est une lacune qui n'est nullement comblée par les autres dispositions contenues dans le code pétrolier.

Il faut se référer au code ivoirien de l'environnement[528] pour y trouver une incrimination typique.

Aussi, sous le bénéfice de ces observations, il n'est pas juridiquement possible d'engager des poursuites pénales sur la base des dispositions actuelles du code pétrolier ivoirien, l'élément légal faisant entièrement défaut. Seule une sanction administrative tels le retrait de l'autorisation de recherche ou d'exploitation et la déchéance du contrat pétrolier peut être prononcée par voie décrétale[529].

Outre ces législations lacunaires[530], on observe que concernant la législation pétrolière du Cameroun, aucun des huit titres qui composent le code pétrolier n'envisage des dispositions répressives.

---

[524] Article 111-3 du code pénal français. On retrouve une formule similaire dans l'article 13 du code pénal ivoirien et l'article 17 du code pénal du Cameroun.

[525] Pour une compréhension de ce principe, voir par exemple Gaston STEFANI, Georges LEVASSEUR, et Bernard BOULOC, Droit pénal général, 15e éd., Droit privé, Paris, Dalloz, 1994, pp. 95-157.

[526] Servans, dans un discours prononcé devant le parlement de Grenoble en 1766, déclarait à cet effet que : « Les lois criminelles doivent offrir au magistrat un tableau si exact des délits et de leurs châtiments qu'il n'ait plus qu'à choisir, sans peine, le remède indiqué par la loi. » Dans une décision du 18 janvier 1985, le Conseil Constitutionnel français a indiqué qu' « une loi doit définir, avec précision, les éléments constitutifs d'une infraction en termes clairs et précis », la règle de la légalité pénale, Revue de science criminelle, 1985, p.609.

[527] Article 65 du code pétrolier du Sénégal.

[528] L'article 95 du code de l'environnement (JORCI n° 06 du 6 février 1997, p. 114) dispose que : « Est puni d'une amende de 1.000.000 de francs à 2.500.000 francs et d'un emprisonnement de six mois à deux ans ou de l'une de ces deux peines seulement quiconque se livre de façon illicite à des travaux de recherches ou d'exploitation des hydrocarbures. »

[529] Le retrait de l'autorisation de recherche ou d'exploitation et la déchéance du contrat pétrolier (article 87 du code pétrolier).

[530] Celles de la Côte d'Ivoire et du Sénégal notamment.

Est-ce un choix délibéré ou une omission ? Rien n'est sûr. Toujours est-il qu'à l'instar de la Côte d'Ivoire et du Sénégal, le législateur du Cameroun gagnerait à engager une réforme afin de donner un fondement juridique à l'existence d'un droit pénal pétrolier interne semblable à celui observé dans d'autres États du golfe de Guinée.

B- De l'existence d'un droit pénal pétrolier au regard d'autres législations

Le Titre 13 de la loi pétrolière du Congo[531], le Titre 6 de la loi pétrolière du Bénin[532] et la section 1 du Titre 6 de la loi pétrolière du Togo[533] consacrent un droit pénal pétrolier national eu égard à la définition des incriminations et à la fixation des peines encourues, à la procédure applicable et à la compétence dévolue aux juridictions internes.

1 - Les incriminations définies par les codes pétroliers nationaux

Les textes susvisés définissent plusieurs infractions qui peuvent être classées en cinq catégories. Il s'agit des infractions relatives à l'exercice des opérations pétrolières, des infractions portant sur les titres pétroliers, celles concernant la fiscalité pétrolière, des infractions relatives à la sécurité du personnel ainsi qu'à l'environnement et des infractions commises à l'occasion du contrôle administratif des activités pétrolières.

Les infractions relatives aux opérations pétrolières concernent l'exercice illicite des travaux de prospection, d'exploration et d'exploitation d'hydrocarbures[534]. Le but consacré par ces infractions est de sanctionner l'exercice clandestin de l'activité pétrolière qui serait une forme de violation de la souveraineté des États sur les

---

[531] Loi n° 24-94 du 23 août 1994 portant code des hydrocarbures.

[532] Loi n° 2006-18 du 17 octobre portant code pétrolier.

[533] Loi n° 99-003 du 18 février 1999 portant code des hydrocarbures.

[534] Les articles 93 et 94 du code pétrolier du Bénin sanctionnent ces infractions de peine d'amende (100.000.000 à 500.000.000 FCFA) et de peines d'emprisonnement (01 mois à 05 ans) ou de l'une de ces deux peines seulement, pour l'exercice illicite des opérations de reconnaissance et de recherches ; (1.000.000.000 à 5.000.000.000 FCFA et 05 ans à 10 ans) pour l'exercice illicite des travaux d'exploitation. L'article 62 du code pétrolier du Togo punit ces infractions d'une amende de 10.000.000 à 100.000.000 FCFA et d'un emprisonnement de 01 an à 05 ans ou de l'une de ces deux peines seulement.

gisements ou accumulations naturelles d'hydrocarbures dans le sol ou le sous-sol du territoire de la République[535]. Les substances minérales telles que le pétrole ou le gaz sont jugées stratégiques pour le pays. Leur exploitation n'est possible qu'après habilitation des autorités compétentes[536].

La fausse déclaration faite en vue d'obtenir un titre pétrolier, la falsification des inscriptions y portées ou la destruction, le déplacement, la modification illicite des bornes de délimitation, des bornes repères et points repères dans le périmètre d'un titre pétrolier constituent autant d'infractions qui portent atteinte à la crédibilité de l'acte administratif que constitue un tel document. Toute personne qui fait usage d'un titre pétrolier falsifié encourt les mêmes sanctions que l'auteur de la falsification. Les peines prévues à l'encontre des contrevenants diffèrent d'un pays à un autre[537]. L'État étant garant de son sceau et de l'authenticité des actes qu'il délivre, il lui revient d'en assurer la valeur probante.

Les incriminations fiscales tiennent une place importante dans la nomenclature des infractions pétrolières. On retrouve expressément ces infractions dans la législation pétrolière du Congo aux articles 64 et 65 : il s'agit de la fausse déclaration de la redevance minière proportionnelle (elle est payée mensuellement et proportionnellement à la production du pétrole ou du gaz par les titulaires de contrats de concession)[538], la fausse déclaration de la redevance superficiaire (il

---

[535] Article 2 du code pétrolier de Côte d'Ivoire. Il faut signaler que dans le système foncier francophone, le propriétaire du sol n'est pas propriétaire du sous-sol. Il y a toujours une séparation entre les gisements d'hydrocarbures liquides et gazeux et la propriété du sol (article 3 du code pétrolier du Bénin). Dans le cas de l'activité pétrolière offshore, on ne saurait même pas parler de propriété individuelle des espaces maritimes.

[536] Serge BANDOKI, le droit minier et pétrolier en Afrique, Classique, Edilivre, Éditions APARIS, février 2008, p. 47.

[537] L'article 64 du code des hydrocarbures du Congo punit ces infractions d'une amende de 6.000.000 à 200.000.000 FCFA et d'un emprisonnement de 02 mois à 05 ans ou de l'une de ces deux peines seulement. L'article 94 du code pétrolier du Bénin prévoit une peine d'amende de 10.000.000 à 100.000.000 FCFA) et un emprisonnement de 06 mois à 02 ans ou l'une de ces deux peines seulement. L'article 62 du code des hydrocarbures du Togo punit ces infractions d'une amende de 1.000.000 à 10.000.000 FCFA et d'un emprisonnement de 06 mois à 02 ans ou de l'une de ces deux peines seulement.

[538] Le taux de recouvrement est de 15% pour le pétrole brut (article 47 du code des hydrocarbures du Congo).

s'agit d'une redevance payable une fois l'année par le titulaire d'un permis de recherche ou d'exploitation en rémunération des surfaces mises à sa disposition)[539] ou la violation d'une obligation de déclaration de la redevance minière proportionnelle ou de communication d'information ou d'échantillons. En faisant une fausse déclaration fiscale, le contribuable vise certainement à réduire l'assiette de l'impôt pour payer moins que ce qu'il doit. Pour la fausse déclaration de la redevance minière proportionnelle ou de la redevance superficiaire, la sanction encourue est une amende de 6.000.000 à 200.000.000 FCFA et un emprisonnement de 02 mois à 05 ans ou l'une de ces deux peines seulement.

Les infractions qui auraient pour effet une grave mise en danger de la sécurité ou de la santé du personnel exerçant sur les plates-formes pétrolières, la pollution des sites sur lesquels la société réalise ses opérations ont été prises en compte par le législateur pétrolier du Congo[540]. La protection du personnel travaillant sur les installations pétrolières en mer et la sauvegarde de l'environnement justifient cette incrimination.

Enfin, dans le cadre du contrôle administratif de l'activité pétrolière, tous refus de produire aux agents commis à cette tâche, les registres et documents exigés par la législation pétrolière ou toute obstruction à l'accès sur les chantiers sont sanctionnés par une amende de 600.000 à 6.000.000 FCFA et un emprisonnement de 01 mois à 01 an ou l'une de ces deux peines seulement[541].

Le code pétrolier du Togo apporte une innovation importante en prescrivant que « les produits nets des amendes prononcées sont répartis respectivement pour trois quarts (3/4) et un quart (1/4) entre l'État et le Fonds de promotion et de développement des activités pétrolières … »[542] Ce fonds qui est placé sous la tutelle conjointe des ministres en charge des hydrocarbures et des finances a pour objet de financer toutes les actions de promotion et de développement des activités pétrolières au bénéfice des personnes morales et physiques de

[539] Article 54 du code des hydrocarbures du Congo. Le décret du 10 août 2000 fixant les taux et les règles de perception, recouvrement et gestion de la redevance superficiaire fixe les taux de cette redevance comme suit : permis de recherche : 3000 FCFA/km^2 ; permis d'exploitation : 800 \$/km^2.

[540] Article 64 point 6.

[541] Article 65.

[542] Article 62-5 du code des hydrocarbures du Togo.

droit togolais[543]. Il existe en Côte d'Ivoire un fonds similaire créé par ordonnance en 1976 et géré par la PETROCI[544].

Les personnes susceptibles d'engager leur responsabilité pénale sont les titulaires des permis d'exploration ou d'exploitation, les bénéficiaires des contrats pétroliers, leurs sous-traitants ainsi que leurs préposés.

2 - Une procédure soumise au droit national

La compétence de la loi et des juridictions nationales répressives pour connaître des infractions à la loi pétrolière est clairement affirmée. La constatation des faits est assurée soit par les fonctionnaires assermentés de la direction des hydrocarbures[545], soit par les fonctionnaires assermentés de la direction générale des mines et de la géologie[546] et les officiers et agents de police judiciaire qui doivent accomplir leurs missions dans le respect des dispositions du code procédure pénale[547].

Qu'il s'agisse d'une enquête de flagrance ou d'une enquête préliminaire, ils ont qualité pour procéder aux saisies (documents, papiers, appareils, etc.) et à des perquisitions. Ils constatent ces infractions par des procès-verbaux qu'ils transmettent au procureur de la République qui juge de l'opportunité des suites à leur donner. La force probante de ces procès-verbaux déroge à celle qui est ordinairement reconnue aux procès-verbaux d'enquête qui ont valeur de simples renseignements.

En effet, selon les dispositions de l'article 61-2 du code des hydrocarbures du Togo et de l'article 88 alinéa 2 du code pétrolier du Bénin « les procès-verbaux dressés en vertu du présent article font foi jusqu'à preuve du contraire. » Une telle force probante étant plus grande, seules des preuves contraires écrites ou testimoniales apportées par le prévenu ou puisées par le tribunal dans les mesures

---

[543] Article 58-1 et 2 du code des hydrocarbures du Togo.

[544] Ordonnance n° 76-299 du 20 avril 1976 portant création d'un compte d'application spécial dénommé "fonds d'actions pétrolières" », JORCI n° 28 du 17 juin 1976, p. 1101.

[545] Article 87 du code pétrolier du Bénin.

[546] Article 61-1 du code des hydrocarbures du Togo.

[547] Roger MERLE et André VITU, Traité de droit criminel. Procédure pénale, 3e éd., Paris, CUJAS, 1989, pp. 308-329.

d'instruction qu'il a ordonnées, permettent d'écarter les procès-verbaux dressés[548]. Il en est ainsi de la plupart des procès-verbaux ou rapports établis par des administrations spéciales.

L'action publique qui pourrait éventuellement résulter de ces faits est mise en mouvement[549] et exercée par le procureur de la République devant les juridictions de jugement nationales.

3 - La phase de jugement : l'affirmation de la compétence des juridictions pénales nationales

Les infractions prévues par le droit pénal pétrolier sont justiciables devant les juridictions répressives nationales. C'est une compétence qui s'explique simplement par le critère spatial, c'est-à-dire le lieu de commission de l'infraction. Dans les codes pénaux, il est clairement affirmé cette compétence dès lors que les faits incriminés ont pris corps sur le territoire de la République[550].

Il en est ainsi, à titre d'exemple, du code pénal de Côte d'Ivoire[551], du Cameroun[552] ou du Togo[553].

L'organisation judiciaire traditionnelle comprend les tribunaux de première instance (généralement, il est institué au sein de ceux-ci des chambres correctionnelles) qui statuent en premier ressort, les cours

---

548 Roger MERLE et André VITU, op. cit., pp.303-304.

549 Le procureur de la République peut mettre l'action publique en mouvement par divers procédés : la citation directe, le procès-verbal d'interrogatoire en cas de flagrant délit ou le réquisitoire introductif pour saisir le juge d'instruction aux fins de l'ouverture d'une information judiciaire.

550 Il est surtout ici question de la mer territoriale qui est un espace maritime où l'État côtier exerce sa souveraineté (article 2 de la Convention sur le droit de la mer du 10 décembre 1982).

551 Article 15 : « La loi pénale s'applique à toute infraction commise sur le territoire de la République lequel comprend :
1° L'espace terrestre délimité par les frontières de la République ;
2° Ses eaux territoriales ;
3° L'espace aérien au-dessus de territoire terrestre et des eaux territoriales ; … »

552 Article 7 : « (1) La loi pénale de la République s'applique à tout fait commis sur son territoire.
(2) Sont compris dans le territoire de la République, les eaux territoriales et l'espace aérien au-dessus de ce territoire et de ses eaux… »

553 Article 6 : « Les tribunaux togolais sont compétents pour connaitre de toute infraction commise sur le territoire togolais, y compris l'espace maritime… »

d'appel (les chambres des appels correctionnels) compétentes pour connaître des appels dirigés contre les jugements des tribunaux répressifs et statuent en dernier ressort, et la juridiction suprême compétente pour connaître des pourvois en cassation.

En ce qui concerne l'infraction de pollution du milieu marin commise au-delà de la mer territoriale[554] , seules des peines pécuniaires peuvent être prononcées à l'encontre des contrevenants[555], sauf si la pollution résulte d'un acte délibéré et grave.

L'activité pétrolière engendre, pour son accomplissement, diverses relations contractuelles entre l'État d'accueil et les compagnies pétrolières et entre celles-ci et d'autres sociétés exerçant dans le domaine pétrolier. Toutes ces relations constituent un pilier nécessaire et indispensable à l'activité pétrolière.

Les prérogatives de l'État d'accueil dans l'activité pétrolière s'étendent également à la réglementation fiscale, douanière et des changes.

Section 3 - La réglementation fiscale, douanière et des changes en matière pétrolière

L'action de l'État d'accueil dans le cadre de l'activité pétrolière peut se faire par la prise de participation ou par le mécanisme de la fiscalité qui constitue un attribut de la puissance publique. L'État producteur vise des enjeux financiers qui constituent la trame de fond de son intervention en matière pétrolière[556]. Au moyen de la fiscalité (paragraphe 1), du régime douanier et des changes (paragraphe 2), il engrange des ressources pour financer son développement, assure une exploitation continue de ses ressources naturelles[557].

---

[554] Sont ici visés la zone économique exclusive et le plateau continental, espaces maritimes sur lesquels l'État exerce des droits souverains à des fins économiques.
[555] Article 230.1 CMB.
[556] Certains États du golfe de Guinée tirent l'essentiel de leurs ressources financières de l'activité pétrolière (Gabon, Angola, Guinée-Équatoriale par exemple).
[557] L'exploitation continue des ressources naturelles dépend aussi de la politique attractive en matière d'investissement que l'État d'accueil met en place.

Paragraphe 1- La fiscalité pétrolière en Côte d'Ivoire

La fiscalité pétrolière a notablement évolué dans la plupart des États producteurs. D'une fiscalité insignifiante, voire résiduelle, les États ont progressivement évolué vers une fiscalité participative qui est censée concourir au développement de l'État d'accueil. Mais pour les pays du Sud, la question fiscale reste une préoccupation. En effet, une trop grande flexibilité peut induire une perte des recettes pour l'État d'accueil, de même qu'une pression fiscale[558] peut ralentir l'élan des opérateurs à investir dans le secteur pétrolier. Quoi qu'il en soit, la fiscalité reste une source incontournable d'alimentation du budget des États producteurs.

En Côte d'Ivoire[559], la fiscalité pétrolière est construite autour de règles générales et spéciales toutes complémentaires (A). Ces règles fixent les différentes impositions fiscales (B) applicables en matière pétrolière.

A - Un régime fiscal construit sur des règles générales et spéciales complémentaires

La fiscalité pétrolière ivoirienne résulte de sources diverses comprenant essentiellement le code pétrolier, le code général des Impôts, le code des Douanes, le code des Investissements[560] qui en constituent les sources légales et le contrat pétrolier[561] qui en est la source conventionnelle. L'ensemble de ces dispositions déterminent les impôts, taxes et redevances applicables à l'activité pétrolière[562].

---

[558] Contrairement à ce que soutiennent Thierry LAURIOL et Emilie RAYNAUD, le droit pétrolier et minier en Afrique, LGDJ, 2016, p. 252, § 504., la pression fiscale ne se rencontre pas seulement sur le continent africain. Elle est même perceptible à l'échelle mondiale surtout dans le domaine de l'industrie extractive.

[559] Il en est de même dans les autres États, notamment ceux de la CEMAC. Voir Albert Léonard DIKOUME, la fiscalité pétrolière des États membres de la CEMAC, Finances publiques, Paris, L'Harmattan, 2008, pp. 83-98. C'est aussi le cas dans la plupart des États francophones du golfe de Guinée.

[560] Celui actuellement en vigueur résulte de l'ordonnance n° 2012-487 du 7 juin 2012 portant code des investissements, JORCI n° 38 du 20 septembre 2012, p. 843.

[561] Le contrat pétrolier en vigueur en Côte d'Ivoire est le contrat de partage de production de pétrole brut conclu avec chaque compagnie pétrolière sur le modèle de contrat type adopté par le gouvernement ivoirien.

[562] La complémentarité des dispositions applicables à la fiscalité pétrolière ressort clairement de l'article 66 du code pétrolier qui dispose que « les titulaires de contrats

Cependant la multiplicité des règles qui régissent la matière peut poser quelques difficultés d'ordre juridique et pratique. C'est le cas lorsqu'il y a une divergence entre les dispositions légales et celles conventionnelles[563].

Au niveau institutionnel, l'Administration qui a en charge la gestion des questions relatives à la fiscalité pétrolière est la Sous-direction des Activités pétrolières (SDAP)[564] rattachée à la Direction des Grandes Entreprises[565] instituée au sein de la Direction générale des Impôts. Le champ d'action de ce service couvre l'ensemble de la chaîne pétrolière qui comprend les opérations pétrolières proprement dites (exploration, exploitation et transport d'hydrocarbures) jusqu'aux activités de raffinage et de distribution de produits

---

pétroliers, ainsi que les entreprises qui leur sont associées [...], sont assujettis, à raison de leurs activités de recherche et d'exploitation d'hydrocarbures sur le territoire de la République de Côte d'Ivoire, sa mer territoriale, sa zone économique exclusive et son plateau continental, transport inclus, au paiement des impôts, taxes et redevances visés ci-après, notamment à ceux, tels qu'ils sont déterminés dans le Code général des impôts, sous réserve des dispositions du présent chapitre applicables aux opérations pétrolières. »

[563] Dans un projet de Rapport intitulé Direction générale des Impôts de Côte d'Ivoire, « Étude fiscale sur les activités de l'amont pétrolier », Rapport d'Étude (Abidjan, juillet 2014), P. 28., la Direction générale des Impôts de Côte d'Ivoire a souligné une discordance entre les dispositions fiscales contenues dans le code pétrolier ou le code général des impôts et les contrats de partage de production. Alors que le code pétrolier exonère les entreprises pétrolières de tout impôt et taxe à l'exception de l'impôt sur le bénéfice industriel et commercial (BIC, article 76.1), les contrats de partage de production étendent l'exonération générale aux sous-traitants et fournisseurs des entreprises pétrolières. Voir par exemple l'article 17.7 du modèle type de contrat de partage de production. Cette divergence se rencontre aussi entre le code général des impôts qui met certaines impositions à la charge des prestataires de services pétroliers par exemple la patente), les contrats de partage de production leur accordent une exonération générale de tous impôts et taxes. En pareille hypothèse, la question se pose de savoir lequel des deux types de dispositions légales et contractuelles doit prévaloir puisque certains contribuables peuvent vouloir appliquer les exonérations tandis que d'autres ont tendance à se conformer au code général des impôts.

[564] La Sous-direction des Activités pétrolières (SDAP) a vu le jour le 13 novembre 2008 suivant l'arrêté n° 1052/MEF/CAB. La SDAP comprend un service de gestion, une brigade de contrôle sur pièces, un service de gestion des exonérations et remboursements des crédits de TVA et un service des études et statistiques pétrolières.

[565] La Direction des Grandes Entreprises instituée au sein de la Direction générale des Impôts a été créée par le décret n° 96-97 du 17 janvier 1996, JORCI n° 03 du 18 janvier 1996, p. 85.

pétroliers. Elle a en outre, un rôle de suivi, d'analyse et de propositions de stratégies et de solutions sur toutes les questions relatives à la fiscalité pétrolière.

Les règles tant générales que spéciales qui régissent la fiscalité pétrolière en déterminent les différentes impositions.

B - Les différentes impositions fiscales en matière pétrolière

La fiscalité pétrolière englobe un ensemble d'impositions qui sont tantôt spécifiques à la matière tantôt issue du droit commun.

1 - Les impositions spécifiques

L'activité pétrolière est l'une des matières dans laquelle une multitude d'impositions fiscales particulières se rencontrent.

Au nombre de ces impôts spécifiques, on trouve en amont le bonus de signature[566] encore appelé « cash bonuses » ou « bonus au comptant » que le titulaire du contrat pétrolier s'engage à verser à l'État ivoirien pour la conclusion du contrat. En cas de production d'hydrocarbures, le titulaire du contrat s'oblige à payer un bonus de production en fonction des quantités de pétrole extraites[567]. Lorsqu'ils

---

[566] Le bonus a été introduit dans la fiscalité ivoirienne par le code pétrolier du 29 août 1996. Le code pétrolier issu de la loi n° 70-489 du 3 août 1970 (JORCI n° 39 du 12 août 1970, p. 1275) ne l'avait pas prévu et pourtant, il semble qu'une certaine somme d'argent était versée, sous forme de bonus, au chef de l'État, pour la signature d'un contrat pétrolier. Les bonus ne peuvent être payés que si le contrat pétrolier les prévoit (article 74 du code pétrolier ivoirien).

[567] Stéphane ESSAGA dénombre six types de bonus qu'il regroupe en deux catégories : les bonus de première génération (bonus de signature, bonus à la découverte, bonus de production et bonus annuel technique de formation) et les bonus de seconde génération (bonus social et bonus d'incitation à la performance), voir son article intitulé « les bonus en fiscalité pétrolière ». Quant à Albert Léonard DIKOUME, il en dénombre deux (bonus de signature et bonus de production). Mais la querelle sur le nombre de bonus qui se profile dans les propos de Stéphane ESSAGA ne nous paraît guère pertinente d'autant plus qu'il n'existe ni en doctrine ni dans les législations pétrolières, aucune nomenclature exhaustive des bonus. Dans son article intitulé, « Fiscalité pétrolière au sud du Sahara : la répartition des rentes », Afrique contemporaine 2005/4, n° 216, p. 66, Blaise LEENHARDT ajoute même un autre type de bonus, appelé bonus de seuils. La fiscalité demeurant une matière relevant du pouvoir régalien des États, chaque pays est libre d'inclure dans sa législation ou dans ses rapports contractuels avec les opérateurs pétroliers, le type

sont prévus dans le contrat pétrolier, les bonus de signature et de production sont exigibles trente jours après la signature du contrat[568] ou trente jours après le dernier jour du test de production[569] et sont versés auprès de la recette des grandes entreprises de la Direction générale des Impôts accompagnés d'une déclaration indiquant l'assiette[570].

La spécificité de la fiscalité pétrolière consacre d'autres types d'impositions que sont les redevances[571]. Celles-ci sont de deux types : la redevance superficiaire annuelle et la redevance proportionnelle à la production. Le taux, les règles d'assiettes et de recouvrement de ces redevances sont précisées dans le contrat pétrolier[572] et peuvent être acquittées soit en nature soit en numéraire. La redevance superficiaire annuelle est due par l'opérateur en fonction de la surface qui lui est octroyée et sur laquelle il exerce l'activité pétrolière. Elle est versée annuellement à l'État. La redevance proportionnelle à la production est évolutive et s'applique à la quantité d'hydrocarbures effectivement extraite[573]. Le titulaire du contrat peut être totalement ou partiellement exempté du paiement de la redevance proportionnelle à la production pour tenir compte des difficultés inhérentes à l'exploitation pétrolière en zones marines profondes. Dans les contrats de partage de production, la quantité d'hydrocarbures correspondant au paiement de la redevance

---

et le nombre de bonus qui conviennent à sa politique sociale et économique du moment. La tendance générale qui s'observe c'est que la plupart des États producteurs de pétrole du golfe de Guinée prévoient dans leur législation ou dans les contrats pétroliers, les bonus de signature et de production.

[568] Article 1056 du code général des impôts.

[569] Article 1057 du code général des impôts.

[570] En 2012, les entreprises pétrolières ont versé à l'État de Côte d'Ivoire au titre des bonus de signature, la somme de 15.950.000.000 de francs CFA contre 12.347.600.000 francs CFA en 2013. Voir projet de Rapport précité, p. 36.

[571] Jusqu'au début des années 1960, les redevances constituaient pour les pays producteurs la principale source de revenus tirés des activités pétrolières, Thierry LAURIOL et Emilie RAYNAUD, le droit pétrolier et minier en Afrique, LGDJ, 2016, p. 252, § 504.

[572] Articles 68 et 69 du code pétrolier ivoirien.

[573] Il n'est donc pas tenu compte des quantités d'hydrocarbures consommées pour les besoins de la production, pas plus que celles réintroduites dans le gisement.

proportionnelle est déduite avant la répartition de la quantité restante entre l'État d'accueil et l'opérateur[574].

Enfin, au titre des impositions spécifiques, la loi prévoit le prélèvement pétrolier additionnel[575] dans le seul cas du contrat de concession et à condition que celui-ci le prévoit expressément[576]. Le taux du prélèvement additionnel est calculé sur les bénéfices des opérations pétrolières.

2 - Les impositions issues du droit commun

Les impositions fiscales issues du droit commun applicable en matière pétrolière en Côte d'Ivoire sont diverses. Pour leur détermination, il faut se référer au code pétrolier, au code général des impôts et aux contrats pétroliers.

Pour les demandes d'attribution, de renouvellement, de cession, de transmission ou de renonciation de contrats pétroliers et des autorisations[577] qui en dépendent, le demandeur est assujetti au paiement de droits fixes[578]. Le plus important des impôts auxquels sont soumis les titulaires de contrats pétroliers ainsi que les entreprises qui leur sont associées reste l'impôt direct sur les bénéfices industriels et commerciaux (BIC) à raison des bénéfices nets[579] qu'ils retirent de l'ensemble de leurs activités pétrolières. À cet effet, la loi leur fait obligation de tenir une comptabilité séparée des opérations pétrolières qui permet d'établir un compte de production et de résultat et un bilan faisant ressortir tant les résultats desdites opérations que les éléments d'actif et de passif qui y sont affectés ou qui s'y rattachent directement.

---

574 Blaise LEENHARDT, Fiscalité pétrolière au sud du Sahara : la répartition des rentes, article préc. p. 80.

575 Article 75 du code pétrolier ivoirien.

576 En pratique, cet impôt n'est jamais acquitté pour la simple raison que le contrat de concession n'a plus cours en Côte d'Ivoire, la faveur du gouvernement étant pour le contrat de partage de production.

577 Permis de recherche, autorisation exclusive d'exploration, autorisation exclusive d'évaluation, concession d'exploitation, autorisation exclusive d'exploitation.

578 Article 67 du code pétrolier. Le montant minimum des droits fixes est de 18.000 francs CFA (article 446 du code général des impôts).

579 Le bénéfice net est établi après déduction de toutes les charges supportées pour les besoins des opérations pétrolières, voir articles 72 du code pétrolier et 18 CGI.

L'une des particularités de la fiscalité pétrolière ivoirienne qui marque une certaine flexibilité est que le BIC peut être acquitté en devises étrangères ou en nature lorsque le contrat le prévoit. Il est également prévu des exonérations fiscales580 significatives pour les titulaires de contrats pétroliers. Cette flexibilité s'observe aussi dans le régime douanier et des changes581.

Paragraphe 2- Le régime douanier et la réglementation des changes en matière pétrolière

Le code pétrolier traite distinctement du régime douanier (A) et de la réglementation des changes (B) applicables en matière pétrolière.

A- Le régime douanier

Le régime douanier est constitué par l'ensemble des règles qui régissent les opérations d'importation et d'exportation des marchandises sur le territoire douanier ivoirien sans égard à la qualité des personnes[582]. En matière pétrolière, ce régime reste fortement marqué, en ce qui concerne la Côte d'Ivoire, par le principe des exonérations qui connaît toutefois des atténuations.

1- Un régime marqué par le principe des exonérations

Les titulaires de contrats pétroliers et leurs sous-traitants bénéficient de larges exonérations de tous droits et taxes à l'importation pour les matériels, matériaux, produits chimiques, machines et équipements nécessaires à la réalisation des opérations pétrolières ainsi qu'aux pièces détachées destinées à ces machines. L'exonération est accordée aux personnels salariés expatriés des

---

[580] Il s'agit entre autres de l'impôt sur les bénéfices et les dividendes versés aux actionnaires du titulaire du contrat pétrolier, de la taxe sur la valeur ajoutée (TVA), de la taxe sur les prestations de services (TPS), de l'acompte sur divers impôts (ASDI).

[581] Stéphane ESSAGA, Droit des hydrocarbures en Afrique. Recueil commenté de textes, Études africaines, L'Harmattan, 2013, p.113.

[582] Article 3 de la loi n° 64-291 du 1er août 1964 portant code des douanes, JORCI n° 46 du 24 août 1964, p. 1103.

titulaires de contrats pétroliers et de leurs sous-traitants pour leurs effets personnels et domestiques importés en Côte d'Ivoire, nécessaires à leurs propres besoins, lors de leur première utilisation.

La franchise des droits et taxes s'applique également à l'exportation de la fraction des hydrocarbures revenant aux titulaires de contrats pétroliers.

Par cette politique générale d'exonération, l'État de Côte d'Ivoire entend disposer de mesures incitatives pour attirer les investisseurs dans le domaine de l'exploration et de l'exploitation de son bassin sédimentaire. Le principe de l'exonération reste toutefois marqué par des atténuations.

2- Un principe marqué par des atténuations

En dehors des dispositions exonératoires prévues par le code pétrolier, les opérations d'importation et d'exportation réalisées par les titulaires de contrats pétroliers et leurs sous-traitants restent soumises aux tarifs d'entrée et de sortie. La limitation des exemptions concerne les matériels, matériaux, produits chimiques, machines et équipements qui ne figurent pas sur la liste établie par le gouvernement, après avis de la commission d'agrément.

B- Une politique générale de flexibilité en matière de réglementation des changes

Les dispositions du code pétrolier encadrent le régime des changes applicables à l'activité pétrolière de façon à instaurer une plus grande flexibilité au profit des titulaires de contrats, de leurs sous-traitants et même de leurs employés expatriés lorsque le contrat pétrolier le stipule.

Ce régime de flexibilité des changes qui est propre à la Côte d'Ivoire, en comparaison avec les autres États du golfe de Guinée, constitue une manifestation de la politique d'attractivité voulue par le gouvernement. Il s'observe principalement dans la possibilité offerte aux titulaires de contrats pétroliers d'ouvrir et d'opérer en Côte d'Ivoire et à l'étranger des comptes en monnaie locale et étrangère, et le droit de libre convertibilité entre la monnaie nationale et les devises étrangères convertibles pour toutes les opérations de change se rapportant à l'activité pétrolière.

Les pouvoirs de l'État hôte dans l'activité pétrolière sont indéniables. Les prérogatives dont il jouit dans ce secteur capital de l'économie nationale le placent en première ligne du projet pétrolier qu'il ne peut cependant réaliser sans le concours d'autres acteurs.

Chapitre 4 - LES AUTRES ACTEURS DE L'ACTIVITE PETROLIERE OFFSHORE

La réalisation du projet pétrolier nécessite l'intervention de deux acteurs incontournables que sont l'État d'accueil[583] à qui appartient la ressource naturelle non encore extraite et l'opérateur privé national ou étranger détenteur des technologies et des capitaux utiles à l'activité pétrolière. Ces deux premiers acteurs apparaissent plutôt comme des acteurs complémentaires[584] même si souvent les intérêts poursuivis sont jugés opposés.

L'opérateur privé renvoie aux compagnies pétrolières qui assurent l'essentiel du projet pétrolier. Nous consacrerons des développements au paysage sociétal ivoirien de l'activité pétrolière (section 1). À côté de ces sociétés dotées de la personnalité juridique et qui jouent un rôle prépondérant dans la conception du projet pétrolier, sa mise en œuvre et son financement, l'on omet souvent dans l'étude du droit pétrolier, de mentionner un acteur « muet », mais incontournable dont il conviendra de préciser le statut juridique : il s'agit des installations pétrolières (section 2).

Section 1 - Le paysage sociétal de l'activité pétrolière offshore en Côte d'Ivoire

La mise en œuvre du projet pétrolier requiert la compétence technique, technologique et des aptitudes financières de l'opérateur privé. Les sociétés pétrolières opérant dans le secteur pétrolier ivoirien (paragraphe 1) apportent leur compétence dans ce domaine. Mais la contractualisation des rapports entre l'État d'accueil et l'opérateur demeure un support indispensable (paragraphe 2) ayant pour but de définir les obligations et les droits des différents acteurs.

---

583 Les prérogatives de l'État d'accueil ont été présentées dans le chapitre précédent.

584 Cette complémentarité suppose que chacun des acteurs a forcément besoin de l'autre pour atteindre ses objectifs. D'un côté, l'État d'accueil entend tirer de l'activité pétrolière des ressources financières pour financer le développement du pays alors que de l'autre côté, l'opérateur privé attend des retours sur investissements.

Paragraphe 1- Les sociétés opérant dans le secteur pétrolier ivoirien

À l'instar des autres pays du golfe de Guinée, l'on observe dans le paysage sociétal de l'activité pétrolière, l'hégémonie des « majors » étrangères (A) qui se trouvent confrontées à une concurrence apparente de nouvelles compagnies pétrolières étrangères. Il ne faut cependant pas négliger l'émergence de compagnies pétrolières nationales à l'échelle continentale. L'apparition de ces sociétés nationales pourrait être perçue comme une opportunité pour la création d'une compagnie pétrolière africaine et la mise en œuvre d'un droit pétrolier unifié (B).

A - L'hégémonie des majors et la concurrence apparente de nouvelles sociétés pétrolières étrangères

Le paysage planétaire des hydrocarbures est longtemps marqué par la domination quasi permanente des « majors »[585] qui sont représentées par des filiales à travers le monde.

En Côte d'Ivoire, la première société pétrolière fut la Société française des Pétroles qui trouva des indices d'hydrocarbures dans la région d'Eboinda[586] en 1904 avant qu'elle ne soit suivie par l'African and Eastern Trade Corporation. De 1952 à 1963, la Société africaine des Pétroles (SAP) basée à Dakar mena des activités de recherche de

---

585 Il y a aujourd'hui 5 « majors » pétrolières. Par ordre d'importance, on trouve : Exxon Mobil (compagnie américaine) née de la fusion d'Exxon et Mobil, Royal Dutch/Shell (compagnie anglo-néerlandaise) issue de la fusion de Shell et Royal Dutch, British Petroleum (BP) (compagnie britannique) née de la fusion entre British Petroleum ((héritière de l'Anglo Iranian Oil Company) et Amoco, Chevron (compagnie américaine) créée par fusion entre Chevron (ex-Socal) et Texaco et Total (compagnie française) provenant de la fusion entre Total, Fina et Elf. L'avènement des 5 « majors » a été précédé par la création au XIXe siècle des deux grandes compagnies pétrolières les plus anciennes, à savoir Standard Oil par l'Américain Rockefeller et Shell par le Britannique Marcus Samuel.

586 Eboinda est un village situé dans le département d'Adiaké au sud-est de la Côte d'Ivoire. Cette découverte a porté sur des sables bitumineux, voir Macoura KONÉ, Mémoire : « Maturation thermique et potentiel pétroligène des déblais du puits pétrolier IVCO-10 du bloc CI-02 du bassin sédimentaire de Côte d'Ivoire », Université du Québec à Chicoutimi, mars 1998, Bibliothèque nationale du Canada, p.15.

pétrole et fora dix puits sur la côte sans aucune découverte commerciale.

À l'issue de ces recherches infructueuses, on a vite conclu que la Côte d'Ivoire n'était pas un pays pétrolier. Mais en 1970 avec l'adoption du nouveau code pétrolier[587], la Côte d'Ivoire va orienter sa politique pétrolière, ce qui donna lieu, le 20 novembre 1970, à l'octroi du premier permis de recherche (permis H) au groupe ESSO-SHELL-ERAP.

La période 1970-1989 a été marquée par d'intenses activités pétrolières en Côte d'Ivoire et l'apparition de plusieurs compagnies pétrolières[588] avec la création de la compagnie nationale PETROCI[589]. Depuis lors, plusieurs compagnies pétrolières se sont succédé ou maintenues dans la sphère pétrolière en Côte d'Ivoire[590]. Ces sociétés exercent des activités d'exploration et/ou de production tout le long du bassin sédimentaire ivoirien dont la zone offshore[591], la plus importante, se divise en deux marges : la marge de San Pedro qui s'étend de la frontière libérienne jusqu'à la ville de Grand-Lahou et la marge d'Abidjan qui part de Grand-Lahou à la frontière ghanéenne[592].

---

[587] Loi n° 70-489 du 3 août 1970 portant code pétrolier, JORCI n° 39 du 12 août 1970, p. 1275 et son décret d'application n° 70-528 du 2 septembre 1970, JORCI n° 46 du 17 août 1970, p. 1524.

[588] Permis AB en 1975 attribué au groupe PHILLIPS-AGIP-SEDCO-PETROCI ; Permis B1 et C1 en 1980 attribués au groupe PHILLIPS-AGIP-GETTY OIL-HIPANOIL-PETROCI ; Permis E1 et M1 en 1980 attribués au groupe TOTAL-AGIP- PETROCI ; Permis A1 en 1980 attribué au groupe AGIP-TOTAL-PETROCI-PHILLIPS ; Permis D1 en 1981 attribué au groupe PETROCI-UNIONTEXACO ; Permis K1 en 1983 attribué au groupe TENNECO-CONOCO-PETROCI.

[589] La Société Nationale d'Opérations pétrolières de la Côte d'Ivoire (PETROCI) a été créée par décret n° 75-744 du 21 octobre 1975, JORCI n° 58 du 21 novembre 1975, p. 2101.

[590] À ce jour, on peut citer les compagnies suivantes : AFREN, AFRICAN PETROLEUM, ANADARKO, CANADIAN NATURALS RESOURCES INTERNATIONAL, FOXTROT INTERNATIONAL LDC, LUKOIL OVERSEAS CI E&P LTD, PETROCI, TALEVERAS ENERGY RESOURCES, TOTAL E&P CI, TULLOW CÔTE D'IVOIRE EXPLORATION LTD, PANATLANTIC CI, VIOCO PETROLEUM, VITOL.

[591] Le bassin sédimentaire ivoirien comprend la zone onshore (partie émergée) qui représente environ 2.5% du territoire national et la zone offshore (80 à 150 km de large) qui en constitue l'essentiel.

[592] C'est dans la marge d'Abidjan que se concentre l'activité pétrolière en Côte d'Ivoire. Elle est la zone des principales découvertes d'hydrocarbures et renferme tous les champs pétroliers connus à ce jour.

Elles se disputent les cinquante-et-une concessions pétrolières ivoiriennes dont vingt-six (dont quarante-quatre offshore) ont été déjà attribuées[593] tandis que les autres restantes font l'objet de promotion auprès d'autres compagnies pétrolières internationales.

Face à l'hyperpuissance quasi inégalable des majors, de nouvelles compagnies pétrolières étrangères apparaissent pour concurrencer les premières. Elles s'octroient des parts importantes dans les activités de reconnaissance, de recherche et d'exploitation d'hydrocarbures. La plupart des compagnies qui participent à la compétition offshore ivoirienne sont de cette obédience. Il en va ainsi des compagnies américaine (Anadarko), britanniques (Afren, Tullow Côte d'Ivoire), canadienne (Canadian Naturals Resources International), dominicaine (Taleveras Energy Resources), suisse (Vitol), française (Total E&P CI) ou russe (Lukoil Overseas CI). Ces sociétés peuvent être de droit ivoirien ou étranger. Mais lorsqu'elles sont de droit étranger, elles ne peuvent conclure des contrats pétroliers avec l'État ivoirien que lorsqu'elles justifient pendant toute la durée du contrat pétrolier l'existence d'un établissement stable en République de Côte d'Ivoire inscrit au registre du commerce et du crédit mobilier, qui peut être une société de droit ivoirien ou une succursale[594].

Dans la quête de l'or noir, les compagnies étrangères ne sont pas les seules à marquer leur présence. On assiste à la montée de sociétés nationales dans la plupart des États africains producteurs de pétrole.

---

593 AFREN (CI-525), AFRICAN PETROLEUM (CI-509, CI-513), ANADARKO (CI-515, CI-516, CI-528, CI-529, CI-527), CANADIAN NATURALS RESOURCES INTERNATIONAL CI-12, CI-26,CI-40), FOXTROT INTERNATIONAL LDC (CI-27), LUKOIL OVERSEAS CI E&P LTD (CI-101, CI-205,CI-401, CI-504, CI-524), PETROCI (CI-11), PETROCI HOLDING (CI-500, CI-502, CI-520) RIALTO, TALEVERAS ENERGY (CI-501, CI-504, CI-523, CI-525), TOTAL E&P CI (CI-100,CI-514 , CI-515, CI-516), TULLOW CÔTE D'IVOIRE EXPLORATION LTD (CI-103), PANATLANTIC CI, VIOCO PETROLEUM CI-202), VITOL (CI-508).

594 Article 8 alinéa 2 du code pétrolier.

B - L'émergence des sociétés pétrolières nationales : plaidoyer pour la création d'une société pétrolière à l'échelle régionale ou continentale et la mise en œuvre d'un droit pétrolier unifié

L'avènement de sociétés pétrolières nationales[595] obéit à un objectif : créer une structure pour servir de bras séculier de l'État dans ses rapports avec les compagnies pétrolières étrangères opérant dans le domaine des hydrocarbures. Elles constituent un acteur majeur de l'industrie pétrolière nationale.

Ces sociétés qui sont des entreprises publiques prennent la forme de société commerciale et participent à l'activité pétrolière soit directement soit indirectement avec d'autres compagnies pétrolières

---

595 Au Nigéria, on a la Nigerian National Petroleum Corporation (NNPC) créée le 1er avril 1977 ayant son siège social à Abuja. En Algérie, la Société Nationale pour la Recherche, la Production, le Transport, la Transformation et la Commercialisation des Hydrocarbures (Sonatrach) a été créée le 31 décembre 1963 ayant son siège à Alger. Elle est classée la première entreprise d'Afrique (la major africaine). En Angola, il y a la Sonangol créée en 1976 dont le siège est à Luanda. Au Congo, la Société Nationale des Pétroles du Congo (SNPC) a été créée en 1998 ayant son siège à Brazzaville. Elle est la seule entreprise publique qui exerce dans le secteur du pétrole. En Côte d'Ivoire, la Société Nationale des Opérations pétrolières de Côte d'Ivoire (PETROCI) a été créée par décret n° 75-744 du 21 octobre 1975, JORCI n° 58 du 21 novembre 1975, p. 2101 ayant son siège à Abidjan. C'est une société anonyme dans laquelle l'État de Côte d'Ivoire détient 95 % des actions et 5 % appartenant aux employés. Elle a trois filiales : la Société Multinationale de Bitumes (SMB), la Société ivoirienne de Raffinage (SIR) et la Société de Gestion des Stocks pétroliers de Côte d'Ivoire (GESTOCI). À côté de cette société, il existe la société de Gestion des Stocks pétroliers de Côte d'Ivoire (GESTOCI) créée par le décret n° 83-1009 du 14 septembre 1983 (JORCI n° 38 du 29 septembre 1983, p. 497) sur rapport conjoint du ministre des Mines et celui de l'Économie et des Finances. La constitution de la GESTOCI entre dans le cadre de la politique de règlementation de l'activité pétrolière en Côte d'Ivoire, fixée par le décret du 10 mai 1933 promulgué en Afrique occidentale par l'arrêté n° 1305 du 3 juin 1933, portant obligation aux sociétés distributrices de produits pétroliers de constituer de manière permanente : un stock-outil (opérationnel) et un stock de sécurité (le stock de sécurité est un stock stratégique pour l'État et permet d'assurer le ravitaillement de la population locale en produits pétroliers pendant soixante jours). La GESTOCI est une entreprise de stockage de produits pétroliers (SUPER, ESSENCE, GASOIL, PÉTROLE, DDO, FUEL, BUTANE, BITUME, CUTBACK, JET A1) provenant de la SIR et destinés à la consommation locale et sous régionale. Ainsi, en dehors de la Côte d'Ivoire, la GESTOCI approvisionne le Mali, le Burkina Faso, le Nigéria, la Gambie par des opérations de transport (camions-citernes, train) et la Suisse par voie maritime. Elle dispose de trois dépôts : Abidjan, Bouaké et Yamoussoukro.

étrangères[596]. La participation de l'État dans les sociétés étrangères exerçant dans le secteur des hydrocarbures se fait par l'intermédiaire de ces sociétés nationales.

Dans une interview publiée dans African Oil Magazine[597], l'ancien Directeur général de la Société Nationale des Opérations pétrolières de Côte d'Ivoire (PETROCI), M. Kassoum FADIKA déclarait ambitieusement que « Sans un minimum de rapprochement entre nos pays et une volonté de partager nos ressources et expériences, nous ne saurions jamais véritablement opposer aux autres une quelconque force capable de remplacer valablement la qualité d'offres qui nous viennent d'ailleurs, et devant lesquelles nous sommes béatement en extase, alors que nos compétences et nos idées n'ont rien à leur envier. »[598]

L'appel à l'unité régionale ou sous-régionale dans le domaine pétrolier nous paraît primordial eu égard à la faible emprise des États producteurs sur leurs ressources naturelles. Il peut se traduire par la création d'une société multinationale pétrolière à l'échelle continentale ou régionale et par l'adoption d'un texte unificateur.

1 - Plaidoyer pour la création d'une société pétrolière à l'échelle régionale ou continentale

L'initiative de la création d'une entreprise continentale n'est pas totalement nouvelle. Dans le milieu de l'aviation civile, il a existé la compagnie continentale Air Afrique[599]. Dans le domaine de la

---

[596] Tel est le cas de PETROCI qui participe avec d'autres compagnies pétrolières à la reconnaissance, la recherche et l'exploitation de gisements pétroliers et gaziers.

[597] African Oil Magazine, numéro de décembre-janvier 2009, p. 42.

[598] La citation est reprise par Stéphane ESSAGA, Droit des hydrocarbures en Afrique. Recueil commenté de textes, Études africaines, L'Harmattan, 2013, p.13.

[599] Mais la gestion opaque et désastreuse de la multinationale a conduit à sa faillite. En effet, lors de l'Assemblée générale des actionnaires de la Compagnie tenue le 7 février 2002 à Abidjan (Côte d'Ivoire), ladite Assemblée générale, dans sa troisième résolution, a décidé à l'unanimité de faire procéder au dépôt de bilan de la Compagnie Air Afrique et demandé en conséquence à la Direction générale « d'entreprendre toutes les formalités légales y relatives aux fins de la déclaration de cessation de paiement ». Par une requête en date du 8 février 2002, la Direction générale avait alors saisi le Tribunal de première instance d'Abidjan en vue d'obtenir le bénéfice de la liquidation de ses biens (voir, A.D et Autres c/ Compagnie Multinationale Air Afrique et Autres, arrêt n° 04, CCJA 8 janvier 2004). La

coopération énergétique régionale, il convient de noter avec intérêt le Gazoduc Afrique de l'Ouest (GAO) qui relie la ville portuaire de Takoradi au Ghana à Lagos au Nigéria qui passe par le Togo et le Bénin. Un projet de pipeline en cours d'achèvement transportera le brut nigérian vers le Burkina Faso en passant par le Ghana et la Côte d'Ivoire d'ici à l'horizon 2020[600]. La réalisation de ces infrastructures traduit éloquemment l'objectif d'intégration économique régionale.

La création d'une société multinationale pétrolière serait, dans le domaine des hydrocarbures, une grande première tant les divergences et les intérêts géopolitiques des États de la zone s'observent depuis des lustres.

À l'actif de ce projet, il n'est pas inutile de relever des avantages pour les pays producteurs. Au rang de ces avantages, l'on pourrait noter la création d'emplois, facteur de réduction, voire de résorption du chômage des jeunes africains souvent tentés d'immigrer vers « l'eldorado européen » à la recherche d'un mieux-être au péril de leur vie. Ce projet peut aussi être perçu comme une solution aux conflits frontaliers maritimes patents dans les régions africaines dont la recherche de l'or noir en est la principale cause. Enfin, la création d'une compagnie pétrolière africaine consacrera une véritable emprise des États producteurs sur la gestion de leurs ressources naturelles, ce qui pourrait traduire une souveraineté permanente sur ces ressources[601] et favoriser ainsi l'affermissement de leur indépendance économique[602]. Sa mise en œuvre implique le choix de la forme juridique adéquate[603], la détermination des États actionnaires[604], le choix des dirigeants[605], les modes d'administration[606] et de contrôle.

---

liquidation d'Air Afrique continue de faire des vagues dans le milieu judiciaire ivoirien tant les procédures qui en découlent semblent s'éterniser.

600 Abdelhak BASSOU, « Le Golfe de Guinée, zone de contrastes : Richesses et vulnérabilités », OCP POLICY CENTER, septembre 2016, p. 13.

601 L'affirmation de la souveraineté permanente des États sur les ressources naturelles est consacrée par la Résolution 1803 (XVII) des Nations Unies du 18 décembre 1962.

602 Des pays comme le Nigéria, l'Angola, le Gabon, la Guinée Équatoriale tirent l'essentiel de leurs recettes budgétaires, des revenus pétroliers.

603 La forme de société anonyme avec conseil d'administration peut avoir notre faveur puisqu'une telle société peut répondre aux objectifs poursuivis. La différence linguistique entre pays anglophones (Nigéria ou Ghana), pays francophones (Cameroun, Congo, Côte d'Ivoire ou Gabon) et pays hispaniques ou lusophones (Angola ou Guinée Équatoriale) ne devrait pas constituer une barrière dans le

2 - Une vision d'intégration juridique régionale : vers l'unification du droit pétrolier dans le golfe de Guinée

La parfaite illustration de l'intégration juridique et judiciaire du droit des affaires en Afrique est celle de l'OHADA instituée par le Traité de Port-Louis[607] qui ambitionne de promouvoir l'unification du droit des affaires dans plusieurs États africains de langue différente[608]. Dotée d'institutions spécialisées comme la Cour Commune de Justice et d'Arbitrage (CCJA, localisée à Abidjan) et l'École Régionale Supérieure de la Magistrature (ERSUMA, sise à Porto-Novo), l'OHADA est un modèle de réussite de l'unification du droit des affaires[609].

---

fonctionnement de la société multinationale. Dans le cadre de l'OHADA, les langues de travail sont le français, l'anglais, l'espagnol et le portugais (article 42 du Traité).

[604] Les États africains producteurs auront la part importante des actions et il peut être fait appel à des États étrangers producteurs ou non. La différence linguistique entre pays anglophones (Nigéria ou Ghana), pays francophones (Cameroun, Congo, Côte d'Ivoire ou Gabon) et pays hispaniques ou lusophones (Angola ou Guinée-Équatoriale) ne devrait pas constituer une barrière dans le fonctionnement de la société multinationale.

[605] Le domaine pétrolier est l'un des secteurs d'activité qui fait appel à plusieurs compétences (chimistes, géologues, géographes, économistes, informaticiens, juristes, mathématiciens, physiciens, etc.)

[606] L'administration peut se faire de façon tournante.

[607] Le Traité relatif à l'Organisation pour l'Harmonisation en Afrique du Droit des Affaires a été adopté à Port-Louis, le 17 octobre 1993 et révisé à Québec, le 17 octobre 2008. Il intègre plusieurs actes uniformes déjà adoptés et en vigueur (par exemple, l'acte uniforme sur le droit commercial général, sur les procédures collectives d'apurement du passif, sur l'organisation des procédures simplifiées de recouvrement et des voies d'exécution, sur l'arbitrage, etc.) ou en voie d'adoption (l'acte uniforme sur l'affacturage fera bientôt son apparition). Il regroupe actuellement dix-sept États, voir le Préambule du Traité.

[608] La Guinée-Bissau et la Guinée Équatoriale sont membres de l'OHADA alors qu'elles ne sont pas des États de langue française comme les quatorze autres États qui la composent.

[609] Il est aussi loisible d'évoquer d'autres modèles d'intégration juridique comme le Code minier de l'Union économique et monétaire Ouest Africaine (UEMOA) du 22 décembre 2003 qui fixe le cadre légal réglementant l'ensemble des opérations de prospection, de recherche, d'exploitation, de détention, de circulation, de traitement, de transport, de possession, de transformation et de commercialisation de substances minières dans l'espace UEMOA (Règlement n° 18/2003/CM/UEMOA portant adoption du code minier communautaire de l'UEMOA), le Code de la marine marchande de la Communauté économique et monétaire de l'Afrique centrale (CEMAC) de mai 2001, du Code des Douanes de la CEMAC.

Sur le modèle de ce droit des affaires harmonisé dans l'espace régional, il peut être envisagé un texte similaire en ce qui concerne le droit pétrolier. Il s'agira entre autres axes, d'organiser juridiquement l'activité pétrolière en définissant et en encadrant les principes qui la caractérisent[610]. Les domaines de la fiscalité et de la répression des infractions peuvent être réservés aux législations des États Parties. Le règlement des conflits pourrait se faire par voie d'arbitrage régional ou international.

Les acteurs privés qui interviennent dans le secteur pétrolier sont nombreux et disposent de compétences diverses et variées. Leur engagement à l'égard de l'État d'accueil est basé sur un acte administratif par lequel il leur est accordé l'autorisation d'exercer, mais aussi sur un contrat qui définit les droits et obligations des parties.

Paragraphe 2- Le cadre contractuel, un support indispensable à l'activité pétrolière offshore

La réalisation de l'activité pétrolière impose, dans la plupart des cas[611], à l'État producteur de conclure un contrat pétrolier avec une compagnie pétrolière internationale[612].

---

[610] Le régime de la propriété des hydrocarbures, les règles d'attribution des permis de recherche et des autorisations d'exploitation, les règles relatives aux contrats pétroliers, le règlement des conflits, les règles protectrices de l'environnement, etc.

[611] Il est assez rare qu'un État producteur entreprenne lui-même directement des opérations pétrolières, même si cette possibilité est inscrite dans les codes pétroliers (voir article 5 de la loi n° 96-669 du 29 août 1996 portant code pétrolier de Côte d'Ivoire, JORCI n° 04 du 3 janvier 1997, p. 63, modifiée par l'ordonnance n° 2012-369 du 18 avril 2012, JORCI n° 27 du 5 juillet 2012, p. 626) et article 5-1 de la loi n° 99-013 du 22 décembre 1999 portant code pétrolier du Cameroun.

[612] Il peut s'agir d'une seule compagnie pétrolière étrangère (voir par exemple le contrat de partage de production conclu à Brazzaville, le 23 mai 1997 entre l'État congolais et la société AGIP RECHERCHES CONGO ou d'un groupe de compagnies pétrolières internationales incluant la société pétrolière nationale (consortium), par exemple le contrat de partage de production conclu entre l'État congolais et les sociétés AGIP RECHERCHES CONGO, CHEVRON INTERNATIONAL Limited et la société ELF Congo et la société Nationale de Recherche et d'Exploitation pétrolières dite HYDRO-CONGO portant sur les permis de recherches Marine VI, Marine VII et KITINA. Ces sociétés désignées collectivement le « Contracteur » se partageront les différents aspects du projet

Dans le reste du monde en général et dans les États du golfe de Guinée en particulier, le recours au contrat est inévitable eu égard à la trop grande faiblesse du pouvoir économique qui caractérise ces derniers et à l'absence de moyens technologiques appropriés que requiert l'activité pétrolière.

La technique contractuelle implique plusieurs acteurs dont les rôles, les droits et obligations varient d'un type de contrat à un autre. Au cœur de la multitude de contrats qui peuvent être conclus dans le cadre du projet pétrolier[613] se situe ce qu'il convient de désigner par l'expression « contrat mère » qui constitue la raison d'être d'autres contrats, communément appelés contrats « annexes » ou « auxiliaires».

Le contrat mère ou contrat principal distinct et autonome des autres types de contrats, est celui conclu entre l'État hôte et sa compagnie pétrolière nationale[614] d'une part, et la compagnie pétrolière internationale ou le groupe de compagnies pétrolières internationales d'autre part. L'État hôte peut tout aussi bien conclure le contrat avec la société pétrolière nationale et la compagnie pétrolière internationale[615]

---

pétrolier. Pour l'État hôte, en cas d'inexécution des obligations contractuelles, ces compagnies pétrolières sont tenues solidairement et conjointement.

613 On dénombre une centaine de contrats qui peuvent être conclus à l'occasion d'un projet pétrolier. Ce sont pour la plupart des contrats techniques passés entre l'opérateur et des sociétés de services dans le domaine de l'exploration, la géologie, la sismique, l'interprétation de données géophysiques, la construction de plates-formes d'exploration et de production, de l'exploitation des systèmes complexes de production et de stockage, ou des contrats de transport par navire du pétrole brut extrait.

614 Celle-ci joue généralement un rôle technique et d'interface entre l'État et la compagnie pétrolière internationale. En Côte d'Ivoire, c'est la PETROCI créée par le décret n° 75-744 du 21 octobre 1975 portant création d'une société d'État dénommée Société Nationale d'Opérations pétrolières de la Côte d'Ivoire et approuvant les statuts de ladite société, JORCI n° 58 du 20 novembre 1975, p. 2101, modifié par le décret n° 89-190 du 10 février 1989, JORCI n° 08 du 2 mars 1989, p. 62 dont la dénomination est devenue PETROCI-HOLDING en vertu du décret n° 89-1998-2620 du 3 juin 1998, JORCI n° 47 du 19 novembre 1998, p. 1199. Au Cameroun, il s'agit de la Société Nationale des Hydrocarbures (SNH) créée par le décret n° 80-086 du 12 mars 1980 qui fait suite à la loi n° 78-14 du 29 décembre 1978 complétant, en ce qui concerne les hydrocarbures, la loi n° 64-LF-3 du 6 avril 1964 portant régime des substances minérales.

615 Voir des exemples de ce type de contrat: le contrat de partage de production d'hydrocarbures portant sur le Bloc CI-401 conclu à Abidjan, le 30 septembre 2005 entre la République de Côte d'Ivoire d'une part, et la société VANCO Côte d'Ivoire

ou directement avec un consortium de sociétés pétrolières étrangères.[616] Ces deux sociétés sont souvent associées par un contrat d'association conclu préalablement entre elles[617].

Il est admis, tant sur le plan du droit privé que du droit public, que le contrat est un accord de volontés destiné à créer des effets de droit[618] à la charge des parties contractantes et obéit à des conditions générales de validité[619].

Du point de vue de la définition du contrat pétrolier, il n'en existe aucune dans la multitude de textes qui régissent l'activité pétrolière. C'est le cas aussi bien en Côte d'Ivoire que dans les autres États du golfe de Guinée disposant d'un code pétrolier. Ces textes établissent plutôt une typologie des contrats pétroliers auxquels l'État a recours (A).

Le contrat pétrolier s'inscrit dans les différentes « espèces » que l'on peut recenser au sein du « genre » constitué par la notion de contrat en général[620]. Il s'agit d'un type de contrats spéciaux qui a ses caractéristiques propres et, de ce fait, il a « pour objet de définir avec précision le partage des risques associés à l'exploration, au

---

Ltd et la société PETROCI HOLDING d'autre part, celui portant sur le Bloc CI-100 conclu le 23 janvier 2006 entre la République de Côte d'Ivoire d'une part, et la société YAM'S PETROLEUM et la société PETROCI HOLDING d'autre part, ou le contrat de partage de production d'hydrocarbures portant sur les permis Haute-Mer et N'Kossa conclu à Paris, le 21 avril 1994 entre la République du Congo d'une part, et la société ELF Congo et la société HYDRO-CONGO d'autre part.

[616] Voir par exemple le contrat de partage de production d'hydrocarbures (Blocs I et II du Graben Albertine) de mai 2010 conclu entre la République Démocratique du Congo et les sociétés CAPRIKAT LIMITED et FOXWHELP LIMITED.

[617] C'est le cas des sociétés ELF Congo et AGIP RECHERCHES Congo avec lesquelles l'État du Congo a conclu le contrat de partage de production du 23 novembre 1995 dans le cadre de l'ancien permis de recherches de Pointe-Noire Grands Fonds attribués le 17 octobre 1968.

[618] René DEGNI-SEGUI, Droit administratif général, 2e éd. Abidjan, CRES, 1996, p.284. Dans le cadre du contrat pétrolier, nous estimons que l'effet principal du contrat est de créer des obligations (obligation de faire notamment) à la charge de chacune des parties contractantes. L'effet translatif de droits réels prévu à l'article 1138 du code civil napoléonien de 1810 paraît inadapté à l'espèce contractuelle étudiée puisqu'il ne s'agit pas ici de transférer la propriété d'un bien déterminé, mais d'exécuter une tâche précise convenue.

[619] Article 1108 du code civil napoléonien intitulé en Côte d'Ivoire code des biens et des obligations.

[620] Alain BENABENT, les contrats spéciaux, 2e éd., Domat Droit privé, Paris, Montchrestien, 1995, introduction.

développement et à l'exploitation pétrolière, et de fixer sans conteste les rémunérations découlant de ces activités » [621].

Deux éléments principaux caractérisent ainsi le contrat pétrolier passé entre l'État hôte et la compagnie pétrolière internationale. D'une part, le contrat fixe les conditions techniques et juridiques dans lesquelles s'exercera l'activité pétrolière, et d'autre part, il détermine la rémunération des parties contractantes.

Cet ensemble complexe des relations contractuelles est gouverné par un régime pétrolier fondé sur des lois et règlements relatifs au pétrole dans un pays donné[622].

L'importance des enjeux économiques et financiers[623] auxquels sont attachées les parties est souvent source de conflits dont le règlement ne manque pas de poser des problèmes de plusieurs ordres (C) [624] , notamment celui relatif à la nature des contrats pétroliers (B).

A- Les conditions de formation et la typologie du contrat pétrolier

Bien qu'il soit une espèce particulière de contrat dans le genre commun du contrat en général, le contrat pétrolier obéit aux conditions essentielles de validité des contrats au nombre desquelles il est classique de retenir le consentement des parties qui s'obligent, la

---

621 Jean-Pierre ANGELIER, « L'évolution des relations contractuelles dans le domaine pétrolier », Liaison énergie africaine, n° 11/2008, pp. 23-26.

622 Le régime pétrolier s'articule autour de la constitution du pays, des lois, des règlements et du contrat pétrolier lui-même. La constitution ou loi fondamentale est la norme qui organise la vie politique de l'État. Les lois et les règlements sur le pétrole contiennent des règles spécifiques concernant les droits et les responsabilités attribuées dans le contrat ainsi que des règles relatives à la protection de l'environnement, la sécurité, la santé, le travail et les lois sur la fiscalité. Le contrat fixe les obligations des parties et les conditions techniques et financières.

623 Pour les pays producteurs du pétrole, il s'agit d'engranger des revenus importants pour financer le développement économique et social alors que l'entreprise pétrolière qui investit dans l'activité pétrolière entend maximiser ses profits. Ce qui fait que les relations entre les parties contractantes sont tributaires du rapport de force dans lequel elles sont placées.

624 Comme tout contrat en général, le contrat pétrolier peut poser des problèmes d'interprétation ou d'exécution.

capacité de celles-ci de contracter, un objet certain qui forme la matière de l'engagement et une cause licite[625].

Le consentement et la capacité sont deux variantes des conditions de formation du contrat qui se rencontrent lorsqu'on se place du côté des parties qui s'engagent dans le contrat pétrolier tandis que l'objet du contrat revêt une certaine spécificité en matière pétrolière.

Quant à la cause exigée comme condition autonome, elle doit exister dans le contrat pétrolier.

1- La confirmation des conditions classiques de formation du contrat

La formation du contrat pétrolier n'échappe pas, pour sa validité, aux conditions classiques de formation des contrats. Les parties au contrat, l'activité pétrolière et l'exigence d'une cause licite en sont les principales conditions qui méritent d'être spécifiées.

a - Les conditions relatives aux parties contractantes

Le point touchant aux parties au contrat pétrolier se règle dans le cadre des conditions générales de formation du contrat. Appelées à animer les rapports contractuels, les parties sont placées sous deux régimes juridiques différents si l'on s'en tient à la classification traditionnelle entre droit public et droit privé.

Il y a d'un côté l'État producteur d'hydrocarbures qui, classiquement est un sujet de droit international et de l'autre, la société pétrolière nationale et la compagnie pétrolière internationale qui sont toutes deux, des sujets de droit privé.

En s'engageant sur le terrain contractuel, l'État se présente toujours comme une autorité publique, un État souverain dont les objectifs s'inscrivent dans la poursuite de l'intérêt public. L'État n'est donc pas ici une personne privée et ne saurait se dépouiller de ses attributs de personne publique.

Le cocontractant privé (la compagnie pétrolière), en l'occurrence un consortium représentant les intérêts économiques et financiers d'un

---

[625] Article 1108 du code civil ; Jean CARBONNIER, Droit civil. Les obligations, 20e éd., vol. 4, Thémis Droit Privé, Presses universitaires de France, 1996, pp.77 & s ; Henri MAZEAUD, Léon MAZEAUD, et Jean MAZEAUD, Leçons de droit civil Obligations Théorie générale, 5e éd., vol. 2, Paris, Montchrestien, 1973, pp. 92 & s.

groupe d'individus est une personne morale de droit privé, c'est-à-dire précisément une société commerciale. Celle-ci est définie de façon unanime comme une société « créée par deux ou plusieurs personnes qui conviennent par un contrat, d'affecter à une activité des biens en numéraire ou en nature, dans le but de partager le bénéfice ou de profiter de l'économie qui pourra en résulter. Les associés s'engagent à contribuer aux pertes. »[626] Mais la conception classique qui faisait de la société commerciale, un contrat (accord de volonté de deux personnes au moins) est aujourd'hui atténuée puisque désormais, « la société commerciale peut être également créée par une seule personne, par un écrit. »[627]

Le cocontractant de l'État producteur peut tout aussi être un établissement public à caractère industriel et commercial[628] qui, tout comme la société commerciale, doit justifier de capacités techniques et financières suffisantes pour mener à bien des opérations pétrolières.

---

626 Article 4 de l'Acte uniforme OHADA du 17 avril 1997 relatif au droit des sociétés commerciales et du groupement d'intérêt économique (JO OHADA, n° 2 du 01/10/1997, pp.1 & s.), in OHADA Traité et Actes uniformes commentés et annotés, 4e édition, Juriscope, 2012, pp. 365 & s. ; Philippe MERLE, Droit commercial Sociétés commerciales, 6e éd. Paris, Dalloz, 1998, p.1 ; ISSA-SAYEGH, « Droit des sociétés commerciales: droit commun et régimes particuliers ».

627 Dans ce cas, la société est instituée par l'acte de volonté d'une seule personne. Elle n'est cependant admise que pour la société à responsabilité limitée et la société anonyme (articles 309 et 385 de l'Acte uniforme OHADA du 17 avril 1997 relatif au droit des sociétés commerciales et du groupement d'intérêt économique) ; en France, article 1er alinéa 2 de la loi n° 85-697 du 11 juillet 1985 relative à l'entreprise unipersonnelle à responsabilité limitée et à l'exploitation agricole à responsabilité limitée.

628 Article 1er.p de la loi n° 99-013 du 22 décembre 1999 portant code pétrolier du Cameroun. L'article 1er.i de la loi n° 96-669 du 29 août 1996 portant code pétrolier de la Côte d'Ivoire qui emploie l'expression « toute personne morale » ne restreint pas le cocontractant de l'État hôte à la seule société commerciale. À la différence de la société commerciale qui est commerçante par la forme, les établissements publics à caractère industriel et commercial n'ont pas la qualité de commerçant (article 58 alinéa 1er de la loi n° 98-388 du 2 juillet 1998 fixant les règles générales relatives aux Établissements publics nationaux et portant création de catégories d'Établissements publics et abrogeant la loi n° 80-1070 du 13 septembre 1980, JORCI n° 30 du 23 juillet 1998, p. 707 & s.) Mais ils gèrent leur activité selon les règles applicables à une entreprise commerciale de droit privé. En tout état de cause, le cocontractant de l'État doit être une société pétrolière ou, conjointement plusieurs sociétés commerciales, dont l'une, au moins est une société pétrolière. La raison évidente de cette exigence s'explique par la nature même de l'activité pétrolière qui est complexe et nécessite une compétence technique avérée en la matière.

Les règles qui gouvernent les modes d'expression du consentement des contractants et celles régissant leur capacité à contracter se présentent différemment.

Ainsi, s'agissant de l'État hôte, il est admis que celui-ci, sans se dépouiller de son statut de personne morale de droit public, a la possibilité de conclure des contrats avec des particuliers. Dans le cadre de la conclusion du contrat pétrolier, les législations en vigueur font la distinction entre la négociation[629] du contrat et sa signature[630].

D'une façon générale, les contrats pétroliers sont négociés par le gouvernement[631] après recommandation de la Commission interministérielle pétrolière (C.I.P)[632] et signé par le Président de la République.

En la matière, la pratique a permis d'observer que le Président de la République, par le mécanisme de la délégation de compétence[633] qui puise son origine de la Constitution, en ce qui concerne les rapports

---

629 La négociation est la phase de la discussion, des pourparlers en vue d'aboutir à un accord. En matière pétrolière, cette phase peut donner lieu, au profit de la compagnie pétrolière, à la délivrance d'une autorisation de reconnaissance ou de prospection sur des surfaces non couvertes par un contrat pétrolier (voir l'article11 du code pétrolier de la Côte d'Ivoire et l'article 23-1 du code pétrolier du Cameroun) en attendant qu'un contrat soit éventuellement conclu. Mais l'octroi de cette autorisation ne confère pas à la compagnie pétrolière qui en est bénéficiaire, le droit à l'obtention d'un titre d'hydrocarbures ou à la conclusion d'un contrat pétrolier. L'État dispose en la matière, d'un pouvoir discrétionnaire d'appréciation des offres de contrats pétroliers et de demandes d'autorisation, sans que le rejet absolu, partiel ou conditionnel ne donne lieu à un recours voire à une indemnisation.

630 C'est la formalité qui constate l'accord intervenu au terme de la négociation sur le texte du contrat. Elle engage et lie les parties contractantes. L'entrée en vigueur des contrats pétroliers est généralement subordonnée à leur signature. C'est le cas en Côte d'Ivoire (article 17 alinéa 2 du code pétrolier) ou au Cameroun (article 11-2 du code pétrolier). Il convient cependant de préciser qu'au Cameroun, la date de prise d'effet du contrat de concession est réputée être celle de l'octroi du permis de recherche.

631 L'article 11-1 du code pétrolier du Cameroun dispose que « le contrat pétrolier est négocié et signé pour le compte de l'État, par le gouvernement ou par tout établissement ou organisme public mandaté à cet effet. » L'article 17 du code pétrolier de la Côte d'Ivoire indique que « le contrat pétrolier est négocié par le Gouvernement, sous l'autorité du Président de la République. Il est signé par le Président de la République ou ses représentants, mandatés par décret. »

632 Article 12 du décret n° 96-733 précité. La composition et les attributions de la C.I.P sont fixées à l'article 46 dudit décret.

633 René DEGNI-SEGUI, Droit administratif général, ouvrage précité, p. 284.

entre celui-ci et le gouvernement[634], peut déléguer son pouvoir et sa signature au ministre chargé des hydrocarbures[635], ou conjointement à plusieurs ministres[636].

Il est à déplorer que pour l'exploitation de richesses naturelles aussi importantes comme les hydrocarbures qui aliment pour une grande part le budget des États producteurs du golfe de Guinée, la conclusion du contrat pétrolier ne soit pas soumise à la ratification législative, encore moins à la publication. Nous estimons que dans un souci de

---

[634] Articles 76 et 77 de la loi n° 2016-886 du 8 novembre 2016 portant Constitution de la République de Côte d'Ivoire (JORCI n° spécial du 9 novembre 2016 ; article 10-2 de la loi n° 96-06 du 18 janvier 1996 portant révision de la Constitution de la République du Cameroun du 2 juin 1972. Le Président de la République consacre la délégation de pouvoir et de signature par décret.

[635] Il en est ainsi de la plupart des codes pétroliers des États francophones du golfe de Guinée (voir par exemple l'article 19 de la loi n° 2006-18 du 17 octobre 2006 portant code pétrolier en République du Bénin, article 3 de la loi n° 24-94 du 23 août 1994 portant code des hydrocarbures en République du Congo, article 18 du code pétrolier du Cameroun ; contrat de partage de production du 21 avril 1994 entre la République du Congo représentée par le ministre des Hydrocarbures, les sociétés Elf Congo et Hydro-Congo, contrat de partage de production du 23 novembre 1995 entre la République du Congo représentée par le ministre des Hydrocarbures, les sociétés Agip Recherches Congo et Elf Congo).

[636] L'article 17 du code pétrolier de Côte d'Ivoire précité ; décret n° 2012-1107 du 12 novembre 2012 portant délégation de pouvoir et de signature des contrats pétroliers au profit du ministre chargé du Pétrole et du ministre chargé de l'Économie et des Finances, publié au JORCI n° 03 du 26 novembre 2012, p. 47; décret n° 2014-248 du 8 mai 2014 portant délégation de pouvoir et de signature des contrats pétroliers au profit du ministre chargé du Pétrole, du ministre chargé de l'Économie et des Finances et du ministre chargé du Budget, publié au JORCI n° 27 du 3 juillet 2014, p. 586 ; contrat de partage de production d'hydrocarbures (Bloc CI-401) du 30 septembre 2005 entre la République de Côte d'Ivoire représentée par le ministre d'État, ministre des Mines et de l'Énergie et le ministre d'État, ministre de l'Économie et des Finances, les sociétés PETROCI et VANCO ; contrat de partage de production d'hydrocarbures (Bloc CI-100) du 23 janvier 2006 entre la République de Côte d'Ivoire représentée par le ministre des Mines et de l'Énergie et le ministre délégué auprès du Premier ministre chargé de l'Économie et des Finances, les sociétés PETROCI et YAM'S PETROLEUM ; contrat de partage de production d'hydrocarbures (Blocs I et II du Graben Albertine) de mai 2010 entre la République Démocratique du Congo représentée par le ministre des hydrocarbures, le ministre des Finances, le ministre du Portefeuille et le ministre du Budget, les sociétés CAPRIKAT LIMITED et FOXWHELP LIMITED. La représentation de la RDC pour la conclusion de ce contrat pétrolier résulte de l'Ordonnance-Loi n° 81-013 du 2 avril 1981 portant législation générale sur les mines et les hydrocarbures.

transparence et de bonne gouvernance, le contrat pétrolier devrait être subordonné à l'accomplissement de ces formalités[637].

Pour la compagnie pétrolière qui est plus généralement une société commerciale, le consentement à la conclusion du contrat pétrolier est exprimé par le biais de son représentant légal comme prévu par les statuts et les dispositions légales en vigueur. Les compagnies pétrolières exerçant dans le domaine pétrolier se caractérisent par leur importance. Celles accomplissant leurs activités pétrolières dans l'espace OHADA[638] dont est membre la Côte d'Ivoire, se constituent presque toutes, sous la forme de société anonyme avec conseil d'administration ou avec administrateur général[639].

Pour la société anonyme avec conseil d'administration, la représentation est assurée soit par le Président Directeur général[640] ou le Directeur général Adjoint[641], soit par le Directeur général[642].

Dans la société anonyme avec administrateur général[643], la représentation est dévolue à l'administrateur général[644].

---

637 Au Congo, il est prévu que tous contrats pétroliers (contrat de partage de production et autres types de contrat) sont approuvés par une loi. Ce qui suppose que le parlement, pleinement conscient de son rôle de représentant du peuple, devrait pouvoir s'opposer à la conclusion d'un contrat pétrolier dans la mesure où les intérêts de l'État ne seraient pas suffisamment garantis. Il y a eu des lois d'approbation d'avenants à des contrats de partage de production. C'est le cas de la loi n° 25-2003 du 7 octobre 2003 portant approbation de l'avenant n° 1 au contrat de partage de production relatif au permis Kombi-Likalala-Zibondo et au permis Tchibéli-Litanzi-Loussima, la loi n° 4-2011 du 18 février 2011 portant approbation de l'avenant n° 1 au contrat de partage de production relatif au permis mer profonde Sud et la loi n° 28-2012 du 4 octobre 2012 portant approbation de l'avenant n° 4 du juillet 2012 au contrat de partage de production signé le 21 avril 1994 entre la République du Congo et les sociétés Elf Congo et société nationale de recherche et d'exploitation pétrolières dite Hydro Congo.

638 L'Organisation pour l'Harmonisation du Droit des Affaires en Afrique dite OHADA a été créée par le Traité signé à Port-Louis (Île Maurice), le 17 octobre 1993, entré en vigueur, le 18 septembre 1995. Le Traité a été révisé au Québec, le 17 octobre 2008. L'OHADA qui est un instrument d'intégration juridique et économique comprend, à ce jour 17 pays membres.

639 Article 414 de l'Acte uniforme OHADA précité.

640 Article 465 alinéa 2 de l'Acte uniforme OHADA précité.

641 Article 472 alinéa 2 de l'Acte uniforme OHADA précité.

642 Article 487 alinéa 1 de l'Acte uniforme OHADA précité.

643 Ce mode d'administration et de gestion de la société anonyme est possible lorsque le nombre d'actionnaires est égal ou inférieur à trois.

En dehors de ces organes représentatifs de la société dans ses rapports avec les tiers, aucun autre organe ne peut valablement se prévaloir de cette qualité pour représenter la société, à moins d'avoir obtenu un pouvoir spécial à cet effet. Il a été ainsi jugé que le Directeur du risque ou du crédit de la société n'est pas le représentant légal ou statutaire et ne peut valablement former appel au nom de la société[645].

Sur le terrain de la capacité de contracter de l'État et de la compagnie pétrolière, ceux-ci, en tant qu'entités juridiques titulaires de droits et assumant des obligations, ont la pleine capacité de jouissance[646] (sauf à préciser que la société commerciale reste soumise à la règle de la spécialité légale) et peuvent contracter dès lors qu'ils n'en ont pas été déclarés incapables par la loi[647].

Reconnu comme sujet de droit international, l'État est doté de la personnalité morale aussi bien dans ses rapports avec les autres États souverains que dans ses rapports avec les autres personnes morales de droit privé.

Les sociétés commerciales bénéficient de la personnalité morale[648] à compter de leur immatriculation au registre du commerce et du crédit mobilier[649].

Il faut cependant admettre que l'État et les sociétés commerciales n'ont pas la capacité d'exercice. Leur aptitude à contracter s'exprime par l'entremise de leurs organes dirigeants.

---

644 Article 498 alinéa 1 de l'Acte uniforme OHADA précité. Miessan Ursène EMIEN, « L'administration et la direction de la société anonyme de type nouveau issue de la réforme du droit des sociétés commerciales applicable dans la zone OHADA », Penant, n° 864, septembre 2008, pp. 261-291.

645 Cour Commune de Justice et d'Arbitrage : Affaire BIAO Côte d'Ivoire contre Nouvelle Scierie d'Agnibilékro et autres, Arrêt n° 022/2003 du 6 novembre 2003, in Recueil de jurisprudence CCJA, n° 2, 2003, p.13 ; Cour Commune de Justice et d'Arbitrage : Affaire société LEV-Côte d'Ivoire contre Peled Nathan, Arrêt n° 042/2008 du 17 juillet 2008, in les Grandes décisions de la CCJA, p.129.

646 Roger HOUIN, René RODIÈRE, et Dominique LEGEAIS, Droit commercial, 9e éd., vol. 1, Droit, Économie, Paris, Sirey, 1993, p.104.

647 Article 1123 du code civil.

648 Pour les personnes morales de droit public ou de droit privé, l'expression convient le mieux plus que celle de personnalité juridique qui est réservée aux personnes physiques.

649 Article 98 de l'Acte uniforme précité ; Philippe MERLE, Droit commercial. Sociétés commerciales, 6e éd. Paris, Dalloz, 1998, p. 91.

b - L'activité pétrolière, objet de l'obligation née du contrat pétrolier

L'analyse des dispositions qui régissent « l'objet et la matière des contrats »[650] comme élaborées par les rédacteurs du code civil, laisse apparaître une certaine confusion tant il est question indistinctement de l'objet du contrat que de l'objet de l'obligation[651].

La confusion a-t-elle été entretenue à dessein ou plutôt s'agit-il d'une ellipse ? Toujours est-il que la doctrine a essayé de faire la distinction entre l'objet du contrat et l'objet de l'obligation.

Selon certains auteurs, dont Jean CARBONNIER, « le contrat a pour objet les obligations qu'il fait naître, et chacune de ces obligations, à son tour, a un objet. Le code civil rapporte au contrat lui-même ce qui est, au fond, l'objet de l'obligation. » Ainsi, dans l'objet de l'obligation qu'il considère comme la prestation, est sous-entendu l'objet du contrat qui serait la prestation due.

À rebours de cette approche, la plupart des auteurs[652] appréhendent l'objet du contrat comme l'opération que les parties cherchent à réaliser. L'objet de l'obligation quant à lui, désigne la prestation ou la chose que chacune des parties s'engage à fournir.

D'une façon rigoureuse, il n'est pas exact de définir l'objet du contrat comme étant la création de l'obligation. En effet, la création de l'obligation n'est pas l'objet du contrat, mais plutôt l'effet produit par le contrat.

Il convient plutôt de voir dans l'objet du contrat, la nature de l'opération juridique que les parties entendent réaliser (contrat de partage de production, contrat de concession, contrat de vente, contrat de bail, contrat de travail, etc.) alors que l'objet de l'obligation désigne la prestation que chaque partie contractante s'oblige à donner (dare), à faire (facere) ou à ne pas faire (non facere).

---

650 Articles 1126 à 1130 du code civil.

651 Les articles 1126 à 1128 concerneraient l'objet du contrat tandis que les articles 1129 et 1130 aborderaient l'objet de l'obligation ; Jean CARBONNIER, Droit civil. Les obligations, ouvrage précité, p. 110.

652 Raymond GUILLIEN et Jean VINCENT, « Lexique des termes juridiques », Paris, Dalloz, 1995, p. 377 ; Henri MAZEAUD, Léon MAZEAUD et Jean MAZEAUD, Leçons de Droit civil. Les Obligations. Théorie générale, ouvrage précité, pp. 207 & s.

Il faut cependant voir dans cette controverse doctrinale qui fait la distinction entre l'objet du contrat et l'objet de l'obligation un vestige juridique qui nous semble être une rhétorique sans utilité pratique.

En effet, l'intérêt d'une pareille distinction n'est pas évident d'autant plus que la nullité du contrat pour inexistence ou pour illicéité de l'objet ne dépend pas à la fois de l'illicéité de l'objet du contrat et de l'objet de l'obligation qui en découle. Il n'est donc pas exigé que l'objet du contrat et celui de l'obligation soient illicites pour voir le contrat annulé.

En tout état de cause, chaque fois que l'objet du contrat ou de l'obligation ne remplit pas les conditions requises, notamment l'existence et la licéité, le contrat sera nul de nullité absolue.

Ramené au cadre pétrolier, l'objet du contrat pétrolier désignerait l'un des contrats prévus par les codes pétroliers[653] qui font naître des obligations dont l'objet consiste en la réalisation d'opérations ou de travaux pétroliers.

Les opérations pétrolières stricto sensu, objet de l'obligation sont constituées par les travaux de recherche ou d'exploration[654], de développement[655], d'exploitation ou de production[656], de transport[657] et d'abandon[658].

---

[653] Contrat de partage de production, contrat de concession, contrat de services à risques ou tous autres contrats, s'il y a lieu.

[654] La recherche ou l'exploration est constituée par des activités de prospection détaillée au moyen des méthodes de levés géologiques (sondages sismiques) qui constituent généralement le point de départ de l'exploration pétrolière. Si la recherche par ondes sismiques aboutit à des résultats prometteurs, elle sera suivie de forage de puits d'exploration pour s'assurer de la découverte d'hydrocarbures qu'il faudra alors évaluer pour en apprécier la quantité et sa viabilité commerciale. La recherche est enfermée généralement dans un délai de trois ans renouvelable deux fois pour des délais de deux ans. Mais en cas de recherche dans des zones marines profondes, la durée de l'exploration peut atteindre neuf ans (article 22 du code pétrolier de Côte d'Ivoire, article 28 du code pétrolier du Cameroun).

[655] En cas de découverte exploitable et commerciale, la compagnie pétrolière s'emploie à développer les infrastructures appropriées (plates-formes d'exploitation, installations de stockage) pour extraire le pétrole découvert.

[656] L'exploitation ou la production pétrolière est la phase la plus longue en général. Au cours de cette période dont la durée varie d'une législation à une autre (au Bénin, au Cameroun et en Côte d'Ivoire, la durée initiale de l'autorisation d'exploitation d'hydrocarbures est de 25 ans renouvelable une fois pour une durée de 10 ans. Au

C'est l'ensemble de ces opérations qui pèsent, à tout le moins, principalement sur la compagnie pétrolière, qui constitueront le contenu matériel et technique du contrat dont la contrepartie, à la charge de l'État hôte, est de mettre à la disposition de l'opérateur une paisible jouissance de la zone délimitée.

Bien que faisant partie des opérations pétrolières, les travaux de prospection ou de reconnaissance[659] ne constituent pas un objet de l'obligation née du contrat pétrolier.

En effet, la prospection pétrolière ne donne pas lieu à la conclusion d'un contrat entre l'État hôte et la compagnie pétrolière, mais fait plutôt l'objet d'une autorisation gouvernementale et précède, en général, la conclusion du contrat pétrolier.

c - L'exigence d'une cause licite

La question de la cause en général a soulevé d'interminables controverses doctrinales entre les partisans de la cause et les anti-causalistes[660]. À vrai dire, la notion de cause telle qu'abordée dans le code civil[661] désigne plutôt la cause de l'obligation. De ce point de vue, dans un contrat synallagmatique comme le contrat pétrolier, la cause de l'obligation de chacune des parties est la considération de l'engagement pris par le cocontractant. En d'autres termes, c'est l'exécution par une partie de son obligation qui justifie l'exécution par

---

Congo la durée initiale de l'autorisation d'exploitation est de 25 ans renouvelable une fois pour une durée de 05 ans).

[657] Le transport permet d'assurer sur le territoire de l'État hôte, le déplacement du pétrole du lieu d'extraction aux points de chargement, de raffinage ou de grande consommation.

[658] Après la période de production, il est nécessaire de démanteler l'ensemble des structures en acier et en métal, de boucher les puits de forage et de remettre l'environnement dans son état initial. L'alternative la plus courante est que l'entreprise cède ses avoirs à l'État afin qu'il puisse ensuite poursuivre l'activité et y mettre fin lui-même à une date ultérieure. Ces procédés sont communément appelés «la mise hors service » ou «la fermeture ».

[659] Elle désigne l'ensemble des activités préliminaires de détection d'indices d'existence d'hydrocarbures, notamment par l'utilisation de méthodes géologiques, géochimiques ou géophysiques, à l'exclusion des forages dépassant une profondeur de 300 mètres, sauf dispositions contraires de l'autorisation de reconnaissance.

[660] Pour les causalistes, la cause est différente selon les catégories des contrats tandis que les anti-causalistes dont Planiol considèrent la notion fausse et inutile.

[661] Article 1131 du code civil.

l'autre de la sienne. L'interdépendance entre les obligations réciproques assure alors l'équilibre du contrat.

Mais, la cause du contrat n'est pour autant pas ignorée d'autant que celle-ci est la raison, le mobile de l'engagement de chacune des parties[662]. Dans le cas du contrat pétrolier, ce mobile résiderait, pour l'État hôte, dans la recherche de ressources financières pour assurer des programmes de développement communautaire, alors que pour la société pétrolière internationale, la raison de son engagement contractuel reste la maximisation des profits qui pourraient résulter des investissements colossaux qu'elle a consentis.

Ainsi, tout comme la cause de l'obligation, la cause du contrat doit exister au moment de la formation du contrat[663].

La cause du contrat doit être également licite, c'est-à-dire non prohibée par la loi[664] ou contraire à l'ordre public[665]. Il a été ainsi jugé qu'« est atteint de nullité et doit être annulé un contrat d'exploitation agricole qui repose sur une cause illicite, c'est-à-dire une cause prohibée par la loi, ou contraire à l'ordre public. »[666] Il s'agissait en l'espèce d'un contrat de prêt agricole conclu entre un opérateur économique et des planteurs, lesquels devaient verser à celui-ci, à titre d'intérêts contractuels, la somme de 600.000 FCFA par semaine soit un taux d'intérêt égal à 6,24% par semaine et à 324,48 % par an, pour des intérêts contractuels annuels de 31.200.000 FCFA, soit un taux dix-huit fois supérieur au taux d'intérêt légal de 17,5% pratiqué par les

---

662 Henri MAZEAUD, Léon MAZEAUD et Jean MAZEAUD, Leçons de droit civil. Obligations. Théorie générale, ouvrage précité, n° 268.

663 L'article 1108 du code civil fait de la cause une condition de formation du contrat. De la sorte, si elle n'existe pas au moment de la formation du contrat, celui-ci serait affecté par la nullité.

664 La loi est ici entendue lato sensu puisqu'elle englobe toutes les normes en vigueur au moment de la conclusion du contrat. Dans le cas du contrat pétrolier, la licéité de la cause s'apprécie au regard de la constitution, mais aussi des textes législatifs et règlementaires qui régissent le secteur de l'activité pétrolière amont.

665 Bien que cette notion soit extensive, il faut l'entendre ici sous son aspect économique qui englobe la législation fiscale, douanière, la législation des changes et toutes autres dispositions de nature économique dont la violation constituerait une cause illicite du contrat.

666 Cour d'Appel de Daloa, deuxième chambre civile et commerciale, 10 juillet 2002, n° 324, non publié. En droit français, pour une cause contraire à l'ordre public économique, voir par exemple, Cassation civile, 22 janvier 1975, JCP 1975, IV, 79 ; Cassation commerciale, 3 mai 1950, Dalloz, 1950, p.682.

établissements financiers ivoiriens habilités à faire des prêts. La Cour d'appel a annulé le contrat au motif qu'il reposait sur une cause illicite (en l'occurrence un prêt à usure sanctionné aussi bien en droit civil qu'en droit pénal) c'est-à-dire une cause prohibée par la loi ou contraire à l'ordre public.

La cause immorale du contrat conduit à la même finalité que la cause illicite, savoir la nullité du contrat en application des articles 6 et 1131 du code civil. Mais elle revêt un contenu différent de celui de la cause illicite. La cause immorale en effet, est celle qui est contraire aux bonnes mœurs qui, il faut en convenir, varient d'une société à une autre et aussi d'une époque à une autre. On y voit généralement la violation des règles imposées par la morale sociale et qui est de nature à obérer la validité du contrat.

L'analyse de la cause dans un contrat pétrolier comme condition de validité peut paraître superfétatoire, voire surabondante, lorsqu'en apparence, l'on pourrait s'accorder à admettre que la raison pour les pouvoirs publics de conclure un tel contrat est la recherche de ressources financières pour assurer le développement du pays.

Noble en apparence, un tel mobile peut se muer en une volonté inavouée d'enrichissement illicite au profit d'une caste sociale ou de pérennisation de régimes autocratiques en bradant les richesses naturelles avec la complicité de certaines multinationales[667].

Nous estimons que le sort de tels contrats pétroliers motivés à l'origine par une cause illicite parce que contraire à l'ordre public devait être réglé, au plan civil, sur le terrain de la nullité[668], et au plan pénal, ils constitueraient un crime de pillage[669].

Le contrat pétrolier dont la formation est soumise aux conditions de validité présentées ci-devant englobe plusieurs types de contrats spécifiques pratiqués dans le domaine pétrolier.

---

667 Xavier HAREL, Afrique. Pillage à huis clos. Comment une poignée d'initiés siphonne le pétrole africain, Paris, Fayard, 2006.

668 Articles 6 et 1131 du code civil précités.

669 L'article 38 de la Constitution du Congo dispose que « tout acte, tout accord, toute convention, tout arrangement administratif ou tout autre fait, qui a pour conséquence directe de priver la nation de tout ou partie de ses ressources ou de ses richesses naturelles est considéré comme un crime de pillage imprescriptible et puni par la loi. »

2- La typologie des contrats pétroliers

Les relations contractuelles en matière pétrolière ont fortement évolué [670] depuis l'avènement de l'industrie pétrolière.

L'on est ainsi passé d'une relation quasi inégalitaire profitant à la compagnie pétrolière marquée par la technique contractuelle de la concession à un certain équilibre des relations entre l'État hôte et la compagnie pétrolière dont le contrat de partage de production en est une illustration topique. D'autres types de contrats pétroliers s'inscrivent dans cette évolution.

a- Le contrat de concession, symbole de la prédominance des compagnies pétrolières

Le contrat de concession a fait son apparition aux premières heures de l'industrie pétrolière et s'est même imposé de manière exclusive avec la quasi-mainmise du cartel des « sept majors ou sept sœurs » sur les ressources pétrolières[671].

Dans le contrat de concession pétrolière, l'État hôte transfère à titre exclusif au concessionnaire la propriété des ressources contenues dans le sous-sol et le droit de les exploiter. Il est défini comme « un acte par lequel un État accorde à un tiers, pendant une certaine durée et sur une certaine superficie, le droit exclusif de rechercher des gisements d'hydrocarbures et, en cas de découverte, le droit exclusif d'extraire les produits et d'en disposer librement, sous réserve de remplir certaines obligations techniques, financières et économiques »[672]. En contrepartie, l'État concédant perçoit une redevance (royalty) et un impôt sur les bénéfices déclarés par le concessionnaire.

Ce type de contrat pétrolier est appliqué de manière préférentielle par les pays du nord[673] et crée une relation contractuelle marquée par la prédominance de la compagnie pétrolière. Cette prédominance se traduit par le contrôle presque entier des opérations pétrolières et la

---

[670] Jean-Pierre ANGELIER, « L'évolution des relations contractuelles dans le domaine pétrolier », Liaison énergie africaine, n° 11/2008, pp. 23-26.

[671] Cette période a commencé en Amérique du Nord, au début des années 1870 jusqu'à la Seconde Guerre mondiale.

[672] Jean DEVAUX-CHARBONNEL, Droit minier des hydrocarbures, Paris, Technip, 1987, p. 128.

[673] Canada, États-Unis, Royaume-Uni, Norvège.

prise de toutes les décisions concernant l'exploration, le développement et la production du pétrole. Le rôle de l'État concédant se réduit alors à un simple recouvreur de royalties.

Les autres caractéristiques de la toute-puissance de la compagnie pétrolière dans le contrat de concession s'expriment en termes d'importance territoriale de la concession, de sa durée et de la modicité des paiements versés à l'État concédant.

Il n'est pas rare en effet de voir des concessions pétrolières qui portent sur la quasi-totalité du territoire de l'État hôte pour une durée très longue[674] dont les suites ont souvent donné lieu à des différends[675].

Pendant la première période de l'industrie pétrolière, la concession a permis une exploitation concurrentielle efficace en Amérique du Nord. Elle a aussi assuré au cartel des sept sœurs de contrôler avantageusement l'ensemble des autres régions du globe, au détriment des pays du sud[676].

Mais les mutations politiques et économiques de l'environnement international marqué par la Seconde Guerre mondiale[677] , le mouvement de la décolonisation frappant le monde et la prise de conscience par les États producteurs du rôle stratégique du pétrole dans l'économie mondiale ainsi que de l'apport considérable de l'activité pétrolière dans le Produit intérieur brut (PIB) de ces États, vont profondément modifier les rapports contractuels États-compagnies pétrolières.

---

[674] En 1901, le Canadien William Knox d'Arcy a acquis une concession sur la quasi-totalité du territoire de la Perse, pour 60 ans ; en 1933, la California Standard obtient une concession sur le tiers du Royaume Saoudien, pour 60 ans ; au Koweït, en 1934, plusieurs compagnies pétrolières occidentales regroupées dans la Kuweit Oil Company reçoivent une concession couvrant l'ensemble de l'Émirat, pour 75 ans ; la Libyan American Oil Company, société américaine du Delaware, avait obtenu en 1955, pour une durée de 50 ans, trois concessions pétrolières 16, 17 et 20 sur le territoire libyen.

[675] Patrick RAMBAUD, « Un arbitrage pétrolier: la sentence Liamco », in Annuaire français de droit international, volume 26, 1980, pp. 274-292. ; Geneviève BASTID-BURDEAU, « Droit international et contrats d'États- la sentence Aminoil contre Koweït du 24 mars 1982 », in Annuaire français de droit international, volume 28, 1982, pp. 454-470.

[676] Jean-Pierre ANGELIER, « L'évolution des relations contractuelles dans le domaine pétrolier », Liaison énergie africaine, n° 11/2008, pp.23-26.

[677] À partir de 1945 jusqu'en 1970 et de cette date à 1986.

Pour ces États, la souveraineté politique officiellement reconnue à toutes les nations est conditionnée par la souveraineté économique sans laquelle, l'indépendance des États producteurs vis-à-vis des grandes puissances se mue très vite en une dépendance économique. C'est d'ailleurs ce qui a justifié pour une grande part, la série des nationalisations des concessions pétrolières, particulièrement en Iran[678] et en Libye.

Toutes ces considérations marquent le début d'un réaménagement des relations contractuelles en matière pétrolière, désormais orientées vers un certain équilibre entre les parties au contrat.

b- Vers un certain équilibre des relations contractuelles : l'avènement du contrat de partage de production

Sous l'angle de nouveaux rapports contractuels justifiés par l'entrée de nouvelles compagnies pétrolières qui offrent à leurs hôtes des conditions plus attrayantes que la concession, il est apparu, en Indonésie, en 1966, un type nouveau de contrat pétrolier désigné sous le vocable de contrat de partage de production (production sharing agreement or production sharing contract).

---

[678] Dans son allocution, à l'occasion de la nationalisation de l'industrie pétrolière en Iran en 1951 et de la création de l'entreprise d'État (National Iran Oil Company), le Docteur Mohamad-é MOSSADEGH (1881-1967), Premier ministre iranien du Shah d'Iran (1951-1953) déclarait : « il était temps de mettre un terme à cette situation intolérable dans notre pays. Pour en venir à bout, il nous a fallu trouver des capitaux suffisants et les investir au profit de la population à l'élévation de son niveau de vie. Nous avons le choix entre deux possibilités pour nous procurer des capitaux : d'une part, un emprunt à l'étranger ; d'autre part, les recettes sur le pétrole. À l'aide de ces ressources provenant du pétrole, nous serions en mesure de couvrir toutes nos dépenses ; elles nous permettraient de vaincre la misère, la maladie et l'état d'arriération de notre peuple…Le jour où la tutelle anglaise ou d'une toute autre grande puissance sur nos ressources naturelles disparaitra, l'Iran aura atteint à la fois son indépendance économique et son indépendance politique. Car, l'indépendance économique est la garantie de l'indépendance politique de l'État. Il faut désormais comprendre que l'économie dans notre monde conditionne tout développement juridique, social, voire intellectuel », cité par Zia OLOUMI, « Les enjeux du contrat de production pétrolière offshore de TOTAL avec l'Iran (13 juillet 1995) (Contribution à une étude de droit pétrolier comme enjeu du développement au Moyen-Orient) », Université de Nice-Sophia Antipolis/ Institut de Droit, de la Paix et du Développement, 1997, p. 20.

Pratiqué par la quasi-totalité des États du golfe de Guinée[679] et par plusieurs autres pays en développement[680], le contrat de partage de production a ceci de différent que la concession, d'assurer un certain équilibre entre l'État et la compagnie pétrolière[681]. Il s'impose aujourd'hui comme principale alternative à la concession.

Dans ce type de contrat pétrolier qui est une expression de la souveraineté des États hôtes sur leurs richesses naturelles, « l'État contracte les services d'une société pétrolière en vue d'effectuer pour son compte et de façon exclusive, à l'intérieur d'un périmètre défini, les activités de recherche, et les activités d'exploitation en cas de découverte d'un gisement d'hydrocarbures commercialement exploitable. Le titulaire assume, en outre, à ses propres risques, le financement de ces opérations. Les opérations pétrolières d'un contrat de partage de production, selon leur nature, font l'objet d'une autorisation exclusive soit d'exploration (et, en cas de découverte, d'évaluation), soit d'exploitation couvrant la production d'un gisement d'hydrocarbures commercialement exploitable »[682].

Il est à noter que dans le contrat de partage de production, le pétrole exploité n'est plus la propriété exclusive de la compagnie pétrolière comme en matière de concession. La production est partagée entre les parties au contrat dont une part appelée (cost oil) est attribuée à titre exclusif à l'opérateur pour récupérer ses coûts de production et l'autre part, couramment appelée (profit oil), qui est le solde de la production totale après déduction du cost oil, est dévolue à l'État et au cocontractant selon les modalités fixées dans le contrat[683].

Le prélèvement du cost oil tient couramment compte de certains paramètres, à savoir la nature des hydrocarbures (liquides ou gazeux)

---

679 Tel est le cas en Côte d'Ivoire, au Cameroun, au Congo, au Ghana, au Bénin, au Togo, etc.

680 Libye, Égypte, Inde, Syrie, Malaisie, Pérou, Bangladesh, Trinité-et-Tobago, Philippines, etc.

681 L'État hôte, directement ou par l'entremise de sa compagnie pétrolière nationale, possède d'instruments de contrôle pour surveiller et vérifier la bonne application du contrat. Mais, la part revenant à l'État hôte dans le cadre du contrat de partage de production reste parfois minime. C'est le cas de la Côte d'Ivoire qui se retrouve avec environ 12% de la production. Ce qui est loin de la part de certains pays comme l'Angola (60% à 75 %) ou du Ghana (30% à 50 %).

682 Article 5 du code pétrolier du Cameroun, article 15 du code pétrolier de la Côte d'Ivoire.

683 Guy FAGE, « Les contrats pétroliers », Le Droit maritime français, n° 580,1998.

et surtout de l'incidence de la profondeur d'eau des gisements en zone marine profonde[684].

c- Les autres types de contrats pétroliers

Les autres types de contrats pétroliers réalisent eux aussi une certaine emprise de l'État hôte sur la ressource naturelle, la compagnie pétrolière internationale n'étant pas titulaire des droits miniers.

Les plus pratiqués dans l'industrie pétrolière sont le contrat de services à risques[685] et le contrat d'association ou la joint-venture[686].

Le contrat de services à risques est le contrat dans lequel l'entreprise publique nationale paye une entreprise pétrolière étrangère pour une activité pétrolière précise, notamment l'opération d'exploration. Le titulaire accepte de prendre à sa charge le financement d'un programme d'exploration pour le compte de la société nationale et il ne sera remboursé et rémunéré qu'en cas de découverte.

---

684 Selon l'article 2 alinéa 2 du décret n° 96-733 du 19 septembre 1996 portant modalités générales d'application de la loi relative au code pétrolier, JORCI n° 19 du 8 mai 1997, p. 480, « la zone marine profonde s'entend de la partie de la zone économique exclusive et du plateau continental située à une profondeur d'eau égale ou supérieure à 200 mètres. » L'article 35 alinéa 3 du code pétrolier du Congo prévoit même la possibilité de porter le cost oil à 70% de la production annuelle provenant de l'ensemble des permis d'exploitation découlant d'un même permis de recherche lorsque les travaux d'exploration ou de développement sont exécutés en zones marines très profondes ou dans le bassin intérieur dit Bassin de la Cuvette congolaise.

685 Le code pétrolier du Cameroun ne prévoit pas le contrat de services à risque, se limitant aux seuls contrats de concession et de partage de production. L'article 13 de la loi pétrolière ivoirienne a prévu le contrat de services à risques. Mais dans la pratique, il n'est pas usité tout comme le contrat de concession, faisant ainsi du contrat de partage de production, le contrat type dans le domaine de l'activité pétrolière.

686 Un exemple de joint-venture est fourni par l'exploitation du gisement pétrolier d'Ekofisk découvert en 1969 et situé dans la pointe sud-ouest du plateau continental de la Norvège, en mer du Nord. Pour l'exploitation de ce gisement, la société Philipps Petroleum Company Norway (PP CoN) (39,960%) se trouvait dans une joint-venture avec : Norsk Fina (30%), Norsk Agip (13,030%), Elf Norge (8,094%), Norsk Hydro (7,859%) et Total Marine Norge (4,071%).

En plus du recouvrement des coûts des opérations, le versement d'une rémunération lui est acquis en espèces[687] et éventuellement en pétrole.

Encore appelé coentreprise ou contrat d'association, le joint-venture (dans la terminologie anglaise) consiste à créer un consortium entre firmes étrangères et entreprise nationale[688] pour partager la gestion d'un projet pétrolier[689] (reconnaissance, évaluation, développement, exploration et exploitation du sous-sol).

Dans la pratique contractuelle, contrat de services à risques et joint-venture[690] restent d'une application très limitée par rapport aux contrats de partage de production et de concession. Ceux-ci, particulièrement présents dans l'industrie pétrolière, soulèvent des difficultés quant à leur nature juridique.

B- La nature juridique des contrats pétroliers

Existe-t-il une nature juridique spécifique du contrat pétrolier ? Dans l'affirmative, serait-il dans ce cas un contrat de droit public (contrat administratif en l'occurrence) ou de droit privé ? S'agit-il d'un contrat sui generis ou englobé dans un ensemble juridique général ?[691]

La question de la nature juridique du contrat pétrolier s'est posée au moment de l'apparition de la théorie des contrats d'État que certains auteurs rangent dans la catégorie de « contrats internationaux de développement »[692] ou « accord de développement

---

[687] Article 15 alinéa 6 de la loi pétrolière ivoirienne.
[688] Les partenaires peuvent être à la fois issus des secteurs public et privé.
[689] Les entreprises associées partagent les bénéfices et supportent les pertes.
[690] En Côte d'Ivoire, l'exemple de la joint-venture est celui qui existe entre la société FOXTROT international LDC en charge de l'exploitation du bloc CI-27 qui un gisement gazier dont elle détient 24% des parts et les autres sociétés telles que la Société Nationale d'Opérations pétrolières de Côte d'Ivoire (PETROCI, 40%), SECI S.A (24%) et ÉNERGIE de Côte d'Ivoire (ÉNERGIE,12%).
[691] Nous avons déjà indiqué que le contrat pétrolier s'inscrit dans les différentes « espèces » que l'on peut recenser au sein du « genre » constitué par la notion de contrat en général. Il constitue une espèce particulière des contrats spéciaux.
[692] Patrick RAMBAUD, « Un arbitrage pétrolier : la sentence Liamco », in Annuaire français de droit international, volume 26, 1980, p. 277.

économique »[693] ou encore « contrats d'investissements »[694] en ce sens que la personne privée étrangère obtient de l'État d'accueil, le droit d'explorer et d'exploiter les ressources naturelles se trouvant sur une partie de son territoire en lui versant en contrepartie, des redevances et une certaine fiscalité. Par ce mécanisme juridique, et eu égard à l'ampleur de l'objet d'un tel contrat, l'entreprise étrangère contribue de manière importante au développement économique et social du pays hôte, ce qui va plus au-delà d'une simple participation à une mission de service public.

Les auteurs de la doctrine s'accordent à reconnaître le contrat d'État[695] comme une « espèce contractuelle » à laquelle appartient le contrat pétrolier[696]. Il s'agit d'un contrat conclu par un État souverain[697] avec une personne privée étrangère (ou une filiale nationale d'une société étrangère) pour une période relativement longue portant sur des investissements en vue de l'exploitation des ressources naturelles.

---

693 François RIGAUX, « Des dieux et des héros. Réflexions sur une sentence arbitrale », Revue critique de droit international privé, 1978, p. 457.

694 Charles LEBEN, « La théorie du contrat d'État et l'évolution du droit international des investissements », Recueil des Cours de l'Académie de droit international de La Haye, volume 302, 2003, p. 241. Mais l'auteur envisage le contrat d'investissement comme critère du contrat d'État dans un sens restreint et non dans un sens large de la notion d'investissement.

695 Il doit être compris stricto sensu par rapport aux autres contrats de l'État qui donnent lieu à l'application soit d'un régime de droit public soit d'un régime de droit privé.

696 C'est à partir des sentences arbitrales rendues en matière de concessions pétrolières qu'a été développée la théorie de contrat d'Etat: Lena Goldfields Company Ltd contre l'Union soviétique (septembre 1930, in Cornell Law Quarterly, volume 36, 1950-I, p.31) ; Petroleum Development Ltd contre Sheikh of Abu Dhabi (août 1951, in International Law Report, 1951, pp. 144-161) ; Petroleum Development (Qatar) contre Ruler of Qatar (juin 1953, in International Law Report, 1951, pp. 161-164) ; Aramco (août 1958, in Revue critique de droit international privé, 1963, pp. 272-363) ; British Petroleum contre gouvernement libyen (10 octobre 1973, in international Law Report, volume 53, 1979, pp. 297-357), Texaco et California Asiatic (19 janvier 1977, in Journal de droit international, 1977, pp. 350.389), Liamco (12 avril 1977, Revue de l'Arbitrage, 1980, n° 1, pp. 134-191).

697 L'État est pris ici comme un sujet de droit international et non comme État-Administration. C'est le professeur Pierre MAYER qui fait cette précision dont l'utilité permet de faire échapper le contrat à l'emprise des prérogatives de l'État dont il aurait pu s'en prévaloir dans son ordre juridique interne, voir l'article « la neutralisation du pouvoir normatif de l'État en matière de contrats d'État », Journal de droit international, 1986.

À partir de cette définition, il peut se dégager des critères qui permettent de définir la nature juridique du contrat pétrolier.

Le premier de ces critères qui est d'ordre organique est celui de la présence de l'État ou de ses émanations[698] comme partie au contrat. De toute évidence, il faut exclure l'hypothèse d'un accord conclu entre deux ou plusieurs États qui lui, doit être perçu comme un traité international régi par le droit international public[699].

Le second critère qu'il convient d'analyser du point de vue du contenu du contrat s'articule autour de la présence de clauses spécifiques dans le contrat d'État. On remarque que la quasi-totalité des contrats pétroliers comporte deux clauses essentielles[700], à savoir la clause compromissoire ou clause d'arbitrage et une ou plusieurs

---

[698]La jurisprudence arbitrale, spécialement celle émanant du CIRDI admet aujourd'hui l'imputation à l'Etat de certains agissements de ses entreprises nationales (Affaire Emilio Agustin Maffezini contre Espagne à propos de la société anonyme SODIGA, constituée par décret pour promouvoir le développement industriel de la région de la Galice. Décision sur la compétence, le 25 janvier 2000, ILM, 2001, ILR, volume 124, pp.1-61 ; Affaire Salini et Italstrade contre Maroc à propos de la société nationale des autoroutes du Maroc (ADM), Journal de Droit international, 2002, pp.196-209. Dans ces affaires, le tribunal arbitral s'est déclaré compétent pour connaître de l'action intentée contre les pays concernés alors que ce sont des sociétés nationales qui étaient mises en cause.

[699] Joe VERHOEVEN, « Traités ou contrats entre États? », Journal de Droit international, 1984, pp. 5-36. ; Gérard MARCOU, « La sentence arbitrale relative à la Convention d'utilisation du tunnel sous la Manche par la SNCF et British Rail », in Annuaire français de droit international, volume 43, 1997, pp. 810-842. L'assimilation du contrat entre un État et une personne privée étrangère, bien que se situant dans l'ordre juridique international et non exclusivement dans l'ordre juridique interne de l'État contractant, ne saurait être équipollente à un traité international. Voir en ce sens François RIGAUX, « Des dieux et des héros. Réflexions sur une sentence arbitrale », op. cit., p.444 citant Frederick Alexander MANN ; l'arbitre René-Jean DUPUY rejette cette assimilation dans la sentence Texaco-Calasiatic contre le gouvernement libyen du 19 janvier 1997 (n° 46) tout comme dans la sentence de l'ARAMCO contre Arabie-Saoudite du 23 août 1958 ; voir Suzanne BASTID, « Le Droit international public dans la sentence de l'Aramco », in Annuaire français de droit international, volume 7, 1961, p.307.

[700] Il s'agit de clauses que l'on rencontre dans la plupart des contrats pétroliers. Il n'est donc pas exclu que les parties contractantes envisagent d'autres clauses pour garantir l'équilibre et la stabilité du contrat ou pour répondre à une situation de force majeure (clause de force majeur) en cas de survenance d'événements imprévisibles, irrésistibles et indépendants de la volonté des parties (catastrophes naturelles de grande ampleur, pandémie mondiale comme le COVID-19, etc.).

clauses relatives au choix de la loi applicable[701]. Ces clauses ont pour finalité de protéger l'investisseur étranger contre les prérogatives de puissance publique dont pourrait se prévaloir l'État hôte.

La clause compromissoire[702] contenue dans les contrats pétroliers fait échapper le règlement des litiges entre l'État d'accueil et l'investisseur étranger à la compétence des tribunaux nationaux de l'État contractant pour le confier à des tribunaux arbitraux internationaux lorsque les parties y ont consenti[703], ce qui semble être une garantie d'impartialité dans le règlement des litiges relatifs aux investissements.

La clause de la loi applicable au contrat pétrolier est au choix des parties, en vertu du principe de l'autonomie de la volonté[704]. Il est de leur pouvoir de soustraire le contrat à l'ordre juridique de l'État contractant en prévoyant que le droit applicable au contrat est un droit national étranger (c'est une hypothèse assez rare en pratique) ou plus fréquemment, les principes communs au droit national et au droit

[701] Dans les affaires des nationalisations des pétroles libyens, les concessions conclues par l'État libyen avec les sociétés pétrolières étrangères (B.P, Texaco-Calasiatic et Liamco), comportaient toutes la même clause de droit applicable contenue dans l'article 28, paragraphe 7 ainsi libellé : « la présente concession sera régie par, et interprétée selon, les principes du droit libyen en ce qu'ils ont de commun avec les principes du droit international ; à défaut de principes communs, elle sera régie par, et interprétée selon, les principes généraux du droit, qui ont pu être appliqués par des juridictions internationales. » ; Charles LEBEN, « La théorie du contrat d'État et l'évolution du droit international des investissements », op.cit., p.230 ; Patrick RAMBAUD, « Un arbitrage pétrolier: la sentence Liamco », op. cit., p. 278 ; Joe VERHOEVEN, « Droit international des contrats et droit des gens (à propos de la sentence rendue le 19 janvier 1977 en l'affaire California Asiatic Oil Company et Texaco Overseas Oil Company c. État libyen) », Revue belge de droit international, 1978-1979, p. 210.

[702] Article 115-2 du code pétrolier du Cameroun ; article 85 alinéa 2 du code pétrolier ivoirien ; voir, pour un exemple de cette clause, les articles 27.3 à 27.12 du modèle type de contrat de partage de production du Cameroun et l'article 20.2 du contrat de partage de production conclu le 23 novembre 1995 entre la République du Congo et les sociétés Agip Recherches Congo et Elf Congo.

[703] Article 25 de la Convention pour le Règlement des Différends relatifs aux Investissements entre États et Ressortissants d'autres États, conclue à Washington, le 18 mars 1965.

[704] Voir nos développements ci-dessous à propos de la détermination du droit applicable au contentieux, pp. 46 et s.

international[705] ou les principes du droit international ou encore les principes généraux du droit[706].

Il est tout aussi de leur volonté de soumettre le contrat à la loi interne de l'État hôte, mais stabilisé à une certaine date, généralement à la date de signature ou d'entrée en vigueur du contrat.

La présence de ces clauses dans le contrat pétrolier a fait dire à certains auteurs[707] que le contrat d'État est un contrat « internationalisé »[708] ou un contrat de droit international.

D'une façon générale, il est rare que l'État-Administration[709] contractant avec une personne privée nationale se dépouille de ses prérogatives pour se hisser au niveau du droit international.

La perte d'une partie de ses prérogatives n'est possible que lorsque l'État se trouve en relation contractuelle avec une entreprise privée étrangère puisque le contrat n'est plus exclusivement soumis au droit interne de l'État, mais se trouve hissé dans l'ordre juridique international où l'État est tenu d'assumer ses obligations. Ainsi, « international en raison du caractère étranger de l'entreprise par rapport à l'État, le contrat (se trouve) internationalisé par la présence de deux éléments subjectifs résultant de la volonté des parties (à savoir la clause d'arbitrage et celle du droit applicable qui renvoie aux principes généraux du droit) et par un élément objectif lié à la qualité d'accord de développement économique attribué au contrat pétrolier. »[710]

---

[705] Article 28, paragraphe 7 des concessions libyennes précité.

[706] La référence aux principes généraux du droit renvoie aux principes généraux du droit reconnus par les nations civilisées (article 38, paragraphe 1, lettre c) du Statut de la Cour Internationale de Justice).

[707] Gérard COHEN-JONATHAN, « L'arbitrage Texaco-Calasiatic contre gouvernement libyen : décision au fond du 19 janvier 1977 », in Annuaire français de droit international, volume 23, 1977, pp. 459-466. Telle est aussi l'opinion de l'arbitre dans la même l'affaire.

[708] Prosper WEIL, « Droit international et contrat d'État », Pedone, Mélanges offerts à P. Reuter, 1981, pp. 578-579.

[709] Au sens strict, c'est un « appareil bureaucratique de fonctionnaires avec à sa tête le gouvernement ». Voir Hans KELSEN, Théorie pure du droit, 2e édition, traduction de Ch. EISENNMANN, Paris, Dalloz, 1962, pp. 354 et 368.

[710] François RIGAUX, « Des dieux et des héros. Réflexions sur une sentence arbitrale », op. cit., pp. 443-444.

Pour conserver une apparente égalité des parties dans le rapport contractuel et renforcer l'équilibre du contrat contre les « aléas législatifs »[711], on assiste à l'apparition assez fréquente de clauses additives que sont les clauses de stabilisation et d'intangibilité[712]. En

---

[711] L'expression qui est employée par plusieurs auteurs (Charles LEBEN, Leben, « La théorie du contrat d'État et l'évolution du droit international des investissements », Recueil des Cours de l'Académie de droit international de La Haye, volume 302, 2003, p. 240 ; Cohen-Jonathan, « L'arbitrage Texaco-Calasiatic contre gouvernement libyen: décision au fond du 19 janvier 1977 », in Annuaire français de droit international, volume 23, 1977, p. 466.) renvoie à la possibilité pour l'État hôte d'user de son pouvoir normatif (constitutionnel, législatif ou réglementaire) pour modifier ou même remettre en cause le contrat.

[712] Prosper WEIL, « Les clauses de stabilisation ou d'intangibilité insérées dans les accords de développement économique », Pedone, Mélanges offerts à Charles Rousseau, 1974, 301-28. On retrouve pareilles clauses dans l'article 16 des concessions pétrolières libyennes ainsi libellées : « Le Gouvernement de Libye prendra toutes les dispositions nécessaires pour garantir à la société la jouissance de tous les droits qui lui sont conférés par la présente concession. Les droits contractuels expressément créés par la présente concession ne pourront être modifiés si ne c'est par accord mutuel des parties. Tant qu'elle demeurera en vigueur, la présente concession sera interprétée en conformité de la loi sur les pétroles et des règlements en vigueur à la date de la signature de l'accord adoptant l'amendement par lequel le présent paragraphe 2 a été incorporé dans le contrat de concession. Toute modification ou abrogation desdits règlements sera sans effet sur les droits contractuels de la société sans son consentement. » L'article 36.2 du contrat type de partage de production d'hydrocarbure de la Côte d'Ivoire (1993, 2014) stipule qu' « au cas où des lois et règlements ultérieurs apporteraient des modifications aux dispositions des lois et règlements en vigueur au moment de la signature du présent contrat et où ces modifications entraîneraient une altération substantielle de la situation économique respective des parties telle qu'elle résulte des dispositions actuelles dudit contrat, les parties rechercheront de bonne foi un accord en vue de modifier ces dernières de manière à rétablir l'équilibre économique du contrat tel qu'il a été prévu lors de la signature de ce dernier. » L'article 29.1 et 2 du contrat type de partage de production du Cameroun fournit un exemple de clause de stabilisation : « En cas de changement dans les dispositions du Titre VI du code pétrolier, ou plus généralement de toutes dispositions de la législation pétrolière ainsi que les dispositions des textes auxquels le code pétrolier fait référence pour l'application dudit Titre VI, ou de la loi annuelle de finances qui interviendrait après la date d'entrée en vigueur et qui affecterait de façon significative l'équilibre économique du présent contrat au détriment du CONTRACTANT, le CONTRACTANT pourra adresser au ministre chargé des Hydrocarbures, dans les deux (2) mois à compter de la notification écrite faite au CONTRACTANT de la mesure législative ou réglementaire concernée, une requête écrite faisant état de ce que le changement législatif ou réglementaire en question affecterait de façon significative et au détriment du CONTRACTANT, l'équilibre économique qui lui est

insérant une clause de stabilisation dans le contrat pétrolier, le but pour l'investisseur étranger est de sauvegarder, durant la période contractuelle, la stabilité de l'accord contre les modifications dans la législation de l'État d'accueil ou même des mesures gouvernementales qui aboutiraient à une dénonciation ou résiliation du contrat[713].

La clause d'intangibilité, quant à elle, a pour finalité d'empêcher une modification unilatérale du contrat à la seule initiative de la partie étatique, ce qui constituerait une entorse à la règle pacta sunt servanda qui fait partie des principes généraux du droit.

La présence de ces clauses surtout celles de stabilisation du droit (on parle aussi de clause de gel) et d'intangibilité est un critère déterminant qui permet de rejeter la nature administrative au contrat pétrolier.

Au premier abord, la théorie de contrat administratif, version française, n'est certainement pas un principe général du droit, et ne peut être admise comme telle. En effet, alors qu'en matière de contrat d'État, il est recherché un certain équilibre, voire une certaine égalité entre les parties contractantes, le contrat administratif, dans sa conception française, crée un rapport inégalitaire où l'État contractant, se trouve en position de force par rapport au cocontractant privé.

Aussi, la présence de clauses de stabilisation ou d'intangibilité serait-elle en contradiction avec cette philosophie qui veut que l'État-Administration, poursuivant une mission de service public dispose de prérogatives qui assurent l'accomplissement de cette mission.

Pour autant, la clause d'intangibilité qui est certes un élément qui permet de dénier au contrat pétrolier la nature de contrat administratif doit recevoir une lecture plus nuancée. Dans le contrat pétrolier, l'État d'accueil vise la satisfaction d'un intérêt général et, sauf s'il y a

---

garanti conformément à l'article 9.2.2.1 du présent contrat. Ladite requête fera état également des motifs du CONTRACTANT.
En application de l'alinéa précédent, est considérée comme une modification « significative », toute mesure ayant pour effet de diminuer les profits économiques du CONTRACTANT résultant du présent Contrat. » Sur la technique juridique des clauses de stabilisation et d'intangibilité, voir Thierry LAURIOL et Emilie RAYNAUD, le droit pétrolier et minier en Afrique, collection Droits africains, LGDJ, 2016, pp. 347-363.

713 L'exemple des nationalisations des pétroles libyens en 1973 et 1974 avec l'arrivée au pouvoir du colonel Kadhafi qui a renversé le roi Idriss le 1er septembre 1969, en fournit une illustration.

renoncé expressément, il a la possibilité de modifier les obligations du cocontractant, sans toutefois porter atteinte aux clauses essentielles (privilège d'exclusivité, équilibre financier) du contrat[714].

La présence de clauses exorbitantes du droit commun ou la soumission du contrat à un régime exorbitant de droit commun[715] est caractéristique du contrat administratif qui, selon André MAURIN « est un accord de volonté ayant pour objet le service public ou comportant un régime exorbitant du droit commun dont la finalité est la satisfaction d'intérêts publics. »[716]

Ainsi, à l'analyse de la jurisprudence arbitrale qui s'est forgée à partir des différends nés en matière de concessions pétrolières et de la doctrine qui s'en est intéressée, il est aujourd'hui admis de reconnaître au contrat pétrolier la nature de contrat d'État internationalisé du fait de la présence de la clause du droit applicable, de la clause d'arbitrage et de la nature d'accord de développement d'un tel contrat. La nature ainsi reconnue aux contrats pétroliers constitue un indice de référence dans le règlement du contentieux qui en découle.

C - Le contentieux des contrats pétroliers : une question politico-juridique

Il est traditionnellement soutenu et admis que les accords entre États[717] (traités en l'occurrence) sont régis par le droit international

[714] Gérard COHEN-JONATHAN, « L'arbitrage Texaco-Calasiatic contre gouvernement libyen : décision au fond du 19 janvier 1977 », article préc., p.471.

[715] René DEGNI-SEGUI, Droit administratif général, Abidjan, CRES, 2e édition, 1996, pp. 292-295 ; Conseil d'État, 31 juillet 1912, Société des granites porphyroïdes des Vosges, in Grands Arrêts de Jurisprudence administrative, p. 29. Les clauses exorbitantes du droit commun sont des stipulations inhabituelles dans le cadre des lois civiles ou commerciales. Tribunal des Conflits, 9 janvier 1973, société d'exploitation électrique de la rivière du Sant, in Actualité juridique de droit administratif, 1973, p. 358. « Le régime exorbitant peut s'entendre de celui consistant en un cadre juridique fixé par les lois et règlements et comportant pour les parties au contrat des droits et des obligations qui sont étrangers aux relations entre particuliers » selon le professeur René DEGNI-SEGUI.

[716] André MAURIN, Droit administratif, 3e édition, Paris, Dalloz, 2001, p. 67, cité par Nadim DAGHER, « Contrats d'État et internationalisation de la loi applicable », Mémoire de Master de Droit international et européen des affaires, Institut de droit des affaires internationales et Université Paris 1 Panthéon-Sorbonne, 2009/2010, p. 8.

[717] Ceux-ci sont pris comme sujets de droit international public.

public tandis que les accords entre particuliers de nationalité différente sont soumis au droit international privé (constitué notamment de l'ensemble des règles juridiques étatiques) en ayant recours à la technique de la théorie des conflits des lois[718] qui règle la question du droit applicable à de tels accords.

Il en va autrement des rapports contractuels entre un État et une personne privée étrangère[719] qui investit dans le domaine des ressources naturelles (mine, pétrole) de cet État. À l'occasion de ces rapports, il n'est pas rare de voir naître des différends résultant du manquement par l'une des parties, à ses obligations contenues dans les clauses contractuelles[720].

Avant de présenter la solution largement retenue en droit positif, la dimension politique du contentieux mérite d'être notée.

1 - La dimension politique du contentieux

En soulignant la forte proportion de l'influence du politique dans le domaine pétrolier, monsieur Henri SIMONET, Commissaire européen à l'énergie, faisait cette déclaration en 1973 : « Le pétrole, c'est la politique à 90%. »[721] L'intrusion du politique dans la sphère pétrolière[722] ne saurait être regardée comme un phénomène inhabituel

---

718 Yvon LOUSSOUARN et Pierre BOUREL, Droit international privé, Paris, Dalloz, 1978), pp.79-545 ; Pierre MAYER, Droit international privé, Université Nouvelle, Paris, Montchrestien, 1977, pp. 61-212.

719 L'opinion générale admet que ces deux sujets relèvent, au moins, de deux ordres juridiques différents (l'État est sujet de l'ordre juridique international tandis que la société étrangère appartient à l'ordre juridique interne de l'État dont elle est la nationale).

720 Avec le déclin des concessions pétrolières nées des mutations politiques internationales au début des années 1970, on a assisté à des nationalisations de certaines concessions pétrolières (l'exemple des nationalisations libyennes en est une illustration éloquente: voir à cet effet l'abondance doctrine y afférente : Patrick RAMBAUD, « Un arbitrage pétrolier: la sentence Liamco »; in Annuaire français de droit international, volume 26, 1980, pp. 274-292; Patrick RAMBAUD, « Les suites d'un différend pétrolier: l'affaire Liamco devant le juge français », in Annuaire français de droit international, volume 25, 1979, pp. 820-834.

721 Cité par Samuel FURFARI, « Survol de l'histoire pétrolière », cours de géopolitique de l'énergie, Université Libre de Bruxelles.

722 C'est « un domaine où la politique joue un si grand rôle », disait monsieur Georges FISCHER dans « L'Organisation des pays producteurs de pétrole », in Annuaire français de droit international, volume 7, 1961, p. 172.

d'autant plus que les ressources naturelles ont toujours été une matière où l'État entend fortement exprimer sa souveraineté territoriale. Ce qui nous fait dire que le droit pétrolier peut être perçu comme l'habillage juridique d'un aspect des relations politiques internationales.

La dimension politique s'observe ainsi dans la phase des négociations de contrats entre États d'accueil et compagnies pétrolières étrangères. Celles-ci, bien que se présentant comme les partenaires de l'État hôte et ses cocontractants, sont toujours soutenues par leur pays d'origine, et les chances de succès de signature d'un contrat pétrolier sont très souvent tributaires des bonnes relations politiques et économiques existant entre les deux États. C'est une situation qui est particulièrement perceptible dans les pays du golfe de Guinée dont la quasi-totalité a été, à un moment donné de leur histoire, sous domination coloniale de l'occident et continue d'entretenir des relations politiques et économiques avec l'ancien colonisateur.

Même en cas de conflits, il a été souvent préconisé, avant tout recours juridictionnel international, des solutions politiques ou seulement même diplomatiques[723].

Toutefois, la solution diplomatique a souvent montré ses limites qui s'expliquent par le fait que l'utilisation de ce mode de règlement suppose au préalable l'épuisement des voies de recours internes et une telle solution concerne directement deux États (l'État d'accueil et l'État d'origine de la société), alors que le litige ne vise que l'État hôte et la compagnie étrangère.

L'accroissement des accords de développement économique au début du XXe siècle a assurément engendré des conflits entre les États hôtes et les investisseurs étrangers aussi bien dans le domaine financier que dans la sphère des ressources naturelles. La poursuite d'intérêts contradictoires[724], la supposée position privilégiée de l'État

---

[723] La protection diplomatique est parfois invoquée pour assurer la défense internationale des investisseurs (monsieur Michel VIRALLY, « la juridiction internationale » au colloque de Lyon de la Société française de droit international, Paris, Pedone, 1987, p. 82, faisait remarquer que la protection diplomatique des investisseurs avait fourni la plus grande partie du contentieux au XIX siècle.)

[724] Alors que l'État d'accueil poursuit des intérêts publics, à savoir le développement économique et social, la partie privée recherche la maximisation des profits qu'il pourrait tirer de son investissement.

d'accueil se croyant investi de pouvoirs de domination le conduisant parfois à remettre en cause les clauses du contrat, l'interprétation ou l'exécution même du contrat sont autant de facteurs générateurs de conflits dont la solution ne manque guère de poser certaines difficultés d'ordre juridique.

2 - Le règlement juridictionnel du contentieux né des contrats pétroliers

La résolution de ces différends sur le terrain juridictionnel soulève en pratique plusieurs difficultés dont les principales sont de trois types : la détermination de la juridiction compétente, le droit applicable et l'efficacité de la décision juridictionnelle.

a - La détermination de la juridiction compétente

Dans le cadre du règlement des différends relatifs aux investissements internationaux, il s'est développé un droit procédural et substantiel qui tire sa source aussi bien du droit national que du droit international[725].

Mise à part la protection diplomatique dont nous avons déjà relevé les limites et insuffisances, ainsi que la procédure de conciliation[726]

[725] Les deux sources du droit servent au règlement de litiges nés des contrats d'État, catégorie à laquelle appartiennent les contrats pétroliers.

[726] La conciliation est un mode alternatif de règlement des conflits (MARC) auquel les parties peuvent recourir pour taire leurs différends. Elle est apparue après la première guerre mondiale dans l'Acte général pour le règlement pacifique des différends internationaux du 26 septembre 1928 dont l'article 15-1 dispose que « la commission de conciliation aura pour tâche d'élucider les questions en litige, de recueillir à cette fin toutes les informations [...], et de s'efforcer de concilier les parties. Elle pourra, après examen de l'affaire, exposer aux parties, les termes de l'arrangement qui leur paraît convenable et leur impartir un délai pour se prononcer. » La conciliation a pour objet de faire examiner un différend par un organe préconstitué ou accepté par les parties, qui fera à celles-ci des propositions en vue d'un règlement amiable. Le but de la procédure de conciliation consiste donc à rapprocher les parties pour les amener à trouver une solution au différend qui les oppose ; Jacques EL-HAKIM, « Les modes alternatifs de règlement des conflits dans le droit des contrats », in Revue internationale de droit comparé, volume 49, n° 2, avril-juin 1997, p. 349 ; Charles JARROSSON, « Les modes alternatifs de règlement des conflits. Présentation générale », in Revue internationale de droit comparé, volume 49, n° 2, avril-juin 1997, p. 331.

importante, mais peu usitée en pratique[727], le mode de règlement des litiges nés des relations contractuelles entre États et sociétés privées étrangères est défini dans les législations pétrolières des États[728] et dans les contrats pétroliers.

La pratique donne de constater que la plupart des États du golfe de Guinée, à l'instar de la quasi-totalité des autres États du monde, conviennent avec les investisseurs étrangers, de soumettre leurs désaccords d'ordre juridique[729] à l'arbitrage international relevant de la compétence du Centre International pour le Règlement des Différends relatifs aux Investissements (C.I.R.D.I)[730] dont « l'objet est

---

727 Aïssatou DIOP « Les spécificités de l'arbitrage CIRDI », Saly, Sénégal, 1er mars 2014, p. 7, [en ligne sur www.worldbank.org/icsid], article consulté le 8 juillet 2015.

728 L'article 115.2) du code pétrolier du Cameroun dispose que « sous réserve des dispositions réglementaires en vigueur relatives à la résolution des différends de nature technique, le contrat pétrolier peut comporter une clause prévoyant une procédure de conciliation et d'arbitrage en vue du règlement de tout différend relatif à l'interprétation ou à l'application dudit contrat, qui pourrait survenir entre l'État et le titulaire. » Une stipulation analogue se retrouve dans l'alinéa 2 de l'article 85 du code pétrolier ivoirien ainsi que l'article 64 de la loi n° 99-003 du 18 février 1999 portant code des hydrocarbures de la République togolaise.

729 La compétence du Centre s'étend aux différends d'ordre juridique à l'exception de ceux de nature technique. Le différend juridique peut s'entendre du litige né de l'interprétation ou de l'application du contrat pétrolier et qui est rapport direct avec un investissement (article 25 & 1 de la Convention CIRDI). Ainsi, le différend doit concerner soit l'existence ou l'étendue d'un droit ou d'une obligation juridique, soit la nature ou l'étendue des réparations dues pour rupture d'une obligation juridique. Nous estimons que, faute de lien direct entre les questions fiscales qui relèvent de la législation nationale et l'investissement, le tribunal arbitral doit décliner sa compétence ratione materiae lorsqu'il est saisi d'une question de cette nature. C'est d'ailleurs ce qui a prévalu dans l'affaire Amco contre l'Indonésie, à propos de la sentence rendue le 10 mai 1988 par le tribunal arbitral saisi après annulation partielle d'une première décision, voir en ce sens, Patrick RAMBAUD, « La compétence du tribunal C.I.R.D.I saisi après une décision d'annulation », in Annuaire français de droit international, volume 34, 1988, pp.213-214. Le différend de nature technique est celui qui résulte par exemple du désaccord entre les titulaires de contrats pétroliers sur la construction ou l'utilisation en commun des installations destinées aux opérations pétrolières, ou du désaccord entre l'État d'accueil et le titulaire sur la fixation du prix du marché international des hydrocarbures. Selon l'article 119-1 du décret n° 2000/465 du 30 juin 2000 portant application du code pétrolier, un tel différend est soumis à résolution d'expert international, conformément au Règlement d'Expertise technique de la Chambre de Commerce internationale.

730 Le C.I.R.D.I a été créé sous l'égide de la Banque Mondiale, à l'initiative des administrateurs de la Banque Internationale pour la Reconstruction et le

d'offrir des moyens de conciliation et d'arbitrage pour régler les différends relatifs aux investissements opposant des États contractants à des ressortissants d'autres États contractants. »[731]

La compétence dévolue au CIRDI émane du consentement écrit des parties de lui soumettre leur litige[732]. Cette dévolution résulte généralement de la clause d'arbitrage insérée dans le contrat pétrolier[733], ou d'une disposition d'un traité bilatéral ou multilatéral d'investissement prévoyant la soumission au Centre des différends auxquels il pourrait éventuellement donner lieu, ou d'un compromis concernant un différend déjà né. Ainsi, il est unanimement admis par la jurisprudence et la doctrine que la signature par l'État d'une convention d'arbitrage emporte renonciation implicite à l'immunité de juridiction que cet État pouvait invoquer devant la juridiction arbitrale[734]. Cette renonciation à l'immunité de juridiction vaudrait pour toutes les procédures connexes à la procédure arbitrale principale voire « aux procédures étatiques qui lui sont liées » [735] et même devant le juge interne de l'exequatur[736].

Le consentement des parties et la nature du litige ne peuvent cependant à eux seuls suffire pour justifier la compétence du Centre.

Développement (BIRD créée 1944, elle est la principale organisation du Groupe de la Banque Mondiale) par la Convention de Washington du 18 mars 1965 pour le règlement des différends relatifs aux investissements entre États et ressortissants d'autres États. Son siège est celui de la BIRD. La Convention BIRD a été ratifiée par le Cameroun le 3 janvier 1976 et entrée en vigueur pour lui le 2 février de la même année ; la Côte d'Ivoire l'a ratifiée le 16 février 1966 et est entrée en vigueur le 14 octobre 1966. Au 31 décembre 2013, les États membres du CIRDI étaient au nombre de 149.

[731] Article 1.2 de la Convention.

[732] Article 25-1 de la Convention.

[733] Voir articles 32 du contrat de partage de production type de la Côte d'Ivoire, 15 du contrat de partage de production type du Cameroun, 19 du contrat de partage de production du 21 avril 1994 entre le Congo et les sociétés Hydro-Congo et Elf-Congo.

[734] Emmanuel GAILLARD, « Convention d'arbitrage et immunités de juridiction et d'exécution des États et des organisations internationales », ASA Bulletin 18, n° 3, 2000, pp. 471-481.

[735] République arabe d'Égypte c. SPP, Journal de droit international (Cour d'appel de Paris, 1984). ; Patrick RAMBAUD, « L'affaire "des Pyramides" (arrêt du 12 juillet 1984 de la Cour d'appel de Paris) », in Annuaire français de droit international , volume 31, 1985, pp. 508-520.

[736] Journal de Droit International (Cour de Cassation, 1re Chambre civile 1986).

Encore faut-il que les parties litigantes soient un État contractant de la Convention[737] et un ressortissant d'un autre État contractant[738].

La soumission du litige à la compétence du CIRDI n'implique pas pour les parties, l'obligation de faire tenir l'arbitrage au siège du Centre. Il est ainsi prévu la possibilité pour les parties qui en conviennent, que la procédure d'arbitrage se tienne au siège de la Cour permanente d'Arbitrage ou de toute autre institution appropriée publique ou privée[739], avec laquelle le Centre aura conclu des arrangements à cet effet[740]. Il en est ainsi dans les contrats types de partage de production de la Côte d'Ivoire (1993) et du Cameroun où les parties contractantes acceptent que le lieu d'arbitrage sera Paris (France). D'autres contrats types[741] optent pour l'arbitrage de la Chambre de Commerce Internationale avec comme lieu d'arbitrage Genève (Suisse). Dans ce cas, l'arbitrage échappe à la compétence du C.I.R.D.I.

Très souvent, la compétence du tribunal arbitral est l'objet de contestation de la part de la défenderesse. Elle invoque en pratique l'annulation de la clause compromissoire subséquente à l'annulation

---

[737] Une collectivité publique ou un organisme dépendant d'un État contractant peut être considéré comme partie au litige.

[738] Il est ainsi exclu de la compétence du Centre de façon absolue les litiges nés entre deux États. Au sujet du « ressortissant d'un autre État contractant », la distinction est faite entre les personnes physiques et les personnes morales. Une personne physique possédant la nationalité de l'État partie au différend ne sera pas admise à être partie aux procédures établies sous les auspices du Centre, même si elle possède en même temps la nationalité d'un autre. Cette exclusion est absolue et ne peut être écartée même si l'État Partie au différend y consent. En revanche, une personne morale ayant la nationalité de l'État partie au différend peut être partie aux procédures du Centre si l'État en question accepte de la considérer comme ressortissante d'un autre État contractant en raison du contrôle exercé sur elle par des intérêts étrangers. Il en est ainsi des filiales de multinationales étrangères qui détiennent une grande part du capital social dans la filiale et sur laquelle elles exercent un contrôle.

[739] Par exemple la Chambre de Commerce internationale (C.C.I) ou la Commission des Nations Unies pour le Droit Commercial international (C.N.U.D.C.I).

[740] Article 63 de la Convention. Les contrats de partage de production conclus respectivement le 21 avril 1994 entre le Congo et les sociétés Hydro-Congo et Elf-Congo et le 23 novembre 1995 entre le Congo et les sociétés Agip-Recherches et Elf-Congo indiquent que le siège de l'arbitrage sera Paris (France).

[741] Les contrats de partage de production types de la Côte d'Ivoire de 2014 optent pour l'arbitrage C.C.I (article 32).

du contrat principal[742], la nature non juridique du différend, le caractère interne du différend opposant les parties[743], l'existence dans les contrats d'une clause autre qu'une clause CIRDI[744] ou encore la question des sociétés étrangères au sens de la Convention. Dans toutes ces hypothèses, le tribunal étant juge de sa compétence, il lui appartient de surseoir à l'examen au fond et de rendre une sentence préliminaire sur sa compétence[745].

b - La recherche du droit applicable au contentieux

La question du droit applicable aux contentieux nés des contrats d'État (catégorie de contrats à laquelle appartiennent les contrats pétroliers) n'a guère été résolue de façon définitive et tranchée.

Au cours de la première moitié du 20e siècle, elle a semblé recevoir, auprès de la jurisprudence, une réponse quasi constante. Ainsi, en 1929, avec le célèbre dictum par lequel la Cour Permanente de Justice Internationale (CPJI) avait déclaré, à propos de l'affaire de divers emprunts serbes émis en France, que « tout contrat qui n'est pas un contrat entre des États en tant que sujets de droit international a son fondement dans une loi nationale. La question de savoir quelle est cette loi fait l'objet de la partie du droit qu'aujourd'hui on désigne le plus souvent sous le nom de droit international privé ou de théorie du conflit des lois. »[746] Au cours de la même année, dans une affaire

---

[742] Ce moyen se heurte à l'autonomie de la clause compromissoire largement admise en doctrine et en jurisprudence.
[743] C'était la thèse défendue par l'Indonésie dans l'affaire Amco qui estimait qu'une procédure juridictionnelle interne avait été engagée à propos de la résiliation du bail liant PT Amco à une société indonésienne privée, PT Wisma, propriétaire du terrain sur lequel avait été construit l'hôtel occupé plus tard par l'armée indonésienne.
[744] Dans l'affaire Klöckner contre Cameroun, en plus du protocole d'accord conclu le 4 décembre 1971 qui définissait les responsabilités respectives des parties, il avait été signé un contrat de livraison de l'usine d'engrais, le 4 mars 1972, une convention d'établissement le 23 juin 1973 et un contrat de management le 7 avril 1977 lequel prévoyait une « clause C.C.I ».
[745] Affaire Amco contre Indonésie.

[746] CPJI, série A n° 20, 1929, arrêt n° 14, p. 41. Plusieurs fois cité, voir à cet effet Pierre LALIVE, « Réflexions sur l'État et ses contrats internationaux », Institut Universitaire de Hautes Études internationales, Conférences, n° 12, 1976, p. 14. ; François RIGAUX, « Des dieux et des héros. Réflexions sur une sentence arbitrale », article préc., p. 446 ; Gérard COHEN-JONATHAN, « L'arbitrage

similaire concernant les emprunts brésiliens, la CPJI va rééditer la même solution en énonçant qu'« un État souverain (...) ne peut être présumé avoir soumis la substance de sa dette et la validité des engagements pris par lui à ce sujet à une loi autre que sa loi propre. »[747]

Une année auparavant, dans un arrêt du 5 janvier 1928, la Cour d'appel de Paris déclarait que « toute personne privée qui traite avec un État souverain se soumet par le seul fait qu'elle traite avec lui aux lois de cet État. »[748]

On voit dans ces décisions un rattachement automatique du contrat d'État à un droit national censé s'appliquer au contrat et servir de fondement à la résolution du contentieux. Certains auteurs ou gouvernements défendeurs devant les juridictions internationales s'appuient sur cette formule, à première vue péremptoire, pour soutenir le rattachement automatique du contrat pétrolier à un droit national[749].

La solution envisagée à cette époque[750] a cependant beaucoup évolué avec l'apparition de la théorie de « délocalisation » du contrat d'État et surtout avec l'adoption de la Convention BIRD du 18 mars 1965.

Soutenue par plusieurs auteurs de la doctrine[751], la « délocalisation » du contrat d'État a pour finalité de rompre tout

---

Texaco-Calasiatic contre gouvernement libyen : décision au fond du 19 janvier 1977 », article préc., p.455.

[747] CPJI, série A n° 21, 1929, arrêt n° 15, p.121.

[748] Cité par Pierre LALIVE, « Réflexions sur l'État et ses contrats internationaux », op. cit., p.15.

[749] Georges VEDEL, « Le problème de l'arbitrage entre gouvernements ou personnes de droit public et personnes de droit privé », Revue de l'Arbitrage, n° 2, 1961, p. 116. Telle était la ligne de défense de l'Iran dans l'affaire de l'Anglo-Iranian Oil company, C.I.J, Mémoires et plaidoiries, p. 286 et s.

[750] Il convient de noter que la jurisprudence de la CPJI consacrée dans les affaires des emprunts serbes et brésiliens n'était guère constante. Ainsi, contrairement à la CPJI, la Cour de Cassation française, dans un arrêt du 19 février 1929 (Dalloz Périodique, 1929, 1. 73) avait soutenu que lorsque l'État contracte avec, et dans les mêmes conditions qu'un simple particulier, c'est-à-dire sur le terrain du droit « privé », il ne saurait se prévaloir d'un régime spécial aussi bien sur le plan du droit applicable que sur celui de l'immunité de juridiction.

[751] Pierre LALIVE, « Réflexions sur l'État et ses contrats internationaux », op.cit., p.18 ; François RIGAUX, « Des dieux et des héros. Réflexions sur une sentence

rattachement automatique du contrat à la seule loi nationale de l'État contractant et de le faire passer dans l'ordre juridique international où l'équilibre des relations contractuelles paraît mieux assuré. Il s'agit en d'autres termes, selon le Professeur François RIGAUX, de « soustraire le contrat à l'application effective d'aucun système de droit étatique. »

Nous estimons toutefois que ces propos méritent d'être nuancés d'autant plus que la délocalisation n'entraîne pas l'exclusion totale de la loi étatique, mais une primauté du droit international dans l'encadrement du contrat d'État lorsque celui-ci est en contradiction avec le droit interne.

La délocalisation ne signifie nullement transfert du lieu d'exécution du contrat en dehors du cadre géographique qui lui sert d'assise[752], mais plutôt le rattachement juridique du contrat au droit international, tout au moins en grande partie, puisque le droit étatique continue de s'appliquer à certains aspects du contrat[753].

On aboutirait alors à une sorte de coexistence de deux ensembles de normes juridiques, savoir le droit interne de l'État hôte et le droit international. Et dans cette coexistence, le droit international[754] ou plus exactement les principes du droit international occupent une place prépondérante puisqu'il s'affichera tantôt comme la seule norme

---

arbitrale », article préc., p. 446; Gérard COHEN-JONATHAN, « L'arbitrage Texaco-Calasiatic contre gouvernement libyen: décision au fond du 19 janvier 1977 », article préc., p. 455.

752 Par exemple dans le cas du contrat pétrolier, l'exécution (toutes les opérations d'exploration et d'exploitation) a lieu sur le territoire de l'État hôte.

753 Les questions fiscales, de change, de droit du travail et le droit pénal.

754 « Le terme de « droit international » doit ici être interprété au sens de l'article 38 (1) du Statut de la Cour Internationale de Justice, compte tenu cependant du fait que cet article est destiné à s'appliquer à des différends interétatiques », voir le rapport des administrateurs de la BIRD, par.40. Ledit article dispose que « la Cour dont la mission est de régler conformément au droit international les différends qui lui sont soumis, applique : a) Les conventions internationales, soit générales, soit spéciales, établissant des règles expressément reconnues par les États en litige ; b) la coutume internationale comme preuve d'une partie générale acceptée comme étant le droit ; c) les principes généraux de droit reconnus par les nations civilisées ; d) sous réserve de la disposition de l'article 39, les décisions judiciaires et la doctrine des publicistes les plus qualifiés des différentes nations, comme moyen auxiliaire de détermination des règles de droit. »

applicable au litige[755], tantôt comme une norme se combinant avec le droit de l'État contractant[756] si telle est la volonté des parties contractantes[757].

Dans de nombreux contrats pétroliers cependant, les clauses d'electio juris renvoient au droit de l'État contractant comme la seule norme applicable au contrat ainsi qu'au litige qui en résulterait[758]. Dans cette hypothèse, il est judicieux de se poser la question de savoir si, en pareil cas, l'on a affaire à de simples contrats de droit interne.

Le professeur Charles LEBEN, dans son cours sur « la théorie du contrat d'État et l'évolution du droit international des investissements » dispensé en 2003 à l'Académie de droit

---

[755] Nous estimons que cette hypothèse est assez rare en pratique puisque l'État hôte privilégie plutôt son droit interne. Mais elle se rencontre dans des cas où la compétence du CIRDI découle des dispositions insérées dans des traités bilatéraux ou multilatéraux de protection et de promotion des investissements (TBI/TMI).

[756] On rencontre cette option dans des contrats pétroliers. C'est le cas au Cameroun (article 27.5 du contrat de partage de production type) : « Tout tribunal arbitral constitué conformément au présent Contrat appliquera le droit camerounais tel que complété, le cas échéant, par les principes de droit international », au Ghana dans un contrat de partage de production de 1988 : « this agreement shall by governed and construed in accordance with the laws of Republic of Ghana consistent with such rules of international law as be applicable including rules and principles as have been applied by international tribunals », au Nigeria (1993) : « The conctruction, validity and performance of this Agreement and any disputes arising therefrom shall be determined in accordance with the laws of the Republic of Nigeria and such rules of international law as may be applicable », au Congo : l'article 15 de l'accord pétrolier de 1974 avec AGIP renvoyait à « la loi congolaise, complétée le cas échéant par tout principe de droit international », voir la sentence CIRDI du 30 novembre 1979, AGIP S.P.A contre gouvernement de la République populaire du Congo (aff. ARB/77/1, Revue critique de droit international privé, 1982, p.98, par.43) ou de l'article 28 paragraphe 7 de la clause de droit applicable contenue dans les concessions pétrolières libyennes déjà citée.

[757] Le principe de l'autonomie de la volonté se trouve en première ligne dans le choix de la loi applicable. C'est un principe reconnu dans la quasi-totalité des systèmes juridiques et constitue un principe général de droit reconnu par les nations civilisées.

[758] Depuis les années 1990, les contrats de partage de production conclus entre le Congo et les sociétés pétrolières sont régis par le droit de cet État (on peut citer à titre d'exemple les contrats de partage de production du 22 juillet 1995, du 23 novembre 1995, du 16 mai 1997 où il est indiqué que « le contrat sera régi par le droit congolais. ») Il en est de même en Côte d'Ivoire où selon la formule consacrée, « les lois et règlements en vigueur de la République de Côte d'Ivoire seront applicables à tout moment au contracteur, au présent contrat et aux opérations qui en sont l'objet. »

international de La Haye[759] a proposé une réponse à cette question. Ainsi, selon cet auteur, le renvoi des différends à la compétence du CIRDI autorise le tribunal arbitral à effectuer explicitement ou implicitement, un contrôle du droit national choisi par les parties contractantes, par rapport au droit international. Si ce contrôle ne révèle aucune contrariété, alors le droit national sera appliqué[760]. Dans le cas contraire, le tribunal arbitral devra faire prévaloir le droit international sur le droit interne.

Cette approche nous semble s'accorder avec la logique internationaliste de la Convention CIRDI à laquelle la plupart des États conviennent avec les investisseurs de soumettre leurs différends juridiques. D'autre part, de façon générale, « les arbitres considèrent que du fait que le droit interne d'un État intègre les règles de droit international, tout particulièrement les règles conventionnelles, il n'y a pas de contradiction pour un tribunal arbitral à appliquer le droit international alors même que c'est le droit de l'État qui est le droit applicable. »[761]

Les principes du droit international joueraient alors un double rôle, soit complémentaire (en cas de lacune du droit de l'État d'accueil), soit correctif au cas où le droit étatique ne serait pas en tous points conforme à ces principes[762].

La détermination du droit applicable au contentieux procède avant tout de la volonté des parties qui ont le libre choix de se déterminer d'un commun accord soit en faveur du droit international, soit du droit interne de l'État contractant ou d'un ensemble de sources comprenant le droit étatique, le droit international et parfois les usages professionnels ou les décisions des tribunaux internationaux. Ce

---

759 Charles LEBEN, « La théorie du contrat d'État et l'évolution du droit international des investissements », op. cit., pp. 282-288.

760 Dans l'affaire Letco c. Libéria (ARB/83/2 sentence du 24 octobre 1984), l'arbitre fait savoir que « la loi de l'État contractant est reconnue comme étant fondamentale sur son propre territoire, mais n'en est pas moins soumise au contrôle du droit international. »

761 Charles LEBEN, « La théorie du contrat d'État et l'évolution du droit international des investissements », op. cit., par.170.

762 Affaire Klöckner c. Cameroun, (ARB/81/2 décision d'annulation du 3 mai 1985), in Journal de Droit international, 1987, p.167 ; Patrick RAMBAUD, « L'annulation des sentences Klöckner et Amco », in Annuaire français de droit international, volume 32, 1986, p.264.

« dépeçage » du contrat basé sur le principe de l'autonomie de la volonté permet de résoudre presque aisément la question du droit applicable.

Mais en pratique, les choses n'apparaissent pas aussi évidentes, bien que les parties aient prévu une clause d'electio juris. En effet, le caractère complexe de certaines clauses de droit applicable ne manque guère de soulever des difficultés d'interprétation. Tel fut le cas des sentences libyennes rendues au sujet des nationalisations des concessions pétrolières par le gouvernement de la Libye[763].

Alors que les trois contrats de concession pétrolière comportaient la même clause de droit applicable[764], trois arbitres [765] saisis dans les trois affaires ont rendu trois sentences différentes[766].

Ainsi, dans la sentence British Petroleum contre gouvernement libyen (10 octobre 1973), l'arbitre a-t-il retenu que « le système de droit applicable est celui que la clause prévoit expressément, c'est-à-dire en l'absence de principes communs au droit libyen et au droit international, les principes généraux de droit, y compris les dispositions de ces principes qui peuvent être appliquées par des tribunaux arbitraux. »[767]

Dans la sentence Liamco contre gouvernement libyen (12 avril 1977), interprétant la clause d'electio juris, l'arbitre soutient que « la

---

[763] Les sentences British Petroleum contre gouvernement libyen (10 octobre 1973), Texaco et California Asiatic contre gouvernement libyen (19 janvier 1977), Liamco contre gouvernement libyen (12 avril 1977) précitées.

[764] L'article 28, paragraphe 7 des contrats.

[765] La sentence British Petroleum contre gouvernement libyen a été rendue par l'arbitre suédois Gunnar LAGERGREEN ; la sentence Texaco et California Asiatic contre gouvernement libyen a été rendue par l'arbitre français René-Jean DUPUY ; la sentence Liamco contre gouvernement libyen a, quant à elle, été rendue par l'arbitre libanais Sobhi MAHMASSANI.

[766] Brigitte STERN, « Trois arbitrages, un même problème, trois solutions », op. cit., pp. 3-43. Non seulement l'interprétation que chacun des arbitres fait de la clause de droit applicable est différente, mais aussi la solution retenue eu égard à la licéité de la nationalisation (les arbitres Gunnar LAGERGREEN et René-Jean DUPUY déclarent illicite la nationalisation des concessions pétrolières tandis que l'arbitre Sobhi MAHMASSANI la déclare licite) et à ses suites varie. Tout porte alors à croire que les sentences sont marquées de la personnalité et de l'appartenance géographique des arbitres.

[767] Charles LEBEN « La théorie du contrat d'État et l'évolution du droit international des investissements », op. cit., p. 231.

loi propre du contrat…est…tout d'abord la loi libyenne, dans la mesure où elle compatible avec le droit international, et, subsidiairement, les principes généraux de droit, le droit libyen incluant à cet égard la législation libyenne, le droit islamique, la coutume, le droit naturel et l'équité. » [768]

Pour sa part, dans la sentence Texaco et California Asiatic contre gouvernement libyen, l'arbitre note que « la valeur juridique et donc la force obligatoire des contrats de concession litigieux ne peuvent être appréciés qu'en fonction de la loi qui leur est applicable, car il est évident que, si- à titre d'hypothèse- ces contrats devaient être régis par le droit libyen, il en résulterait que leur force obligatoire pourrait a priori être affectée par des mesures législatives et réglementaires relevant de l'ordre juridique national libyen… »[769]

Lorsque les parties n'ont pu s'accorder sur le droit applicable au contrat[770], une solution est fournie par l'article 42 §1 (deuxième phrase) de la Convention CIRDI qui prévoit que « le tribunal applique le droit de l'État contractant partie au différend - y compris les règles relatives aux conflits de lois - ainsi que les principes de droit international en la matière. » Cette disposition supplétive renvoie en réalité à la combinaison de plusieurs sources de droit[771] que le tribunal arbitral devra rechercher en fonction des circonstances du différend juridique.

La détermination du droit applicable apparait parfois comme l'un des pans du contentieux né des contrats pétroliers dont la résolution par la voie juridictionnelle aboutit nécessairement à une décision. L'efficacité de celle-ci ne manque pas de poser aussi des difficultés dans sa phase d'exécution.

---

[768] Charles LEBEN, « La théorie du contrat d'État et l'évolution du droit international des investissements », op. cit., p. 231.

[769] Charles LEBEN, « La théorie du contrat d'État et l'évolution du droit international des investissements », op. cit., p. 230.

[770] Pareille hypothèse est assez rare en pratique, les parties prenant toujours le soin de s'entendre sur le droit applicable. Tel est le cas des contrats pétroliers examinés en Côte d'Ivoire, au Cameroun, au Congo et dans la totalité des États.

[771] On y rencontre souvent le droit de l'État contractant et les principes du droit international, en ajoutant parfois les principes de droit international tels qu'appliqués par les tribunaux internationaux ou les principes généraux de doit reconnus par les nations civilisées, ou les traités bilatéraux ou multilatéraux de protection et de promotion des investissements, ou encore les principes généralement acceptés dans l'industrie pétrolière.

c - L'efficacité de la décision juridictionnelle

La finalité logique et souhaitable de toute sentence arbitrale est de voir celle-ci connaître une issue heureuse quant à son exécution par la partie qui succombe. L'enracinement du contrat pétrolier, en tant que contrat d'État, dans l'ordre juridique international peut être une garantie de cette exécution d'autant plus que dans cet ordre supranational, l'État contractant se trouve face à des engagements internationaux librement contractés, étant entendu que « rien ne s'oppose à ce qu'un État, dans l'exercice de sa souveraineté, se lie inexorablement par des clauses d'une concession et attribue à un concessionnaire des droits irrétractables. Ces droits ont le caractère de droits acquis… » [772]

La maxime « pacta sunt servanda » (la force obligatoire des contrats) reconnue aussi bien en droit interne qu'en droit international se manifeste aussi à l'égard de la sentence arbitrale qui doit être considérée comme obligatoire[773] et faire, en principe, l'objet d'une exécution spontanée par l'État[774].

À l'opposé des autres systèmes d'arbitrage[775], celui du CIRDI a la particularité de produire des sentences qui ne sont pas soumises au contrôle du juge national puisque le système CIRDI organise ses

---

[772] Sentence arbitrale Arabie-Saoudite contre Aramco rendue à Genève, le 23 août 1958, in Revue critique de droit international privé, 1963, p. 272.

[773] Article 54.1 (première phrase) de la Convention de Washington : « Chaque État contractant reconnait toute sentence rendue dans le cadre de la présente convention comme obligatoire et assure l'exécution sur son territoire des obligations pécuniaires que la sentence impose comme s'il s'agissait d'un jugement définitif d'un tribunal fonctionnant sur le territoire dudit État. »

[774] Bruno Jean POULAIN, « L'arbitrage transnational et le droit français des immunités de l'État étranger », in Droit international des investissements et de l'arbitrage transnational, Paris, Pedone, 2015, p. 967.

[775] Par exemple l'arbitrage de la Chambre de Commerce internationale de Paris, celui de la Stockholm Chamber of Commerce. Pour ces sentences, l'exequatur de la sentence arbitrale est nécessaire avant toute exécution. Ce fut le cas de la sentence Liamco qui a été revêtue de l'exéquatur du vice-président du Tribunal de grande instance de Paris avant que les procédures d'exécution forcée ne soient entamées entre les mains de diverses sociétés commerciales et industrielles françaises sur les biens et avoirs de l'État libyen ; voir en ce sens, Patrick RAMBAUD, « Les suites d'un différend pétrolier: l'affaire Liamco devant le juge français », in Annuaire français de droit international , volume 25, 1979, pp. 822-823.

propres procédures de contrôle telles que décrites par l'article 52 de la Convention de Washington. À cet effet, l'article 54 § 2 de la Convention prévoit que la sentence doit faire l'objet d'une reconnaissance en vue de son exécution forcée sur le territoire d'un État contractant, ce qui exclut toute procédure en exequatur de la sentence avant qu'elle ne soit rendue exécutoire[776].

Contrairement à l'exequatur qui est la force exécutoire octroyée par l'autorité judiciaire d'un État à une décision rendue à l'étranger avant d'entreprendre son exécution sur le territoire dudit État et soumise soit à la procédure de droit commun[777], soit à la procédure de référé[778], la reconnaissance consiste à présenter la copie de la sentence certifiée conforme par le secrétaire général du CIRDI au tribunal compétent de l'État contractant[779] ou à toute autorité que ledit État aura désignée à cet effet.

L'exécution spontanée de la sentence arbitrale est souvent perçue comme idéaliste plutôt que réaliste, car, à la pratique, il a été observé que l'État défendeur cherchera à opposer un refus à son exécution[780].

---

776 Dans l'arbitrage OHADA par exemple, l'exequatur de la sentence rendue en vertu du Règlement d'arbitrage de la Cour Commune de Justice et d'Arbitrage (CCJA) est de la compétence exclusive de cette Cour, pour autant que la sentence doive être exécutée sur le territoire de l'un des États Parties. En dehors de l'espace OHADA, l'exequatur est soumis à la législation de l'État concerné, voir l'article 30 du Règlement d'arbitrage et aussi, Jacqueline LOHOUES-OBLE, « L'apparition d'un droit international des affaires en Afrique », in Revue internationale de droit comparé, volume 51, n° 3, juillet-septembre 1999, pp. 582 & s.

777 Article 346 du code de procédure civile, commerciale et administrative de Côte d'Ivoire.

778 Dans ce cas, ce sera par exemple en vertu d'un accord de coopération judiciaire entre l'État investisseur et l'État du lieu d'exécution de la sentence (voir en ce sens, l'article 38 de l'accord de coopération en matière de justice entre la République française et la République de Côte d'Ivoire du 24 avril 1961, JORCI n° 46 du 21 août 1961, p. 116). Pour une illustration, voir Cour suprême, Chambre judiciaire de Côte d'Ivoire, arrêt n° 501 du 13 juin 2002, affaire n° 98-283 CIV du 24 juillet 1998.

779 Il s'agira en l'occurrence du tribunal du lieu où l'exécution doit être poursuivie.

780 Dans les affaires de nationalisation des pétroles libyens, le gouvernement libyen a refusé d'exécuter les sentences arbitrales (précisément l'affaire Liamco) ; voir Patrick RAMBAUD, « Un arbitrage pétrolier: la sentence Liamco », article préc., p. 292.

Dans certains cas, l'impossibilité d'exécuter la condamnation prononcée par les arbitres[781] peut s'avérer insurmontable.

En cas de défaut de spontanéité de l'État défendeur, le demandeur peut recourir à l'exécution forcée pour obtenir paiement en pratiquant des saisies sur les biens et avoirs de l'État situés dans des États tiers[782].

Ultime mesure judiciaire dont dispose le créancier, l'exécution forcée de la sentence peut cependant se heurter à un écueil juridique,

---

781 Par exemple la restitutio in integrum peut s'avérer impossible. Cette sanction avait été prononcée par l'arbitre dans l'affaire Texaco-Calasiatic c. gouvernement libyen (sentence au fond du 19 janvier 1977).

782 Nous estimons que le manque de spontanéité de l'État condamné présume de l'échec d'une exécution forcée sur le territoire même de cet État. Le créancier bénéficiaire de la sentence arbitrale n'a d'autre alternative que de s'orienter vers des États tiers où l'État défendeur détiendrait des biens et avoirs pour y pratiquer des saisies. C'est le cas pour la plupart des sentences arbitrales contre les États d'accueil. On rappelle l'affaire British Petroleum contre gouvernement Libyen où la société pétrolière poursuivit au Brésil, en Italie, en Grèce, au Texas et en Pennsylvanie les acquéreurs du pétrole libyen dont elle se considérait toujours comme légitime propriétaire, et plus de l'affaire Liamco contre gouvernement Libyen. Ce litige connut des suites judiciaires en Suède, en Suisse et plus spécialement en France où vingt-neuf saisies-arrêts furent pratiquées après l'obtention de l'exequatur de la sentence, sur les biens et avoirs de l'État libyen et dix-neuf sociétés et organismes de droit libyen présentés comme ses émanations. Sur l'affaire Liamco, voir Patrick RAMBAUD, « Les suites d'un différend pétrolier: l'affaire Liamco devant le juge français », in Annuaire français de droit international, volume 25, 1979, pp. 822-823. Bruno Jean POULAIN, dans son article précité, nous décrit l'épisode rocambolesque de l'affaire Compagnie Noga contre la Fédérarion de Russie dans laquelle la société Noga de droit suisse a tenté en vain de saisir les biens et avoirs de différentes entités apparentées à l'État russe : ceux de la Banque centrale de Russie, de la Banque de commerce extérieur de Russie, de l'Agence spatiale russe Roscosmos, du Centre de recherches spatiales Tsskb-Progress, de l'Agence d'information Ria Novosti, de l'ambassade de la Fédération de Russie et de la Délégation permanente de la Fédération de Russie près de l'UNESCO. La compagnie Noga avait également tenté de saisir en 2000 le navire-école Sedov alors amarré dans le port de Brest, ainsi que des aéronefs militaires de type Mig et Sukhoi lors du salon international du Bourget de 2001. Enfin, elle a essayé de saisir des toiles de Monet, Cézanne et Manet que le musée Pouchkine de Moscou avait mises à la disposition d'une exposition organisée par la Fondation Pierre Gianadda à Martigny en Suisse. Face à ce « harcèlement », la Fédération de Russie avait même obtenu, devant la Cour d'appel de paris, le 21 juin 2011, la condamnation de la compagnie Noga à réparer le préjudice résultant de la campagne de discrédit conduite à son encontre.

celui de l'immunité d'exécution[783] qui est souvent invoquée par l'État d'accueil pour se soustraire à l'exécution forcée.

L'immunité d'exécution ne peut être redoutée par le créancier poursuivant que si elle est favorablement accueillie par les autorités judiciaires de l'État sur le territoire duquel les saisies sont entreprises. Elle met alors en péril l'exécution de la sentence qui est vouée à ne pouvoir jamais connaître un dénouement sur le terrain judiciaire[784].

Dans le système CIRDI la question de l'immunité d'exécution n'a pas été réglée de façon tranchée, la Convention se bornant à renvoyer au droit national de l'État sur le territoire duquel l'investisseur entend poursuivre l'exécution forcée. A cet effet, l'article 55 de la Convention prescrit qu'« aucune des dispositions de l'article 54 ne peut être interprétée comme faisant exception au droit en vigueur dans un État contractant concernant l'immunité d'exécution dudit État ou d'un État étranger. » Cette disposition laisse entendre que dans le système CIRDI, le droit de l'immunité d'exécution reste un domaine où se manifeste la compétence réservée des États[785].

Or en la matière, l'attachement des États et de la jurisprudence au principe de l'immunité d'exécution absolue dont bénéficient les États est encore très marqué, et ceci, en vertu de la souveraineté nationale qui se traduit par la règle de courtoisie internationale qui consiste à ne rien faire qui soit susceptible d'entraver le fonctionnement des services publics de l'État, ou nuire à cette réciprocité de traitement que les États s'accordent entre eux.

---

[783] L'immunité d'exécution est un privilège qui protège les bénéficiaires d'une immunité de juridiction contre toute exécution forcée, au nom du respect de la souveraineté étatique. Cette immunité n'exclut cependant pas l'exequatur qui n'est pas, en lui-même, un acte d'exécution, mais une simple mesure préalable à l'exécution forcée, voir Serge GUINCHARD et Thierry DEBARD, « Lexique des termes juridiques », Paris, Dalloz, 2014, p.488. La Cour de cassation française avait justifié l'immunité d'exécution par « l'indépendance réciproque des États qui est un des principes les plus universellement reconnus du droit des gens. », C. Cass, 22 janvier 1849, DP, 1849.1. p. 5.

[784] Parfois, le différend peut être soldé par un règlement amiable comme ce fut le cas dans l'affaire Texaco-Calasiatic où le gouvernement libyen acceptait quelques mois après le prononcé de la sentence, de livrer, à titre compensatoire, aux deux compagnies, des fournitures de pétrole brut d'une valeur totale de 152 millions de dollars, étalées sur une période de 15 mois.

[785] Bruno Jean POULAIN, « L'arbitrage transnational et le droit français des immunités de l'État étranger », op. cit., p. 969.

Cependant, le caractère absolu de l'immunité d'exécution, naguère défendu par la plupart des États et par la jurisprudence, laisse de plus en plus place à une immunité relative qui s'appuie sur la distinction entre les biens strictement destinés aux activités de puissance publique (acta jure imperii)[786] pour lesquels, il est unanimement accordé une immunité absolue et les biens de gestion (acta jure gestioni) qui eux, du fait qu'ils sont considérés comme des actes privés entrant dans le champ commercial, et l'État étant dans ce cas présenté comme un commerçant, ne bénéficient pas d'une telle immunité.

Cette distinction tenant à la matière[787] ne paraît pas si simple à mettre en œuvre, car comme le fait savoir le professeur Emmanuel GAILLARD, « la plupart de ces biens sont isolés dans des structures bénéficiant d'une personnalité morale séparée, même si celle-ci est intégralement détenue par l'État. »[788] Il est ainsi fait allusion aux émanations de l'État[789] dont le statut a tendance à se confondre avec

---

[786] L'article 21 de la Convention des Nations Unies sur les immunités juridictionnelles des États et de leurs biens du 2 décembre 2004 (elle n'est pas encore entrée en vigueur faute de ratifications requises) liste les biens concernés par l'immunité d'exécution bien que l'intitulé de la Convention vise les immunités juridictionnelles, il faut convenir que la Convention concerne aussi bien l'immunité de juridiction que l'immunité d'exécution, voir Gerhard HAFNER et Léonor LANGE, « La Convention des Nations Unies sur les immunités juridictionnelles », in Annuaire français de droit international, volume 50, 2004, p. 52. Il s'agit des biens, y compris les comptes bancaires, utilisés ou destinés à être utilisés dans l'exercice des fonctions de la mission diplomatique de l'État ou de ses postes consulaires, de ses missions spéciales, de ses missions auprès des organisations internationales, ou de ses délégations dans les organes des organisations internationales ou aux conférences internationales ; des biens de caractère militaire ou des biens utilisés ou destinés à être utilisés dans l'exercice de fonctions militaires; des biens faisant partie du patrimoine culturel de l'État ou de ses archives qui ne sont pas mis ou destinés à être mis en vente ; des biens faisant partie d'une exposition d'objets d'intérêt scientifique, culturel ou historique qui ne sont pas mis ou destinés à être mis en vente.

[787] Pierre MAYER et Vincent HEUZE, Droit international privé, 9e éd., Domat/ Droit privé, Paris, Montchrestien, 2007, p. 233.

[788] Texte de la conférence donnée à la Cour de cassation, le 13 mars 2007 sur « la jurisprudence de la Cour de cassation en matière d'arbitrage international », p. 17.

[789] On parle aussi de « démembrements » ou d'« entités » pour désigner ces organismes, voir Patrick RAMBAUD, « Les suites d'un différend pétrolier: l'affaire Liamco devant le juge français », in Annuaire français de droit international, volume 25, 1979, note 36. C'est le cas des sociétés pétrolières nationales (la PETROCI en Côte d'Ivoire, la Société Nationale des Hydrocarbures (SNH) au Cameroun, la

cet État. La question s'était déjà posée à leur sujet, de savoir « si les personnes morales créées par l'État étranger et agissant sur son ordre et pour son compte constituent des émanations de ce même État étranger et si les biens qu'elles détiennent peuvent répondre des dettes de celui-ci » [790].

On pourrait soutenir que la réponse à cette interrogation « dépend [moins] de la nature juridique des divers organismes visés que de la réalité du lien de dépendance les unissant à l'État »[791], c'est-à-dire des entités juridiques bénéficiant d'une personnalité morale, mais qui agissent sur l'ordre et pour le compte de l'État. Ainsi, dans l'affaire Société Nationale des Pétroles du Congo contre Société Walker international holdings, la Cour de Cassation française a estimé, dans son arrêt du 6 février 2007, que « dès lors que la SNPC n'était pas dans une indépendance fonctionnelle suffisante pour bénéficier d'une autonomie de droit et de fait à l'égard de l'État et que son patrimoine se confondait avec celui de l'État, elle devait être considérée comme une émanation de la République du Congo. »[792] La conséquence que l'on en tire est que, une telle société doit répondre des dettes de l'État.

Le second mécanisme juridique qui permet de neutraliser l'immunité d'exécution se trouve dans la volonté de l'État bénéficiaire d'y renoncer. La renonciation à l'immunité ne pose pas de problème dans son principe puisqu'il est admis qu'étant un privilège accordé aux États, l'immunité d'exécution tout comme celle de juridiction peut faire l'objet de renonciation de la part de son titulaire. Pour autant, il est apparu des divergences dans l'appréciation de la forme que doit revêtir la renonciation. Peut-elle résulter implicitement de la signature par l'État d'une clause compromissoire ou alors, doit-elle être expressément stipulée par l'État bénéficiaire ?

Traditionnellement, la jurisprudence dominante estimait que « l'on ne peut admettre que la stipulation d'une clause compromissoire implique, par elle-même, une renonciation à l'immunité d'exécution,

---

Société Nationale des Pétroles du Congo, la Sonatrach en Algérie, la Nigerian National Petroleum Company au Nigéria, etc.)

[790] Patrick RAMBAUD, « Les suites d'un différend pétrolier : l'affaire Liamco devant le juge français », op. cit., p. 828.

[791] Patrick RAMBAUD, « Les suites d'un différend pétrolier : l'affaire Liamco devant le juge français », op. cit., p. 829.

[792] Société Nationale des Pétroles du Congo contre Société Walker international holdings, inédit (Cour de cassation, 1re chambre civile 2007).

laquelle ne peut résulter que d'actes manifestant sans équivoque la volonté de renoncer. »[793]

Cette conception de la renonciation fut combattue par certaines juridictions françaises qui optèrent plutôt pour une renonciation implicite résultant de la seule souscription par l'État d'une clause compromissoire. C'est ce qu'illustre l'arrêt de la Cour d'appel de Rouen du 20 juin 1996[794] et plus encore l'arrêt de la première chambre civile de la Cour de cassation dans l'affaire Creighton contre Qatar[795]. Dans cette affaire, la Cour décida qu'une convention d'arbitrage précisant, par référence à un règlement d'arbitrage, que la sentence à intervenir serait exécutoire et qu'elle serait exécutée sans délai, valait renonciation à l'immunité de juridiction et d'exécution de l'État.

Cette approche de la renonciation à l'immunité d'exécution ne semble pas refléter la philosophie d'un tel privilège qui a pour objectif de soustraire les biens de l'État affectés à l'exercice de sa souveraineté, de toute mesure d'exécution forcée. L'abandon de ce privilège doit résulter d'actes manifestant la volonté non équivoque d'y renoncer. Tel est le cas par exemple lorsqu'un État contractant avec une personne privée étrangère s'engage à renoncer à « tout droit d'immunité relativement à l'application de la sentence arbitrale rendue à son encontre en relation avec le présent contrat » et à ne se prévaloir « d'aucune immunité de poursuite judiciaire, d'exécution forcée, de saisie ou d'autres procédures judiciaires en rapport avec des obligations au titre de ce contrat. »[796]

---

[793] Cour d'Appel de Paris, 21 avril 1982, affaire Eurodif, in Journal de droit international, 1983, p.145.

[794] Affaire Bec Frères contre Office des Céréales de Tunisie, in Revue de l'arbitrage, 1997, n° 2, p. 263.

[795] Cour cass. 1re civ. 6 juillet 2000, in Journal de droit international, 2000, n° 4, p.1054.

[796] Cette clause avait été souscrite par la Fédération de Russie dans les contrats de prêt conclus avec la société Noga. De façon contestable, la Cour d'appel de Paris estima que cette formule ne manifestait pas la volonté non équivoque de renoncer à l'immunité d'exécution, voir Cour d'appel de Paris, 10 août 2000, bulletin ASA, 2000, p. 610.

Il est tout aussi possible de rapprocher cette clause de celle contenue dans des contrats pétroliers conclus entre certains États africains et des compagnies pétrolières[797].

Au regard des développements qui précèdent, l'efficacité de la sentence arbitrale dépend en partie de la bonne foi du plaideur qui a succombé. Encore que celui-ci, le plus souvent l'État hôte, pour qui la sentence est défavorable, ne manquera pas d'user de voies de recours pour obtenir la suspension éventuelle de l'exécution voire même son annulation.

d - Les voies de recours contre la sentence arbitrale CIRDI

L'article 53 §1 (première phrase) de la Convention de Washington fixe la règle selon laquelle « la sentence est obligatoire à l'égard des parties et ne peut être l'objet d'aucun appel ou autres recours, à l'exception de ceux prévus à la présente convention. » Le principe du rejet de l'appel, et autres recours (en l'occurrence l'opposition et le pourvoi en cassation) peut se traduire par la volonté des rédacteurs de la Convention de soustraire la sentence à des recours qui aboutiraient à un réexamen de la décision, ce qui ne semble pas cadrer avec l'esprit du système d'arbitrage dont le but est d'aboutir à un règlement rapide du différend et d'offrir aux parties des garanties d'impartialité[798]. Les recours envisagés par la Convention sont l'interprétation, la révision ou l'annulation[799] auxquelles il convient d'ajouter la rectification[800].

---

[797] L'article 20.2 du contrat de partage de production du 23 mai 1997 entre le Congo et la société Agip Recherches Congo relatif au permis de mer très profonde Nord stipule que « (…) La sentence arbitrale sera définitive et sera exécutoire par tout tribunal compétent » ; l'article 15.9 du contrat type de partage de production du Cameroun prescrit que « la sentence des arbitres est définitive et irrévocable. Elle lie les Parties et est exécutoire, conformément à l'article 54 de la Convention CIRDI » ; l'article 32.2 alinéa 2 des contrats types de partage de production de la Côte d'Ivoire d'octobre 2013 et de 2014 va dans le même sens en indiquant que « la sentence du tribunal arbitral aura un caractère définitif ; elle s'imposera aux Parties et sera immédiatement exécutoire. »

[798] Patrick RAMBAUD, « L'annulation des sentences Klöckner et Amco », in Annuaire français de droit international, volume 32, 1986, p. 274.

[799] Article 53 § 2 de la Convention.

[800] Article 49 § 2 de la Convention.

Le système CIRDI organise sa propre procédure et exclut de ce fait toute intervention de l'État dans le contrôle de la sentence arbitrale[801] qui ne peut se faire que dans le cadre des recours extraordinaires prévus. Dans les développements qui vont suivre, nous proposons d'aborder le recours en annulation et en rectification de la sentence arbitrale, l'interprétation et la révision ayant été déjà présentées dans le cadre des mécanismes juridictionnels de règlement des conflits frontaliers maritimes[802].

La Convention CIRDI, tout comme la plupart des textes internationaux instituant un système d'arbitrage, confère aux parties des moyens leur permettant de faire valoir des irrégularités observées dans la procédure ayant abouti au prononcé de la sentence ou ayant affecté celle-ci. C'est le sens des recours extraordinaires prévus par la Convention.

Dans cette optique, l'article 49 § 2 dispose que « sur requête d'une des parties, à présenter dans les 45 jours de la sentence, le tribunal peut, après notification à l'autre partie, [...] corriger toute erreur matérielle contenue dans la sentence. » La rectification a ainsi pour but de purger la sentence de toute erreur matérielle analogue à celle qui résulte d'une erreur de plume ou d'une erreur de calcul ou de chiffre, mais sans pour autant modifier la substance de la décision. La rectification, à l'opposé de la demande en annulation, relève de la compétence du tribunal arbitral qui a statué. C'est une solution de bon sens d'autant plus que l'erreur à rectifier ne peut être mieux connue que par les arbitres qui ont rendu la sentence. C'est la raison pour laquelle la Convention prévoit un délai de 45 jours (ce délai assez court permet d'éviter la difficulté qui peut se présenter à réunir les arbitres qui ont siégé) à compter de la date du prononcé de la sentence pour permettre de constituer facilement le tribunal arbitral.

La question peut se poser de savoir si, en cas de découverte d'une erreur matérielle, le tribunal arbitral peut, d'office, procéder à la rectification.

---

[801] On notera que dans d'autres systèmes arbitraux, le contrôle de la sentence relève de la compétence de l'État sur le territoire duquel, elle doit être exécutée. Tel est le cas de l'arbitrage C.C.I.

[802] Voir nos développements sur la question des voies de recours, pp. 102-107.

En droit interne[803], la réponse est affirmative pour les jugements rendus par les juridictions étatiques. En matière d'arbitrage interne, la même solution était envisagée par le législateur ivoirien qui prescrivait que « l'arbitre a, [...], le pouvoir d'interpréter la sentence, de réparer les erreurs et omissions matérielles qui l'affectent et de la compléter lorsqu'il a omis de statuer sur un chef de demande. Les articles 184 et 185 du code de procédure civile, commerciale et administrative sont applicables. »[804]

Dans le cadre du droit communautaire OHADA, la CCJA s'est, à plusieurs reprises, prononcée en faveur de la rectification de certains arrêts comportant des erreurs matérielles commises dans le dispositif[805] ou dans le nom du conseil d'une des parties[806] ou encore dans le numéro et la date d'un arrêt[807] . Mais à l'examen de ces décisions, il apparaît que la CCJA a été saisie par requête émanant d'une des parties et en outre, les décisions rectifiées ne sont pas des sentences, mais plutôt des arrêts rendus par des juridictions nationales. La Cour affirme, sans pour autant fournir le fondement d'un tel principe, « qu'il est de principe que les erreurs et omissions matérielles qui affectent une décision, même passée en force de chose jugée, peuvent toujours être réparées par la juridiction qui l'a rendue. » Il semble que cette motivation trouve son fondement dans l'article 22 de l'Acte uniforme du 11 mars 1999 relatif au droit d'arbitrage qui autorise l'arbitre à réparer les erreurs et omissions matérielles qui affectent la sentence, mais sur saisine au moins, de l'une des parties.

---

[803] Voir par exemple les articles 462 alinéa 2 du code de procédure civil français et 185 du code de procédure civile, commerciale et administrative ivoirien.

[804] Article 33 alinéa 2 de la loi n° 93-671 du 9 août 1993 relative à l'arbitrage, JORCI n° 37 du 16 septembre 1993, p. 675. Mais avec l'entrée en vigueur de l'Acte uniforme OHADA du 11 mars 1999 relatif au droit de l'arbitrage, ce texte n'est plus applicable par l'effet de l'article 10 du Traité OHADA.

[805] Arrêt n° 15/2003 du 1er juillet 2003, (affaire société CI-TELECOM devenue Orange Côte d'Ivoire contre société PUBLISTAR), non publié.

[806] Arrêt n° 25 du 16 novembre 2006, (affaire Monsieur LELL Emmanuel Société Camerounaise de Transformation dite SOCATRAF c/ Caisse Commune d'Épargne et d'Investissement, dite CCEI- Bank S.A. devenue Afriland First Bank S.A), non publié.

[807] Arrêt n° 28 du 16 novembre 2006, (affaire madame A contre Société ivoirienne de Promotion de Supermarchés dite PROSUMA), non publié.

Dans le cadre de l'arbitrage CIRDI, la réponse à la question précédente ne paraît pas être en faveur de l'affirmative puisque les termes de l'article 49 § 2 de la Convention ne permettent pas au tribunal arbitral, de procéder d'office à la rectification. Cette approche de la Convention ne contribue pas à consolider la sentence qui, bien que comportant certaines irrégularités matérielles, pourrait demeurer avec ses « impuretés ».

La solution qui nous semble envisageable c'est qu'à l'occasion d'un recours (notamment l'interprétation ou la révision), le tribunal arbitral peut, d'office, rectifier une erreur matérielle. Ce fut le cas dans l'affaire de la Mer d'Iroise où, saisi d'une demande en interprétation, le tribunal arbitral a estimé qu'« il semble être généralement admis qu'un tribunal est habilité à rectifier une telle divergence lorsqu'il apparaît nécessaire, dans l'intérêt d'une bonne administration de la justice, de corriger une erreur matérielle qui est évidente à la lecture de la décision. » En d'autres termes, tout tribunal ayant constaté l'existence d'une erreur matérielle dans sa décision, et qui n'est d'ailleurs contestée par aucune des parties, possède un « pouvoir inhérent » [808] de la rectifier. Une telle solution n'aurait aucune conséquence sur la substance de la sentence, ce qui n'est pas le cas pour le recours en annulation.

Ce recours utilisé pour la première fois dans les affaires Klöckner contre Cameroun et Amco contre Indonésie[809] trouve son fondement dans l'article 52 de la Convention CIRDI qui fixe, entre autres, les conditions personnelles[810], de forme de la demande en annulation[811],

---

808 Élisabeth ZOLLER, « Observations sur la révision et l'interprétation des sentences arbitrales », in Annuaire français de droit international, volume 24, 1978, p. 344. ; Élisabeth ZOLLER, « Note sur la sentence interprétative du 14 mars 1978 rendue dans l'affaire de délimitation du Plateau continental entre la République française et le Royaume-Uni de Grande-Bretagne et d'Irlande du Nord », in Annuaire français de droit international, volume 23, 1977, pp. 1298-1299.

809 Voir les articles de Patrick RAMBAUD, « La compétence du tribunal C.I.R.D.I saisi après une décision d'annulation », in Annuaire français de droit international, volume 34, 1988, pp. 209-215; RAMBAUD Patrick, « L'annulation des sentences Klöckner et Amco », in Annuaire français de droit international, volume 32, 1986, pp. 259-274.

810 La demande en annulation appartient à chacune des parties au litige soumis devant le tribunal arbitral.

811 La demande en annulation se fait par écrit adressée au secrétaire général du CIRDI.

les motifs de l'annulation[812] et les délais de la demande en annulation[813].

Le recours en annulation[814] est examiné par un comité ad hoc composé de trois membres. La désignation de ces membres est soumise à des conditions très strictes[815] qui ont pour finalité d'assurer à l'instance en annulation de l'efficacité et de l'objectivité.

---

[812] Les cas d'ouverture à une demande d'annulation sont limitativement énumérés au paragraphe 1 de l'article 52. Ce sont : le vice dans la constitution du tribunal arbitral ; l'excès de pouvoir manifeste du tribunal (il est visé ici l'excès de pouvoir pour incompétence du tribunal ou pour violation du droit applicable au différend comme ce fut le cas dans l'affaire Amco) ; la corruption d'un membre du tribunal (par exemple en cas de collusion ou d'ententes similaires entre un arbitre et la partie qui l'a désigné, voir en ce sens, Frédéric EISEMANN, « La double sanction prévue par la Convention de la BIRD en cas de collusion ou d'ententes similaires entre un arbitre et la partie qui l'a désigné », in Annuaire français de droit international, volume 23, 1977, pp. 436-451, à propos de la nomination d'un arbitre comme « outsider director » au conseil d'administration de la société Occidental Petroleum Corporation, un des demandeurs dans l'affaire Holidays Inns S.A contre Maroc) ; l'inobservation grave d'une règle fondamentale de procédure (par exemple les règles garantissant l'impartialité du tribunal ou le caractère contradictoire de l'instruction de l'affaire) et le défaut de motifs.

[813] La demande en annulation doit être formée dans les 120 jours de la date de la sentence pour les autres causes d'annulation. Mais en cas de demande pour corruption, la requête doit intervenir dans les 120 jours à compter de la découverte de la corruption et, dans tous les cas dans les trois ans suivant la date de la sentence.

[814] Certains auteurs estiment que l'annulation n'étant pas un mode de révision de la sentence, elle doit être envisagée comme une action indépendante de l'instance arbitrale et non comme une voie de recours. C'est la position de David MARTEL, voir en ce sens, « La nullité de la sentence arbitrale: lecture croisée franco-espagnole », in Revue internationale de droit comparé, volume 60, n° 2, 2008, p. 487. Cette position n'emporte pas notre approbation. Même si l'on peut considérer la demande de nullité comme une action autonome, celle-ci tire sa cause de l'existence de la sentence arbitrale et ne saurait être envisagée comme une action véritablement indépendante. Son but n'est pas d'examiner une affaire nouvelle, mais plutôt d'analyser la sentence au regard des motifs d'annulation prévus par les textes. De ce fait, elle constitue une véritable voie de recours.

[815] Aux termes de l'article 52 § 3 : « Au reçu de la demande [en annulation], le président nomme immédiatement parmi les personnes dont les noms figurent sur la liste des arbitres, un comité ad hoc de trois membres. Aucun membre dudit comité ne peut être choisi parmi les membres du tribunal ayant rendu la sentence, ni posséder la même nationalité qu'un des membres dudit tribunal ni celle de l'État Partie au différend ou de l'État dont le ressortissant est partie au différend, ni avoir été désigné pour figurer sur la liste des arbitres par l'un desdits États, ni avoir rempli les fonctions de conciliateur dans la même affaire ».

La sentence peut être annulée partiellement[816] ou totalement pour l'un des motifs susvisés. Dans ce cas, le différend est soumis à un nouveau tribunal qui ne peut être lié que par la décision du comité et non par la sentence qui avait été rendue par le premier tribunal. Selon le professeur Patrick RAMBAUD, « en cas d'annulation totale, [le nouveau tribunal arbitral] doit avoir un pouvoir souverain d'appréciation pour régler le différend. Ce pouvoir ne saurait être entravé ni par la sentence annulée, celle-ci ayant par définition complètement disparu, ni par la décision du comité dont le caractère obligatoire se cantonne au dispositif d'annulation. En cas d'annulation partielle, n'échapperont à sa compétence que les points expressément validés par le comité. En d'autres termes, la res judicata s'imposant à lui doit être seulement le dispositif d'annulation. » [817]

Autant dire avec raison que l'autorité de la chose jugée attachée au dispositif de la décision d'annulation du comité s'impose au second tribunal qui devra rejuger ce qui a été annulé et prendre acte de ce qui a été confirmé.

Les sociétés pétrolières se situent en première ligne dans la réalisation du projet pétrolier eu égard au rôle qu'elles jouent dans sa conception, son financement et sa réalisation. À côté de celles-ci, l'on se garde souvent, à tort, de présenter un acteur qui participe également à l'exécution du projet pétrolier. Il s'agit des installations pétrolières.

Section 2 - Le statut juridique des installations pétrolières et du personnel salarié

Les installations pétrolières sont conçues pour assurer l'exploration et l'exploitation du pétrole et pour en faciliter le stockage et le transport[818]. Le projet pétrolier se caractérise par son gigantisme et nécessite pour sa réalisation des moyens humains, financiers et technologiques énormes.

[816] Affaires Klöckner et Amco.

[817] Patrick RAMBAUD, « La compétence du tribunal C.I.R.D.I saisi après une décision d'annulation », in Annuaire français de droit international, volume 34, 1988 p.215.

Pour sa mise en œuvre, le projet implique la construction d'engins d'exploration et lorsque cette phase aboutit à une découverte d'hydrocarbures commercialement rentable, des engins de production sont alors conçus pour assurer l'exploitation.

Le pétrole brut extrait des gisements en mer est transporté du lieu de production soit en direction des terminaux de stockage pour être raffiné par la suite, soit transporté vers des pays d'exportation[819]. Le transport du pétrole brut est assuré par des navires pétroliers ou par des oléoducs[820].

Du point de vue juridique, l'intérêt de l'étude d'une plate-forme pétrolière s'appréhende au niveau du statut juridique de ces engins de mer (paragraphe 1). Le fonctionnement quotidien des plates-formes qui se modernisent au fil des avancées technologiques est assuré par un personnel de compétence variée qui participe matériellement à l'exercice de l'activité pétrolière offshore. Les gens de mer constituent un type particulier de travailleurs dont le statut juridique mérite d'être précisé (paragraphe 2).

Paragraphe 1- Le statut juridique des plates-formes pétrolières

Deux préoccupations d'ordre juridique peuvent apparaître lorsque l'on aborde la question du statut des plates-formes pétrolières. Il s'agit de leur nature juridique et de la problématique de leur fin de vie qui soulève la question de leur démantèlement.

---

[819] Le pétrole brut ivoirien est exporté vers divers pays du globe. Voir, Institut National de la Statistique, « Annuaire statistique du Commerce extérieur de la Côte d'Ivoire 2013 », Abidjan, ministère du Plan et du Développement/ Département des Statistiques et Synthèses économiques, juillet 2014, p. 17.

[820] Le transport du pétrole brut ou raffiné par des navires crée un lien contractuel dont les règles de formation, d'exécution, de garantie des risques et celles relatives au contentieux qui peut en découler relèvent du droit maritime. Cette discipline du droit a certes des rapports avec le droit pétrolier, ne serait-ce que par la spécificité de l'objet du contrat (le transport du pétrole) et par les conséquences qu'un tel transport peut engendrer sur l'environnement en cas d'accident, mais ne sera pas abordée dans le cadre de cette étude. De même le transport du pétrole par oléoduc n'a, selon nous, un véritable intérêt juridique qu'au regard des atteintes écologiques qu'il peut provoquer. Pour les développements relatifs à la pollution marine résultant des accidents de pétroliers et des oléoducs, voir, pp. 217-237 de la présente thèse.

A - La nature juridique des plates-formes pétrolières

La plate-forme est une unité marine fixe ou flottante[821] qui sert à l'exploration, à l'exploitation et au stockage du pétrole.

Historiquement, la première plate-forme a été construite dans le golfe du Mexique au large des côtes du Texas, à une très faible profondeur, puis en mer Caspienne au large de Bakou. C'est à la suite du premier choc pétrolier en 1973 que les États européens ont pris l'initiative de remédier à leur dépendance énergétique vis-à-vis du Moyen-Orient. Le Royaume-Uni et la Norvège se sont donc lancés dans le développement technique de forage et de production offshore en construisant des plates-formes en mer du Nord[822].

La détermination de la nature juridique de la plate-forme pétrolière est un exercice juridique qui consiste à intégrer cet engin dans la classification instituée par l'article 516 du code civil français applicable en Côte d'Ivoire[823]. Cette classification qui fait la distinction entre biens meubles et biens immeubles[824] conduit à savoir si la plate-forme pétrolière intègre l'une des deux catégories.

Une qualification existante qui ferait de cet engin un bien meuble ou immeuble ne paraît pas établie d'avance.

---

[821] Les plates-formes fixes sont utilisées en mer peu profonde (inférieure à 300 m). Elles s'appuient sur le fond et peuvent donc être reliées de façon rigide aux têtes de puits et aux pipelines (ex : jacket-deck (le jacket est la partie immergée et le deck est la partie supérieure de la plate-forme), plate-forme gravitaire, compliant tower). Par exemple la plate-forme MARLIN installée au large de Jacqueville et mise en production en juillet 2015 par la société FOXTROT est une plate-forme fixe. Les plates-formes flottantes ou mobiles sont essentiellement utilisées pour l'exploitation de champs pétroliers situés dans les grands fonds marins (supérieurs à 300 m). Lorsqu'elle est flottante, les installations de tête de puits lui sont reliées par des conduites flexibles (ex : FSO : Floating Storage and Offloading, FPSO : Floating Production Storage and Offloading, FPU : Floating Production Unit, TLP : Tension Leg Platforms, SPAR : Single Point Anchor Reservoir). Voir, THOMAS Pierre-Armand, « Les Plates-formes offshore », Arts et Métiers, Technip, 21 mai 2007.

[822] Le nombre de plates-formes pétrolières est estimé à plus de 15.000 à travers le monde. On les trouve en mer du Nord, dans le golfe du Mexique, dans le golfe de Guinée, dans le golfe Persique, en mer Méditerranée (principalement au large des côtes d'Afrique du Nord), etc.

[823] Le code des biens et des obligations (Côte d'Ivoire) dispose en son article 516 que « tous les biens sont meubles ou immeubles ».

[824] Pour une explication de ces notions, Philippe MALINVAUD, Introduction à l'étude du droit. Cadre juridique des relations économiques, Septième, Paris, Litec, 1995, pp. 145-150.

Dans une première approche, l'article 531 du code civil[825] autorise à assimiler la plate-forme pétrolière au navire lorsqu'elle n'est pas attachée de façon rigide au sol. Tel est le cas des plates-formes flottantes ou semi-submersibles et des plates-formes mobiles qui sont physiquement reliées au fond de la mer par le train de tige en période de forage et susceptibles de déplacement d'un site à un autre.

Quant aux plates-formes fixes utilisées en mer peu profonde qui reposant sur le fond de la mer et reliées de façon rigide, elles peuvent être assimilées à des biens immeubles et ne peuvent être considérées comme des navires[826].

La multiplicité de plates-formes pétrolière n'autorise pas à trancher de façon absolue leur nature juridique qui reste modulable, voire difficile à déterminer[827].

Cette construction qui allie technologie et ingénierie crée un enchevêtrement de règles juridiques et une succession de rapports juridiques[828]. Son fonctionnement reste soumis à des règles de sécurité maritime[829] et d'hygiène et sa mise en place nécessite l'autorisation préalable des autorités compétentes.

---

[825] L'article 531 du code des biens et des obligations : « les bateaux, bacs, navires, moulins et bains sur bateaux, et généralement toutes usines non fixées par des piliers, et ne faisant point partie de la maison, sont meubles... ».

[826] Le terme « navire » s'applique aux bâtiments de mer qui regroupent trois caractéristiques : le caractère flottant, l'affectation habituelle aux périls de la mer et la nature mobilière.

[827] Patrick CHAUMETTE, De la restauration sur les plates-formes d'exploitation en mer, Annuaire de Droit maritime et océanique, XXVII (27), Université de Nantes, 2010, p. 430.

[828] La plate-forme est conçue par une personne morale qui la loue à une compagnie pétrolière bénéficiaire d'une autorisation d'exploitation. Celle-ci fera appel à des sous-traitants pour des tâches particulières (entretien, avitaillement, transport de matériels, emploi de travailleurs).

[829] Voir les articles 9, 10,11 et 12 de la loi n° 61-349 du 9 novembre 1961 relative à l'institution d'un code de la marine marchande, JORCI n° 62 du 22 novembre 1961, p.1531 ; la Côte d'Ivoire a ratifié la Convention pour la répression d'actes illicites contre la sécurité de la navigation dite Convention SUA et ses deux Protocoles (le Protocole pour la répression d'actes illicites contre la sécurité des plates-formes fixes situées sur le plateau continental adopté à Rome le 10 mars 1988 et le Protocole adopté à Londres le 14 octobre 2005), voir Décision n° 13-PR, Décision n°14-PR et Décision n° 15-PR du 6 décembre 2011, JORCI n° 06 du 9 février 2012, p. 69.

Conçues pour être affectées à l'exploitation des gisements, les plates-formes pétrolières ne peuvent indéfiniment rester en fonction. Il se pose alors la question de leur démantèlement.

B - La fin de vie : le démantèlement des plates-formes pétrolières

Une plate-forme pétrolière peut arriver au terme de son exploitation dans l'hypothèse où le gisement est épuisé[830], les contrats ont pris fin ou ont été dénoncés par l'une des parties ou encore lorsque la technique d'exploration et d'exploitation ne correspond plus au gisement. La question se pose de savoir le sort de ces installations désaffectées par le personnel ou devenues obsolètes.

D'apparence purement technique[831], le sujet du démantèlement des installations pétrolières a fait l'objet de réglementation internationale avant que les États ne l'intègrent dans leur législation nationale.

En droit international, l'obligation de démantèlement complet des installations abandonnées avait été insérée dans la Convention de Genève du 29 avril 1958 sur le plateau continental[832] avant d'être reprise par la Convention de Montego Bay du 10 décembre 1982 sur le droit de la mer[833].

---

830 La durée de vie d'une plate-forme pétrolière varie entre 25 et 35 ans.

831 Arnaud REGLAT-BOIREAU, « La désaffectation des installations en mer », in Annuaire français de droit international, volume 28, 1982, pp. 873-884,

832 L'article 5.5 de la Convention de Genève de 1958 sur le plateau continental prévoit que « Toutes les installations abandonnées ou ne servant plus doivent être complètement enlevées. »

833 Lors de la XIe session de la IIIe Conférence des Nations Unies sur le droit de la mer qui s'est déroulée à New York du 8 mars au 30 avril 1982, la question du démantèlement complet déjà inscrite dans la Convention de Genève de 1958 a refait surface. Le Royaume-Uni était opposé à un démontage complet tandis que la France et certains pays dont la Côte d'Ivoire (la délégation ivoirienne préconisait les intérêts des pêcheurs) opposèrent un refus ferme au démantèlement partiel prôné par les Britanniques. Finalement la Conférence a retenu une formulation mitigée qui semble aller dans le sens d'un démantèlement complet en entrevoyant la possibilité de maintenir des éléments d'une installation. Le texte de l'article 60.3 de la Convention de Montego Bay est ainsi libellé : « Les installations ou ouvrages abandonnés ou désaffectés doivent être enlevés afin d'assurer la sécurité de la navigation, compte tenu des normes internationales généralement acceptées établies en la matière par l'organisation internationale compétente. Il est procédé à leur enlèvement en tenant dûment compte aussi de la pêche, de la protection du milieu marin et des droits et obligations des autres États. Une publicité adéquate est donnée à la position, aux

En droit interne, le démantèlement des installations pétrolières est prévu par les législations nationales[834]. L'exemple du Congo fournit une illustration complète en la matière. La loi n° 4-98 du 28 août 1998 fixant les obligations des sociétés pétrolières en matière de démantèlement des installations de production des hydrocarbures et de réhabilitation des sites prévoit une double exigence à la charge de ces sociétés : démanteler les installations d'exploration ou de production à la fin des opérations pétrolières et réhabiliter les sites de production. La loi impose à cet effet, l'établissement d'un plan de démantèlement pour chaque gisement en production ou pour chaque opération d'exploration et la constitution d'un fonds de garantie devant servir au démantèlement[835].

Construite pour être affectée aux opérations d'exploration, d'exploitation ou de stockage du pétrole, la plate-forme pétrolière nécessite, pour son fonctionnement, du personnel qualifié appelé à accomplir diverses tâches au quotidien. Ces travailleurs sont soumis à des conditions souvent extrêmes. Il convient de préciser leur statut juridique.

Paragraphe 2- Le statut juridique du personnel travaillant sur les plates-formes pétrolières

L'exploitation d'une plate-forme pétrolière engendre plusieurs rapports contractuels directs ou sous la bannière de contrats de sous-

---

dimensions et à la profondeur des éléments restants d'une installation ou d'un ouvrage qui n'a pas été complètement enlevé. »

[834] En Côte d'Ivoire, l'ordonnance n° 2012-369 du 18 avril 2012 modifiant la loi n° 96-669 du 29 août portant code pétrolier (JORCI n° 27 du 5 juillet 2012, p.626) prévoit les opérations d'abandon des gisements pétroliers et de restauration des sites ; voir également l'article 63 de la loi n° 2006-18 du 17 octobre 2006 portant code pétrolier en République du Bénin. En Côte d'Ivoire, on dénombre quatre puits pétroliers qui ont été abandonnés (voir carte des blocs pétroliers de la PETROCI, janvier 2014). L'article 2 de la nouvelle loi sénégalaise n° 2019-03 du 1er février 2019 portant code pétrolier abrogeant et remplaçant la loi n° 98-05 du 8 janvier 1998 prévoit l'abandon comme les « activités de bouchage et de scellement des puits, de démantèlement des installations, de nettoyage des substances dangereuses, ainsi que de réhabilitation et de dépollution, de décontamination des sites, conformément à la législation nationale et aux normes et pratiques internationales de l'industrie pétrolière. »

[835] L'article 37 nouveau de l'ordonnance du 18 avril 2012 prévoit également la constitution d'une provision d'abandon.

traitance[836]. La multiplicité des rapports, la nature de la plate-forme et la diversité des personnels y travaillant rendent difficile la détermination du droit applicable aux relations de travail (A). L'exécution du contrat dans des conditions souvent extrêmes fait naître des obligations spécifiques à la charge de l'employeur (B).

A- Le droit applicable aux relations de travail

Les plates-formes pétrolières constituent des installations ou ouvrages dont la construction dans les eaux territoriales, la zone économique exclusive ou le plateau continental est autorisée par l'État côtier. À ce titre, le fonctionnement d'une plate-forme pétrolière installée dans l'un de ces espaces maritimes reste soumis à la législation de cet État[837] qui est seul habilité à en autoriser et réglementer la construction, l'exploitation et l'utilisation.

Le travail accompli par le personnel salarié exerçant sur les plates-formes pétrolières reste alors soumis à la législation du travail de l'État côtier. En Côte d'Ivoire, les dispositions applicables aux relations de travail comprennent le code du travail[838] et les textes réglementaires pris pour son application ainsi que la convention collective interprofessionnelle[839] . Ces textes régissent les rapports entre l'employeur et les travailleurs, qu'il s'agisse de travailleurs nationaux ou de travailleurs expatriés. Les contentieux qui pourraient naître à l'occasion du contrat de travail relèvent de la compétence juridictionnelle de l'État côtier[840].

---

[836] Une société d'ingénierie construit la plate-forme qui la met à la disposition de la compagnie pétrolière. Des contrats d'avitaillement, de surveillance, de maintenance, de restauration, des contrats avec des techniciens spécialisés et des personnels d'exécution sont conclus avec le titulaire du contrat pétrolier.

[837] Les articles 60.1, 80 et 81 de la Convention des Nations-Unies sur le droit de la mer fondent cette affirmation au nom des droits souverains que l'État côtier exerce sur ces espaces.

[838] Loi n° 2015-532 du 20 juillet 2015 portant code du travail (JORCI n° 74 du 14 septembre 2015, p. 1197) qui a abrogé la loi n° 95-15 du 12 janvier 1995 (JORCI n° 08 du 23 février 1995, p. 153).

[839] La convention collective interprofessionnelle de la République de Côte d'Ivoire du 19 juillet 1977 entrée en vigueur le 1er janvier 1978.

[840] Pour une illustration, voir Cour d'appel d'Abidjan, arrêt n° 476 du 29 juin 2000.

La présence de marins[841] parmi le personnel salarié n'étant pas exclue, il faut excepter leur situation juridique qui diffère de celle des autres travailleurs. À cet égard, la législation qui leur est applicable est essentiellement issue du code de la marine marchande et des conventions internationales générales ratifiées par la Côte d'Ivoire en matière de travail[842].

B- L'exécution du contrat de travail

En raison de son caractère synallagmatique, le contrat de travail fait peser sur chacune des parties contractantes des obligations réciproques qui doivent être exécutées de bonne foi.

Dans leur politique de lutte contre le chômage, la plupart des États du golfe de Guinée encouragent l'embauche des nationaux par les titulaires de contrats pétroliers et leurs sous-traitants et leur formation dans toutes les qualifications[843]. Mais en pratique, on observe une certaine tolérance dans l'application de la priorité d'embauche du personnel ivoirien eu égard à la complexité des tâches techniques courantes dans les opérations pétrolières qui sont le plus souvent attribuées aux expatriés[844].

---

[841] L'exploitant de la plate-forme peut engager des marins (encore appelés gens de mer) pour la manœuvrer. Aux termes de l'article 53 de la loi n° 61-349 du 9 novembre 1961 relative à l'institution d'un code de la marine marchande (JORCI n° 62 du 22 novembre 1961, p. 1531), le marin est toute personne quel que soit son sexe, embarqué à bord d'un navire de mer pour y exercer une activité rémunératrice.
[842] Il faut souligner que la Côte d'Ivoire n'a pas encore ratifié plusieurs conventions de l'Organisation internationale du Travail dans le domaine du travail des gens de mer dont la plus importante est la Convention du Travail maritime de Genève (Convention MLC) du 20 février 2006, entrée en vigueur le 20 août 2013.
[843] Article 53 nouveau de l'ordonnance du 18 avril 2012 précitée.
[844] L'embauche des expatriés est constatée par un contrat de travail ou une mettre d'embauche soumis au visa de la direction de l'Agence d'Études et de la Promotion de l'Emploi (AGEPE) dissoute par décret n° 2015-452 du 24 juin 2015 (JORCI n° 71 du 3 septembre 2015, p. 1166) et remplacée par l'Agence nationale pour l'insertion et l'emploi des jeunes dénommée Agence Emploi Jeunes (créée par l'ordonnance n° 2015-228 du 8 avril 2015, JORCI n° 51 du 25 juin 2015, p. 870). L'employeur qui emploie des expatriés doit reverser à l'État des redevances à titre compensatoire.

Il pèse également sur l'employeur titulaire du contrat pétrolier, des obligations en matière d'hygiène, de sécurité et de sûreté[845] dans le cadre de l'exécution du contrat. Les exigences de sécurité et de sûreté du personnel et des installations pétrolières sont satisfaites par la présence constante des agents de la direction générale des affaires maritimes sur les plates-formes d'exploitation.

La vocation première du droit des hydrocarbures est de réglementer l'activité pétrolière dans tous ses aspects. L'amont de cette activité comprend les opérations de reconnaissance, de recherche, d'exploitation et de transport. À chacune de ces opérations, correspond un régime juridique spécifique constitué de normes internationales et nationales.

Dans cette première partie, notre analyse a consisté à définir ce régime juridique en démontrant le rapport d'interdépendance qui existe entre le droit international et le droit national. S'il est vrai que dans ce rapport, l'on peut s'autoriser à admettre que la norme internationale se trouve en position d'influence par rapport à la norme nationale, il ne serait pas non plus hasardeux d'affirmer que le droit national est le complément nécessaire du droit international dans la réglementation de l'activité pétrolière.

Ce lien d'interdépendance se rencontre également lorsque l'on envisage les conséquences dommageables de l'activité pétrolière sur l'environnement marin et côtier. Le tome 2 est consacré à cet aspect de l'activité pétrolière offshore.

---

[845] C'est l'ordonnance n° 2012-369 du 18 avril 2012 précitée (article 18 nouveau-o) qui a introduit ces obligations dans le code pétrolier ivoirien. Elles tiennent compte de la sécurité du personnel et des installations pétrolières contre les auteurs d'attaques de tout genre.

TABLE DES MATIERES

Structures éditoriales du groupe L'Harmattan

L'Harmattan Italie
Via degli Artisti, 15
10124 Torino
harmattan.italia@gmail.com

L'Harmattan Hongrie
Kossuth l. u. 14-16.
1053 Budapest
harmattan@harmattan.hu

L'Harmattan Sénégal
10 VDN en face Mermoz
BP 45034 Dakar-Fann
senharmattan@gmail.com

L'Harmattan Cameroun
TSINGA/FECAFOOT
BP 11486 Yaoundé
inkoukam@gmail.com

L'Harmattan Burkina Faso
Achille Somé – tengnule@hotmail.fr

L'Harmattan Guinée
Almamya, rue KA 028 OKB Agency
BP 3470 Conakry
harmattanguinee@yahoo.fr

L'Harmattan RDC
185, avenue Nyangwe
Commune de Lingwala – Kinshasa
matangilamusadila@yahoo.fr

L'Harmattan Congo
219, avenue Nelson Mandela
BP 2874 Brazzaville
harmattan.congo@yahoo.fr

L'Harmattan Mali
ACI 2000 - Immeuble Mgr Jean Marie Cisse
Bureau 10
BP 145 Bamako-Mali
mali@harmattan.fr

L'Harmattan Togo
Djidjole – Lomé
Maison Amela
face EPP BATOME
ddamela@aol.com

L'Harmattan Côte d'Ivoire
Résidence Karl – Cité des Arts
Abidjan-Cocody
03 BP 1588 Abidjan
espace_harmattan.ci@hotmail.fr

Nos librairies en France

Librairie internationale
16, rue des Écoles
75005 Paris
librairie.internationale@harmattan.fr
01 40 46 79 11
www.librairieharmattan.com

Librairie des savoirs
21, rue des Écoles
75005 Paris
librairie.sh@harmattan.fr
01 46 34 13 71
www.librairieharmattansh.com

Librairie Le Lucernaire
53, rue Notre-Dame-des-Champs
75006 Paris
librairie@lucernaire.fr
01 42 22 67 13

www.ingramcontent.com/pod-product-compliance
Lightning Source LLC
La Vergne TN
LVHW010952061026
849535LV00006B/1686

* 9 7 8 2 3 3 6 4 7 8 8 6 9 *